전통몽골문 학습

입문편

전통몽골문 학습 입문편

초판 1쇄 발행 2025년 6월 30일

지은이 한승연, 김경나
감수 이성규
펴낸이 장길수
펴낸곳 지식과감성#
출판등록 제2012-000081호

교정 김지원
디자인 이현
편집 이현
검수 이주연
마케팅 김윤길

주소 서울시 금천구 벚꽃로298 대륭포스트타워6차 1212호
전화 070-4651-3730~4
팩스 070-4325-7006
이메일 ksbookup@naver.com
홈페이지 www.knsbookup.com

ISBN 979-11-392-2746-8(14730)
ISBN 979-11-392-2745-1 (세트)
값 27,000원

지식과감성#
홈페이지 바로가기

전통몽골문 학습

입문편

저자 한승연, 김경나
감수 이성규

지식과감성#

축사

몽골 민족은 역사상 약 열 가지의 문자를 사용해 왔으며, 대부분의 문자들은 몽골인들 스스로 만들었고, 두 가지는 20세기 초 외세의 압력으로 인해 어쩔 수 없이 도입하여 사용하게 되었다.

여러 문자들 가운데 오직 한 문자만이 역사적으로 가장 오랜 기간 동안, 그리고 몽골 계통 민족 전체에서 가장 널리 사용되어 왔다. 이것이 바로 몽골 문자이다. 몽골 문자의 기원에 대해서는 중국 사료를 근거로, 몽골어의 발달 단계 중 중세 몽골어(Middle Mongolian)에 해당하는 13세기 초에 위구르 문자에서 비롯된 것으로 오랫동안 알려져 왔다.

몽골 문자의 언어는 음운론, 형태론 등 언어의 모든 수준에서 그 이전 시기인 고대 몽골어(Ancient Mongolian)의 특징을 그대로 유지하고 있기에 앞서 말한 견해에 의문을 갖게 만든다. 게다가 지금까지 '종교적인' 내용이라 하여 주목받지 못했던 티베트어 사료에 따르면, 서기 6-7세기경 불교 경전의 영향으로 인해 몽골과 위구르가 각각 소그드인들로부터 자기들의 문자를 받아들였다는 다수의 근거 있는 기록들이 존재한다. 이 시기는 몽골어 발달 단계로 보면 고대 몽골어 시기와 일치한다.

그렇다면 시간적 그리고 공간적 측면에서 왜 여러 차례 만들어져 사용된 다른 여러 문자들보다 더 뛰어났는가? 하는 질문이 생긴다.

이 질문에 대한 답으로, 몽골 문자의 가장 중요한 특징이 바로 지역마다 다른 여러 방언에서 다르게 발음되는 모음과 자음을 하나의 문자로 표기해 온 체계(Polyphonic System)라는 점이다. 몽골 문자의 이러한 문자학적 해결 방식(graphical solution)은 다양한 지역 방언 사용자들이 사회적으로 영향력 있는 특정 방언의 지배를 받지 않고 각자의 방언적 특색을 평등하게 유지해 왔다는 것을 의미한다. 동시에 이 다양한 방언 사용자들은 하나의 통일된 몽골어(Indivisible Mongolian)를 향해 나아가며, 중요한 구성 요소로 작용해 왔다. 그러나 나중에 만들어진 모든 문자들은 한 글자가 하나의 음만 표기하는 체계(Monophonic System)를 갖췄기 때문에, 통일된 몽골어에서 분리되는 과정을 피할 수 없었고, 결국 해당 지역에서만 사용되는 정도에 그치게 되었다.

몽골 문자의 또 하나의 특징은, 발전 과정에서 몽골 전역에서 사용된 고유한 문자어(Writing Mongolian)를 형성했다는 점이다. 몽골 문자의 언어는 몽골어와 사고의 연관성을 인류 보편성과 몽골인의 고유한 사고방식이라는 두 층위에서 균형 있고 정밀하게 담아내고 있다. 따라서 특정 단어의 (오직) 몽골 문자 형태 및 어원

(Etymology)을 살펴보면 그 대상과 관련된 고유한 몽골적 사고방식을 파악할 수 있는 인식론적 가치를 지니고 있다.

아울러 몽골 문자는 공경을 담은 '서예체(fine penmanship)', 예술적 장식성이 가미된 '장식 접힘체(ornamental folded writing)', 급하고 촉박한 상황에서 단어를 생략하지 않고 모두 표기하는 '속기체(speed-writing)' 등 사회의 모든 필요를 고루 충족시킬 수 있는 능력을 갖추고 있으며, 산스크리트어, 티베트어, 중국어 등 외래어와 전문 용어를 표기하는 데 적합한 정교한 전사(transcription) 체계를 지녔다는 또 하나의 장점을 가지고 있다. 산스크리트어 용어를 표기할 수 있다는 것은 어원적으로 인도유럽어족(Indo-European language family)에 속하는 현대 영어, 프랑스어 등 유럽 언어의 용어까지도 모두 대응하여 표기할 수 있다는 뜻이다.

전통몽골문 학습 입문편/강독편이라는 독특한 구조와 구성으로 만들어진 이 책은 위에서 언급한 몽골 문자의 모든 특징을 적절히 담아내었고, 단지 한국어 사용자뿐만 아니라 우리 젊은 세대가 역사적 이유로 잠시 잊거나 오해받은 유산을 되살려 기억하게 하는 데에 큰 의미가 있다. 더불어, 이 책을 통해 누구든지 현대몽골어에서 표현이 불분명한 단어, 의미, 올바른 표기법 등을 되짚어 돌아보고 몽골 문자를 이해하고 익히는 데 확실한 도움이 될 것임을 기쁜 마음으로 축하하며, 이 책에 찬사의 글을 특별히 지어 전한다.

인문학 과학박사, 교수

타르고드 체웰린 샤다르수렝

2025년 6월 하순

울란바타르

МЯЛААЛГЫН ТАТАЛ ҮГ

Монгол түмэн түүхэндээ арваад бичиг боловсруулан хэрэглэж ирсэн бөгөөд хоёроос бусадыг нь өөрсөдийнхөө санаачилгаар, нөгөө хоёрыг нь XX зууны эхээр харийн шахалтаар арга буюу авч хэрэглэжээ.

Эдгээр олон зүйл бичигээс нэг нь л, цаг хугацааны хувьд, анх буй болсон цагаасаа өнөөдөрийг хүртэл буюу хамагийн урт удаан, орон зайн хувьд, бүх монгол туургатан нийтээр буюу хамагийн өргөн хэрэглэгдсээр ирсэн байдаг. Энэ бол монгол бичиг. Монгол бичигийн гаралын тухайд, хятад сурвалжийн мэдээг үндэслэн, монгол хэлний хөгжилийн үе шатаар Дундад үе (Middle Mongolian)-д хамаарах буюу XIII зууны эхээр Үйгур бичигээс эх авсан гэж нэгэн хэсэгтээ үзсээр иржээ. Гэтэл монгол бичигийн хэл нь авиазүй, үгзүй зэрэг хэлний бүх түвшинд түүнээс өмнөхи буюу Эртний монгол хэл (Ancient Mongolian)-ий үеийн онцлогийг хадгалдаг нь дээрхи үзэлийг эргэлзүүлэхэд хүргэдэг. Үүнээс гадна “шашины” гээд анхааралгүй ирсэн төвөд хэлт түүхэн сурвалжийн мэдээгээр христийн тоололын 6-7-р зууны үед Бүддийн шашин номын нөлөөгөөр Монгол, Үйгур хоёр Согдуудаас тус тусынхаа бичигийг авсан гэдэг нэг бус нутлагаатай мэдээ буй. Энэ үе нь Монгол хэлний хөгжилийн үечилэлээр Эртний монгол хэлний үетэй тохирно.

Тэгвэл монгол бичигийн хэрэглээ цаг хугацаа (Time) хийгээд оронзай (Space)-н хувьд яагаад удаа дараа зохион хэрэглэж ирсэн бусад олон бичигээс давж гарсан юм бэ? гэдэг асуулт гарна.

Үүнд, монгол бичигийн хамагийн гол онцлог нь, нутаг нутагийн олон аялгуунд сэлгэдэг эгшиг болон гийгүүлэгчийг нэгэн үсэгээр тэмдэглэж ирсэн тогтолцоо (Polyphonic System) болно. Монгол бичигийн үсэгзүйн энэхүү шийдэл (graphical solution) нь олон нутагийн аялгуутанууд тухайнхаа нийгэмийн аль нэгэн нөлөөтэй том аялгууны нөлөөнд авталгүй, өөр өөрийнхөө аялгууны онцлогийг цөм эрх тэгш хадгалж ирсэн гэсэн үг. Ингэхийн хажуугаар тэдгээр олон аялгуутан нэгэдмэл нэг монгол хэл (Indivisible Mongolian)-ний зүг тэмүүлж, салашгүй бүрэлдэхүүн нь болж ирсэн ажээ. Харин сүүлд зохиосон бүх бичигт нэг үсэг нэг авиаг тэмдэглэдэг тогтолцоо (Monophonic System)-той учир нэгэдмэл монгол хэлнээс салах явцад санамсаргүй хүрч, зөвхөн тухайнхаа нут аг оронд хэрэглэгдэх төдий болоход хүрчээ.

Монгол бичигийн өөр нэг онцлог гэвэл, хөгжилийнхөө явцад нийт монгол даяар хэ рэглэж ирсэн өөрийн гэсэн бичигийн хэл (Writting Mongolian)-ийг буй болгосон явдал байлаа. Монгол бичигийн хэл нь монгол хэл, сэтгэхүйн холбоо харилцааг, хүн төрөлх итөний нийтлиг хийгээд монгол хүний өвөрмиц сэтгэлгээний хүрээнд хувь тэнцүү, н арийн тусгаж чадсан тул тухайн үгийн (зөвхөн) монгол бичигээр буй хэлбэр болон га рал (Etymology)-аар нь хөөн үзвэл, тухайн зүйлд холбогдох уугуул монгол сэтгэлгээг н ээн тодруулах боломжийг давхар олгодог, танин мэдэхүйн ач холбогдолтой бөлгөө.

Үүний дээр монгол бичиг нь эрхэм хүндэтгэлийн хичээнгүй хэлбэр [fine penmanship], урлаг чимэглэлийн эвхмэл хэлбэр [ornamental folded writing], яаруу давчу у үед үг хаялгүй бүрэн тэмдэглэх түргэн буюу таталган хэлбэр [Speed-writing] зэрэг н ийгэмийн бүхий л хэрэгцээг тэгш хангах чадвартай, бас самгард, төвөд, хятад зэрэг г адаад үг, нэр томъёог тэмдэглэх галиг [transcription]-ийн нарийн тогтолцоотой байса ар ирсэн өөр нэг давуу талтай. Самгард хэлний нэр томьёог тэмдэглэнэ гэдэг нь гар алын хувьд Энэдхэг-Европ хэлний бөлөг (the Indo-European language family)-т багтдаг орчин цагийн англи, франц зэрэг Европ хэлний нэр томьёонд бүрэн хамаарах болом жтой гэсэн үг.

Монгол бичигийн тухайд дээр өгүүлсэн бүх онцлогийг зохих хэмжээгээр багтаасан "Үндэсний монгол бичиг" анхан шатны сурах бичиг хэмээх өвөрмиц бүтэц, зохиомжто й энэхүү ном нь зөвхөн солонгос хэлтэнд хүртээлтэй бус, бас (манай) залуу үеийнхин д ч түүхэн учир шалтгааны уламаас түр зуур мартсан, төсөөрсөн өв уламжлалаа сэргэ эн санах, бас хэн боловч орчин цагийн монгол хэлний эргэлзээ тээнэгэлзээтэй үг, утга, бичилгийн зөв хэлбэрийг эргүүлэн сөхөөн сануулдаг монгол бичигт цагааширахад нь маргаангүй хэрэг тус болно хэмээсэн таатай сэтгэлийнхээ илэрхийлэл болгож энэхүү номд мялаалгын Татал үг-ийг тусгайлж, зориулан бичиж толилуулавай.

Хүмүүнлигийн ШҮ-ы доктор, профессор
Таргуд овогт Цэвэлийн ШАГДАРСҮРЭН

2025 оны 6-р сарын хууч
Улаанбаатар хот

추천사

몽골과 중국 내몽골자치구(內蒙古自治区)에서는 몽골어 학습 및 교육 자료가 다수 출판되어 있다. 이러한 몽골어 학습서들은 몽골어에 관심이 있지만 몽골어를 모르는 중국 내 몽골 사람이나 외국인의 요구를 충족시키기 위해 편찬되었다. 하지만 전통몽골어를 배우기 시작한 사람들에게 이러한 몽골어 학습서는 다소 어렵고 난해하게 인식되어 접근이 쉽지 않았다. 그 이유는 몽골어 서적들의 저자와 학자들이 몽골어 애호가(愛好家)들의 실제 요구를 완전히 이해하지 못하였을 뿐만 아니라 체계적이며 종합적인 학습서 편찬이 진행되지 않았기 때문이라 할 수 있다.

사실 몽골어에 대한 가장 기본적인 지식 이외의 내용은 몽골어 화자들의 다양한 요구에 따라 다르게 편찬되어야 한다. 현재 몽골어는 두 가지 문자 형태로 존재하고 있다. 하나는 몽골, 칼미크 공화국, 부랴트 공화국 등에서 주로 사용하고 있는 키릴 문자이고, 다른 하나는 중국의 내몽골자치구에서 사용하고 있는 전통몽골문자이다. 현재 키릴 문자로 쓰인 몽골어 학습서는 전통몽골문자로 쓰인 몽골어 학습서에 비해 상대적으로 그 수가 많다. 그렇기에 전통몽골어 관련 서적의 간행 또한 보다 활성화될 필요가 있다. 특히 2025년 1월 1일부터 키릴문자와 전통몽골문자의 이중병기(二重竝記) 법안이 몽골에서 정식으로 집행 및 시행되고 있기에, 전통몽골어 서적 편찬에 더욱 주력해야 한다.

한국어 『전통몽골문 학습 입문편』과 『전통몽골어 학습 강독편』의 출간은 한국 몽골학 및 몽골어 교육사에 있어 새로운 지평을 여는 의미 있는 이정표로서, 학문사적으로도 주목할 만한 전환점이라 할 수 있다. 과거 한국에서도 전통몽골어와 관련된 문법서가 번역된 바 있다. 다만 이는 한국인 연구자가 직접 집필한 학습서라기보다는, 외국 학자의 기존 문법서를 번역한 저작물에 해당하기에 한국인의 전통몽골어 학습에 대한 실질적인 요구를 충족한다고 보기는 어려웠다.

지금의 현재 학문적 환경과 다양한 현장의 필요성에 힘입어, 한국어판 『전통몽골문 학습 입문편/강독편』이 출간된다. 이는 한국에서 전통몽골어 교육에 실질적인 도움을 줄 수 있는 매우 중요한 자료이다. 『전통몽골문 학습 입문편/강독편』의 저자 한승연 박사는 2012년부터 2018년까지 단국대학교 몽골학과에서 학사 과정을 마치고, 같은 대학원에서 문학 석사 학위를 취득하였다. 이후 2019년부터 2022년까지 중국 내몽골대학교 몽골학학원에서 박사 과정을 수료하고, 문학 박사학위를 받았다. 현재는 단국대학교 부설 몽골연구소에서 학술연구교수로 재직 중이며, 전통몽골문 및 토드 문자로 기록된 몽골어 자료를 중심으로 언어학적 연구를 수행하고 있다. 아울러 전통몽골어와 키릴몽골어를 포함한 몽골어 교육을 주로 담당하고 있으며, 몽골 문화에 대한 학술적 이해를 바탕으로 강의 역량을 갖춘 신진 연구자이다. 저자 김경나 박사는 몽골국립대학교 몽골어문학과에서 학사 과정을 수학하고, 이후 고려대학교 문화재학협동과정에서 석사학위를 받았다. 이후 단국대학교 몽골학 전공으로 박사학위를 취득하였다. 김경나 박사는 만주어와 전통몽골문에 이해도가 깊으며, 몽골문화와 민속에 대한 연구와 교육을 이어 오고 있는 연구자이다.

이러한 경험을 바탕으로 저자들은 『전통몽골문 학습 입문편/강독편』을 집필할 충분한 자격을 갖추고 있다. 한승연 박사와 김경나 박사가 집필한 『전통몽골문 학습 입문편/강독편』의 가장 큰 특징은 폭넓은 내용을 담고 있다는 점이다. 저자들은 첫째, 몽골인들이 사용하는 글자에 대해 매우 간결하고 명확한 소개를 제공하고 있으며, 각 글자에 대한 소개에는 구육칸의 인장, 칭기스칸 비석, 파스파 문자 패자 등과 같은 실제 유물의 사진을 함께 수록하였다. 둘째, 『전통몽골문 학습 입문편/강독편』에서는 전통몽골어의 문자 체계를 자모 순서에 따라 간략히 소개하고, 특히 모음에 따라 변형되는 문자 형태에 대해 상세하게 설명하였다. 아울러 다양한 단어 및 문장 예시, 문법 설명, 그리고 연습 문제를 함께 구성하여 학습 효과를 높이고자 했다. 셋째, 제시된 전통몽골어의 문자, 단어, 문장 예시에는 모두 라틴문자를 병기하였으며, 키릴 문자 표기도 함께 제공하여 학습자의 이해를 돕고 있다.

『전통몽골문 학습 입문편』과 『전통몽골어 학습 강독편』은 13세기 이후 몽골인들이 사용했던 전통몽골어에 대한 한국 학자들의 자기 이해를 바탕으로 작성되었다. 이 책은 전통몽골어 관습과 몽골어 자체가 지닌 다층적인 문화적 함의를 폭넓은 관점으로 아우르고 있다. 또한 풍부한 어휘 예문과 학습자가 직접 써 보는 연습하기를 포함하여, 주요 내용에 대해 충실한 설명을 제공한다. 이 책은 학습자들이 전통몽골어의 귀중한 유산을 배우고 깊이 이해할 수 있는 보다 나은 환경을 제공할 뿐만 아니라, 한국에서 전통몽골문자 교육에 실질적인 가치를 지니고 있다. 따라서 『전통몽골문 학습 입문편』과 『전통몽골어 학습 강독편』은 실용적이면서도 교훈적인 걸작이라 할 수 있다.

내몽골대학교 교수, 박사

G. 저릭트

2025년 6월 30일 후허하오터

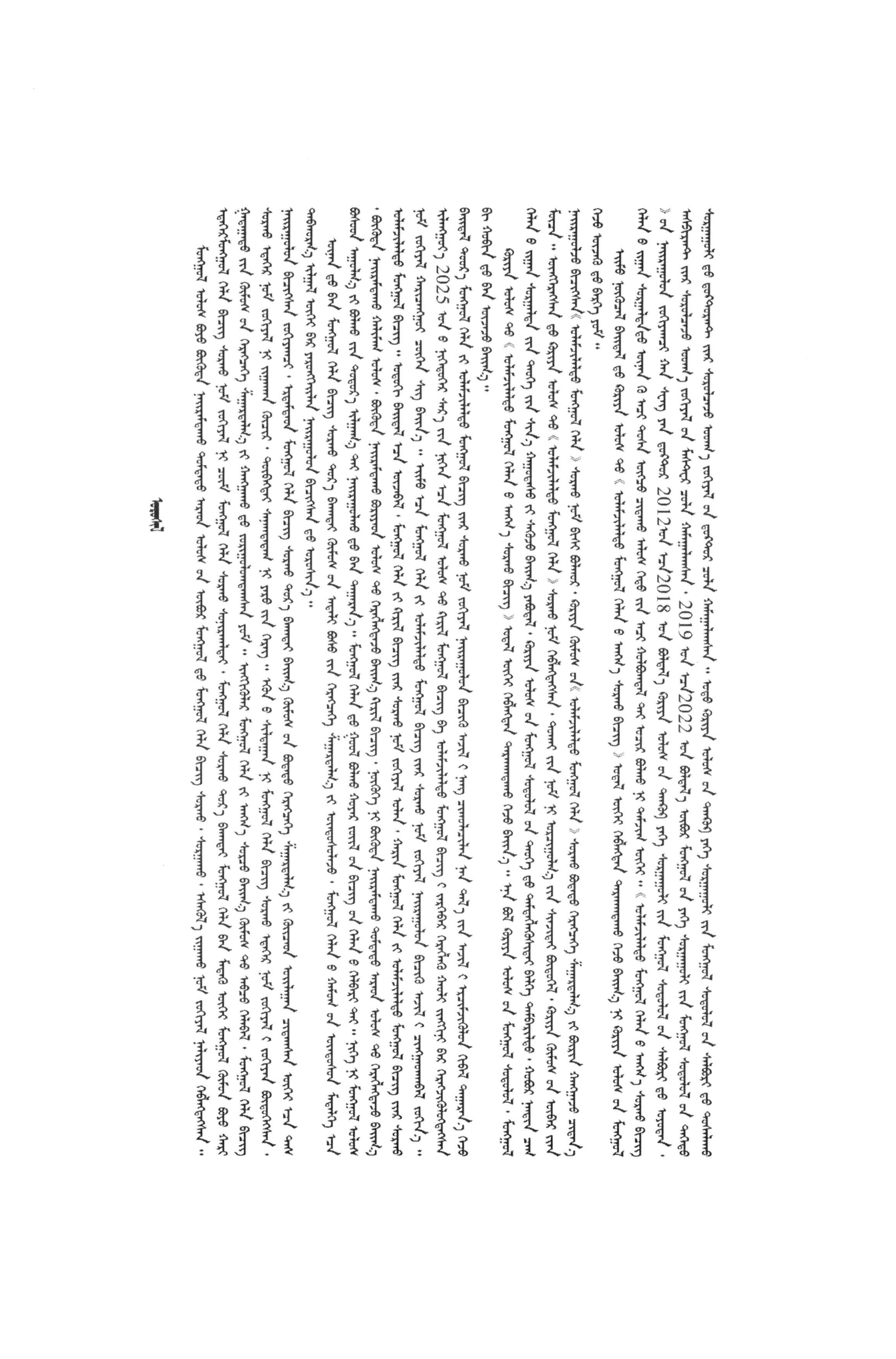

[illegible] 2019 [illegible] 2022 [illegible] 2012 [illegible] 2018 [illegible]

[illegible]

[illegible] 2025 [illegible]

[illegible]

[illegible]

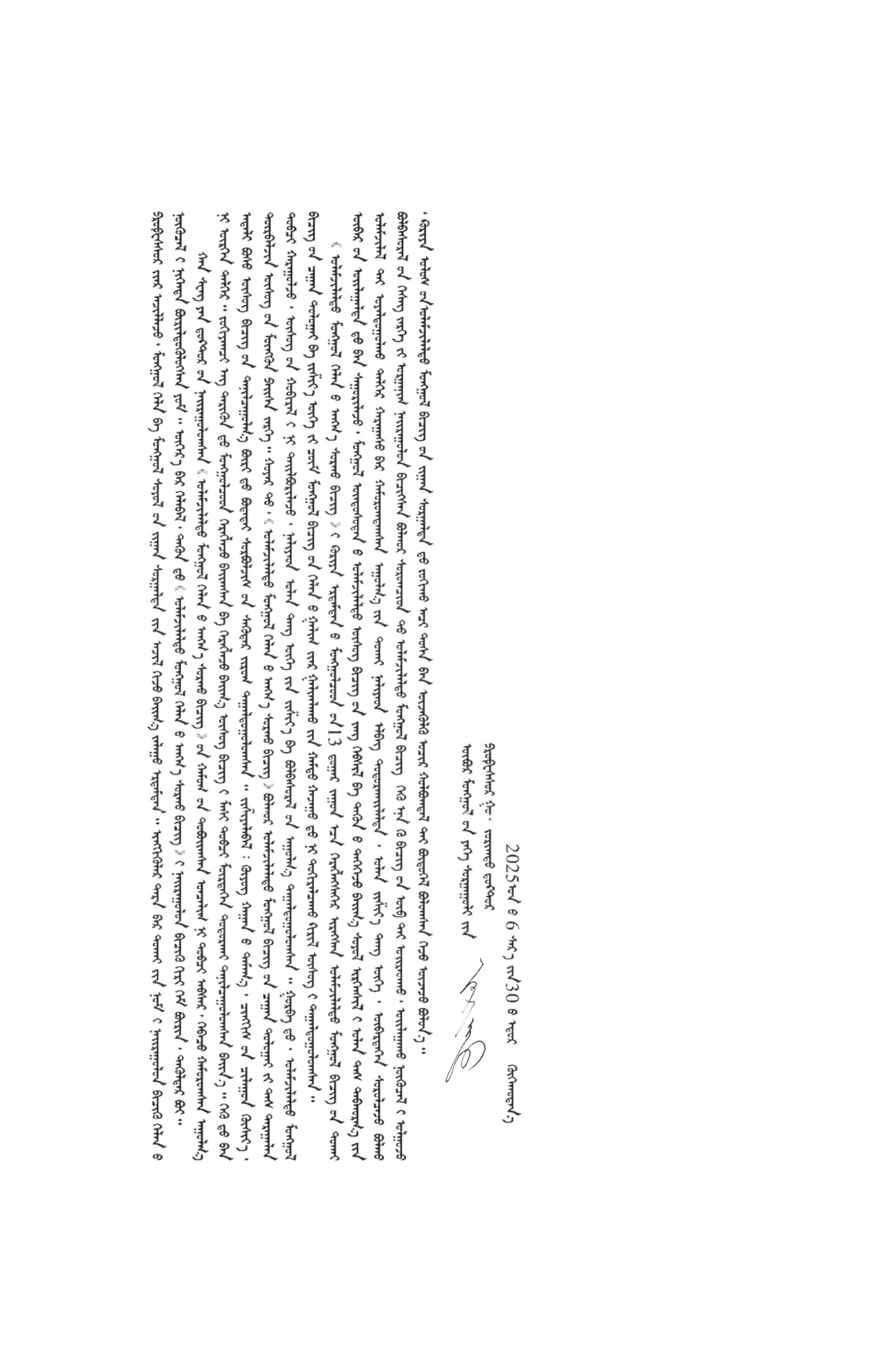

머리말

전통몽골문자는 칭기스칸이 대몽골제국을 건설했을 시기인 1204년에 제정된 문자이다. 칭기스칸은 몽골어를 위한 문자 체계를 만들 것을 명령했고, 명을 받은 타타통가는 위구르 문자를 활용하여 몽골어의 표기 체계를 만들었다. 이때 제정된 전통몽골문자는 20세기 초반까지 몽골 사람들의 생활에서 널리 사용되었다.

오늘날 몽골어 표기는 주로 키릴 문자를 사용하지만, 전통몽골문자는 몽골의 정체성을 드러내는 중요한 상징이다. 1990년 민주주의로의 체제 전환 이후 몽골은 수십 차례의 논의를 거쳐 2025년 1월 1일부터 몽골의 모든 공문서에 키릴몽골문과 전통몽골문을 병기하는 법을 시행했다.

전통몽골문에 대한 이해 없이는 몽골의 역사와 문화를 깊이 이해하고 분석하는 데 한계가 있으며, 전통몽골문 자료는 학술적인 차원에서도 매우 중요한 가치를 지닌다. 집필진의 전통몽골문 교과서 제작 취지 또한 이러한 이유에서 시작되었다. 몽골과 몽골어에 대한 관심은 늘어 가지만 전통몽골문을 배울 수 있는 곳은 국내에서 두 대학의 한두 강좌로 한정되어 있고, 우리말로 쓰인 교과서가 없다는 안타까움과 절박함 때문이었다.

한국에서 전통몽골문에 대한 연구는 언어학 분야에서 주로 진행되어 왔다. 전통몽골문의 구조와 어휘, 형태에 대한 언어계통학적 비교연구가 주를 이루었고, 조선시대 사역원의 역학서(譯學書)들은 당시 몽골어 발음을 고증하고 중세 한국어의 특징을 연구하는 데 중요한 자료로 활용되었다. 그러나 여전히 전통몽골문 학습에 대한 벽은 높다.

이 책은 전통몽골문을 쉽게 배울 수 있도록 하기 위한 학습 교재이다. 집필진들이 오랜 기간 몽골과 중국 내몽골자치구에서 실제로 생활하면서 겪었던 경험의 축적이기도 하며, 동시에 '몽골어를 누군가에게 설명한다면 어떻게 해야 조금이라도 쉽게 설명할 수 있을까'라는 고민에 대한 단편적인 답이기도 하다. 전통몽골문 독해의 어려움을 체험하며 늘 생각했던 것은 이후에 한국에서 전통몽골문을 공부하는 이들이 좀 더 수월하게 학습했으면 하는 것이었다.

본 책은 입문편과 강독편으로 나누어지며, 전통몽골문의 기초 요소와 문법을 다루면서도 구어에 좀 더 비중을 두었다. 전통몽골문의 가장 어려운 부분은 같은 문자이지만 다양하게 읽힐 수 있다는 특징이기에 모든 예문에 라틴전사와 키릴몽골문, 한국어 뜻을 첨부했다. 우리말로 배우는 전통몽골문 교재로서 한국어 문법을 기준으로 하여 범주화하고 문법 설명을 더해 보다 직관적으로 이해될 수 있도록 노력했다. 더하여 현대몽골어와 구별되는 문법 부분 또한 함께 수록하였다.

본 교재의 집필진은 몽골어 강의를 진행해 오면서 수업에서 쌓아 온 경험과 17~19세기 몽골학을 연구하는 전공 지식을 바탕으로 전통몽골문을 쉽게 이해할 수 있도록 교재를 구성했다. 한국에서 발간된 최초의 전통몽골문 학습서라는 점에서 이 책이 한국의 몽골학에 기여할 수 있길 바라며, 아울러 고려시대부터 이어진 한반도와 몽골의 오랜 교류의 역사에서 전통몽골문 자료가 한국 몽골학의 범주를 확장하고 새로운 연구 주제를 찾아 가는 데 도움이 되리라 기대한다.

감수를 맡아 주신 이성규 교수님께 깊은 감사의 말씀을 올린다. 이성규 교수님의 전통몽골문 강의를 통해 몽골어를 배울 수 있었던 것은 지금까지 그랬듯이 앞으로도 필자들의 자부심이 될 것이다.

끝으로 지난한 편집과 교열을 세심하게 진행해 주신 지식과 감성에 특히 감사드린다. 모쪼록 이 책을 통해 몽골어에 관심 있는 보다 많은 사람들이 쉽게 전통몽골문을 접할 수 있기를 바란다.

2025년 6월

저자 한승연, 김경나

책의 구성 및 활용법

본 책은 몽골에서 2025년 1월 1일부터 시행되는 키릴몽골문과 전통몽골문 이중병기(二重竝記) 법안에 따라 전통몽골문을 처음 배우는 학습자도 쉽게 학습할 수 있도록 책을 구성하였다. 전통몽골문 학습서는 입문편과 강독편으로 구성되어 있다. 입문편에는 몽골 문자의 종류와 설명, 전통몽골문자의 특징, 모음/자음/숫자/문장부호, 전통몽골문자 기초문법의 순서로 구성되어 있다. 해당 모음과 자음에 대한 장에서는 각각의 모음과 자음이 어떻게 사용되고 있는지 인쇄체와 필기체로 나누어 보다 자세히 설명하고 있다. 모음과 자음의 설명 뒤에는 학생들이 직접 연습해 볼 수 있는 연습하기 부분과 각 모음에 따라 자음이 어떻게 변화하는지에 대해 표로 자세히 다루었다.

『전통몽골문 학습 입문편』의 구성을 간략히 정리해 보면 다음과 같다.

1. 해당 모음/자음의 기본 형태(인쇄체/필기체)
2. 해당 모음/자음 연습하기
3. 해당 자음의 모음에 따른 변화(인쇄체/필기체)
4. 해당 자음의 모음에 따른 변화(인쇄체/필기체) 연습하기
5. 새로운 단어
6. 해당 모음/자음의 새로운 단어 연습하기
7. 전통몽골문 기초문법
8. 해당 모음/자음의 심화 단어

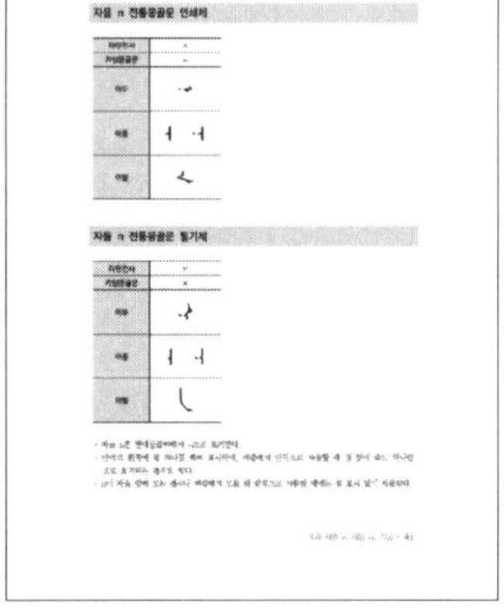

1. 해당 모음/자음의 기본 형태(인쇄체/필기체)

전통몽골문을 구성하는 모든 모음과 자음에 대해 각각 어떻게 구성되어 있는지 자세히 설명하고자 했다. 해당 모음과 자음에 대해서는 한눈에 알기 쉽게 표로 정리해 놓았고, 조금 더 설명이 필요한 부분에 있어서는 표의 하단에 보다 자세히 설명하였다.

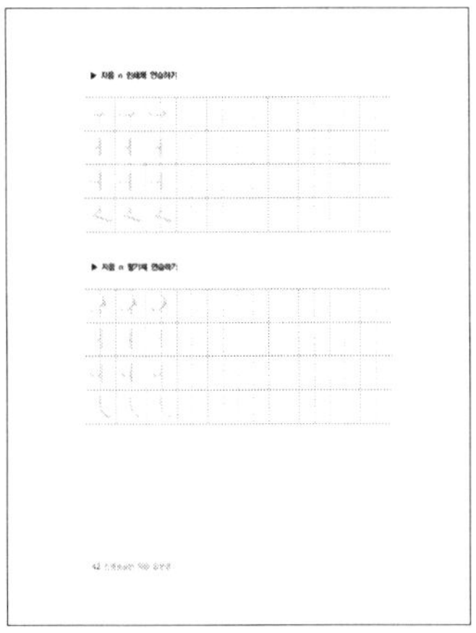

2. 해당 모음/자음 연습하기

앞서 해당 모음/자음의 기본 형태에 대해 익힌 후, 해당 모음/자음을 직접 써 보면서 연습할 수 있도록 구성하였다.

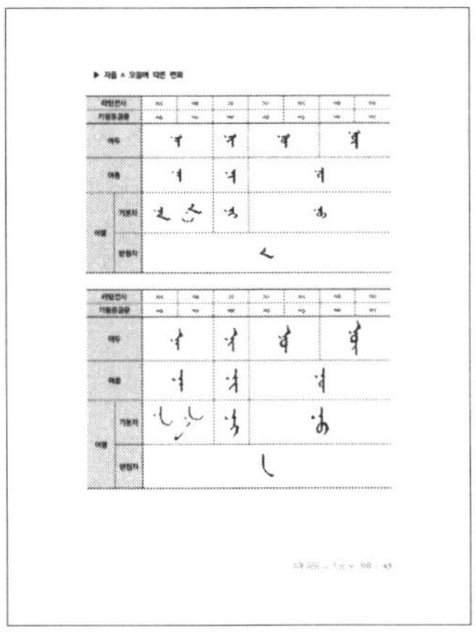

3. 해당 자음의 모음에 따른 변화(인쇄체/필기체)

모음/자음 기본 형태뿐만 아니라 모음이 결합될 때마다 달라지는 여러 자음의 형태와 관련하여 자세하지만 간략히 표로 제시하였다. 또한, 학생들이 전통몽골문 인쇄체뿐만 아니라 전통몽골문 필기체도 익힐 수 있도록 별도의 표로 구성하여 학습할 수 있도록 하였다.

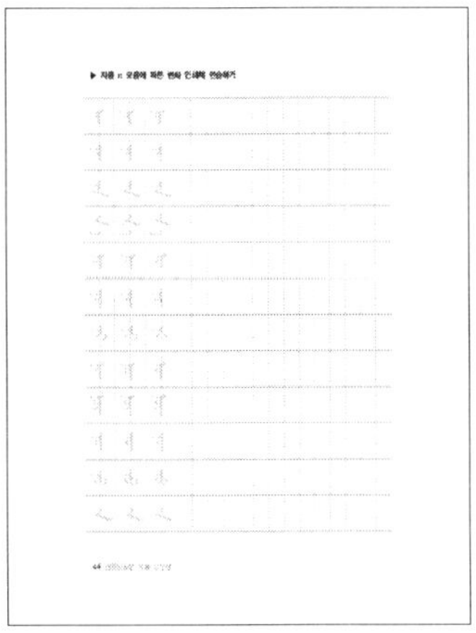

4. 해당 자음의 모음에 따른 변화(인쇄체/필기체) 연습하기

해당 모음/자음의 기본 형태와 모음이 결합될 때마다 달라지는 여러 자음의 형태와 관련하여 함께 학습할 수 있도록 구성하였다.

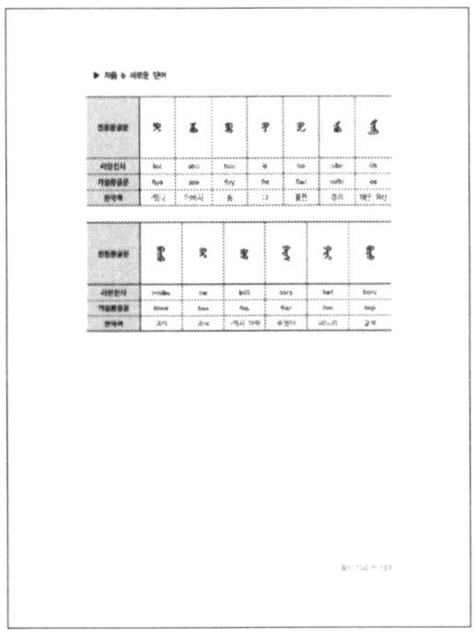

5. 새로운 단어

해당 모음/자음 부분이 일부 포함되어 있는 단어들을 앞서 배운 모음/자음 부분과 함께 학습할 수 있도록 구성하였다.

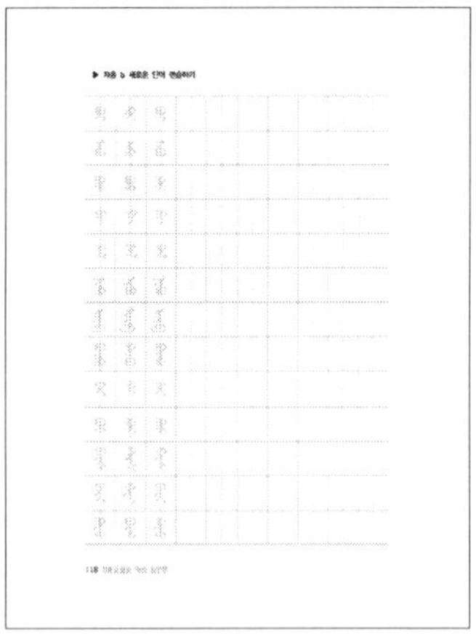

6. 해당 모음/자음의 새로운 단어 연습하기

해당 모음/자음이 일부 포함되어 있는 단어들을 학생들이 직접 쓰면서 공부할 수 있도록 구성하였다.

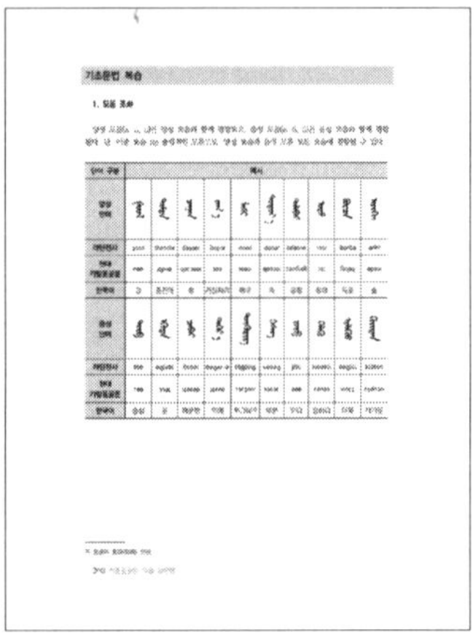

7. 전통몽골문 기초문법

『전통몽골문 학습 입문편』에서는 전통몽골문의 가장 기본적인 문법인 격어미의 쓰임이나 동사어미, 인칭어미 등에 대해서 간략하게 익힐 수 있도록 내용을 구성하였다.

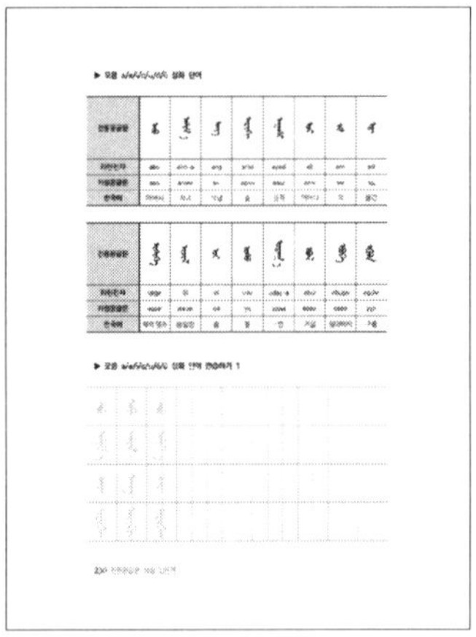

8. 해당 모음/자음의 심화 단어

앞에서 학습한 해당 모음/자음의 어두·어중·어말 부분이 일부 포함되어 있는 단어들 외에 조금 더 심화된 형태의 단어들이나 복잡한 형태의 단어들에 대해 학습할 수 있도록 내용을 구성하였다.

일러두기

이 책의 전통몽골문에 대한 로마자 전사는 몽골학계에서 범용적으로 사용하는 N. Poppe(1954), Ш. Чоймаа · П.Найданжав(1990), Ц. Шагдарсүрэн(2001)의 기준을 따랐다.

N. Poppe(1954), 『Grammar of Written Mongolian』, OTTO HARRASSOWITZ·WIESBADEN.

Ш. Чоймаа · П.Найданжав(1990), 『Монгол бичгийн зөв бичих дүрмийн хураангуй』, Үлаанбаатар.

Ц. Шагдарсүрэн(2001), 『Монголчуудын үсэг бичгийн товчоон』, Үлаанбаатар.

몽골전통문자의 로마자 전사 표기

자모음	전통몽골문자				몽골 키릴문자
	어두형	어중형	어말형	라틴전사	
모음	ᠠ	ᠠ	ᠠ / ᠠ	a	А а
	ᠡ			e	Э э
	ᠢ	ᠢ	ᠢ	i	И и
	ᠣ	ᠣ	ᠣ	o, u	О о, У у
	ᠥ	ᠥ / ᠥ		ö, ü	Ө ө, Ү ү
자음	ᠨ	ᠨ / ᠨ	ᠨ / ᠨ	n	Н н
	–	ᠩ	ᠩ	ng	нг
	ᠪ	ᠪ	ᠪ	b	Б б
	–	ᠪ	ᠪ	b	В в
	ᠬ	ᠬ	ᠬ	q	Х х
	ᠬ	ᠬ	–	k	
	ᠭ	ᠭ / ᠭ	ᠭ / ᠭ	γ	Г г
	ᠭ	ᠭ	ᠭ	g	
	ᠰ	ᠰ	ᠰ	s	С с
	ᠰ	ᠰ	ᠰ	s	Ш ш
	ᠱ	ᠱ	–	š	
	ᠳ	ᠳ / ᠳ	ᠳ / ᠳ	d	Д д, Т т
	ᠲ	ᠲ	–	t	
	ᠯ	ᠯ	ᠯ	l	Л л
	ᠮ	ᠮ	ᠮ	m	М м
	ᠴ	ᠴ	–	č	Ц ц, Ч ч
	ᠵ	ᠵ	–	ǐ	Ж ж, З з
	ᠷ	ᠷ	ᠷ	r	Р р
	ᠶ	ᠶ	–	y	Е е, Ё ё, Й й, Ю ю, Я я
	ᠫ	ᠫ	ᠫ	p	П п
	ᡀ	ᡀ	–	lh	ЛХ лх
	ᠧ	ᠧ	ᠧ	ė	Е е
	ᠱ	ᠱ	ᠱ	š	Ш ш
	ᠹ	ᠹ	ᠹ	f	Ф ф
	ᠽ	ᠽ	ᠽ	z	З з
	ᠼ	ᠼ	ᠼ	c	Ц ц
	ᠿ	ᠿ	ᠿ	ž	Ж ж
	ᠺ	ᠺ	ᠺ	ḱ	К к
	ᠾ	ᠾ	ᠾ	h	Х х
	ᠳ / ᠲ	ᠳ / ᠲ	ᠳ	ḋ, ṫ	Д д, Т т
	ᠸ	ᠸ	ᠸ	v	В в

목차

1과 몽골 문자에 대해 알아봅시다 ········ 19

2과 사전 학습 ········ 35

3과 모음 ········ 39

4과 자음 н, 자음 м, 자음 л ········ 43

5과 자음 ч/ц, 자음 с, 자음 ш ········ 63

6과 자음 р, 자음 з/ж ········ 83

7과 자음 у, 자음 в ········ 97

8과 자음 б ········ 111

9과 자음 д/т ········ 119

10과 자음 х, 자음 г, 자음 нг ········ 127

11과 약자음, 강자음 ········ 151

12과 외래어 자음 ········ 159

13과 숫자, 몽골 문자 명칭, 문장부호 ········ 197

14과 전통몽골문 기초문법 ········ 203

15과 심화 단어 ········ 233

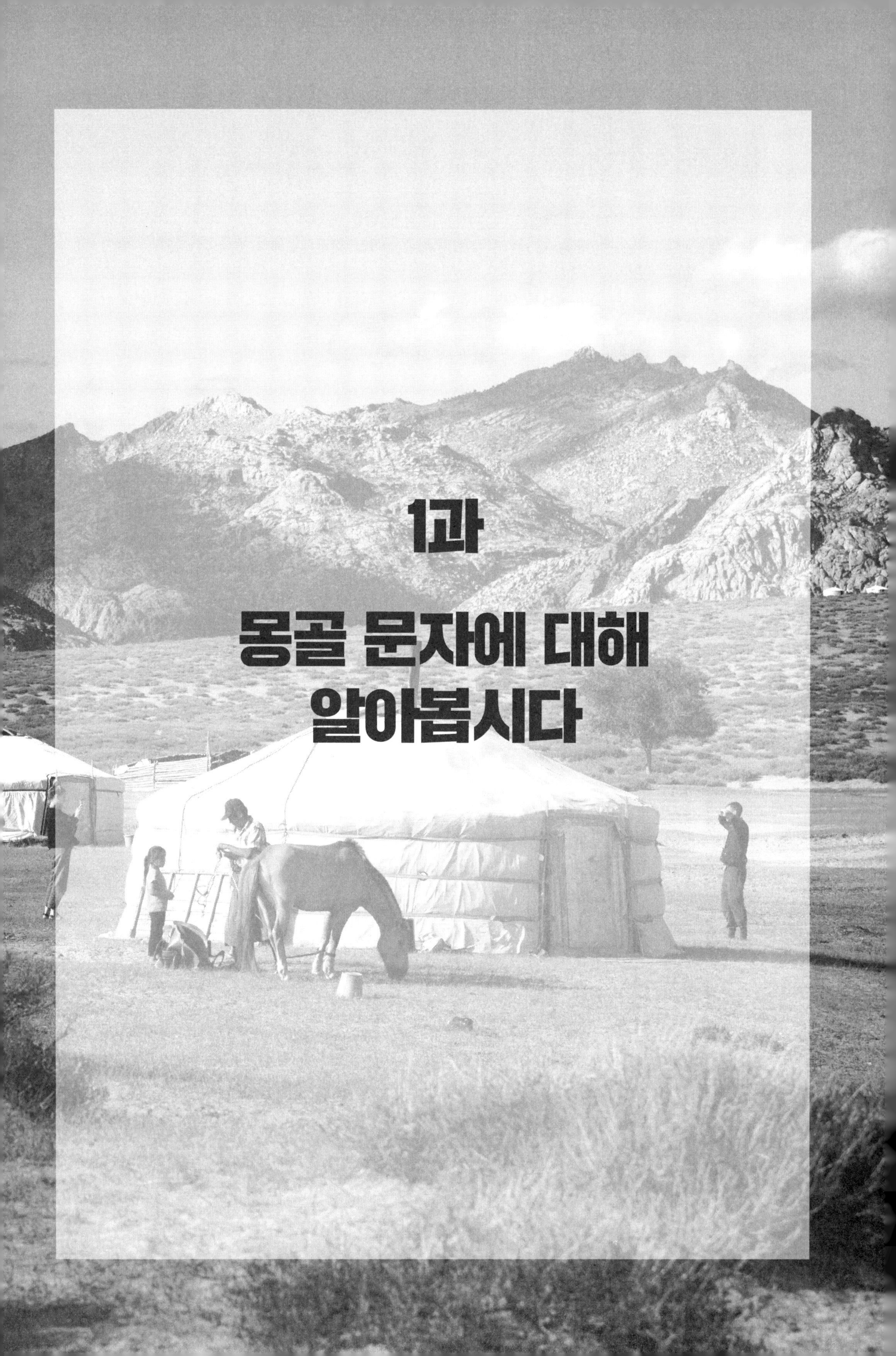

1과

몽골 문자에 대해 알아봅시다

몽골 문자에 대하여

몽골인들의 문자 역사를 한마디로 요약한다면, 말과 글을 일치하게 하려는 노력의 역사라 할 수 있다. 고대 초원에서 각목 문자로 시작된 몽골의 문자는 소그드인들의 위구르식 문자를 받아들이면서 몽골 문어가 그 중심축을 찾고, 여러 방언들의 올바른 표기를 위하여 파스파, 토드, 소욤보, 바긴드라, 키릴 문자 등으로 이어지면서 다양한 변화의 길을 모색해 왔다. 몽골인들이 사용해 온 문자들을 간략히 살펴보자.

1. 몽골 비칙

고대 초원에서 각목 문자(刻木文字)를 사용했던 몽골 민족은 중앙아시아의 소그드인들과 접촉하면서 그들로부터 문자를 받아들이게 된다. 원래 위구르 문자는 유럽의 로마자와 같은 계통의 셈(Semitic) 문자에 속하는 아람 문자(Aramaic script)의 소그드 문자(Sogdic)에서 온 것이다. 서역에서 상인으로 활약하던 소그드인들은 아람 문자를 이용했는데, 소그드인들에게서 문자를 배운 위구르(Uighurs)인들은 이 문자로 역시 자신들의 언어를 기록했다. 몽골 서부의 위구르인들의 왕국이었던 나이만(乃蠻)을 정복한 칭기스칸은 이곳에서 타타통가(Tatatunga)라는 현인(賢人)에게 몽골어를 위구르 문자로 적도록 하고, 이 문자를 황실과 왕자들에게 가르쳐 몽골제국의 통용 문자로 지정했다. 이후 몽골제국이 확장하면서 중앙아시아의 여러 민족의 언어를 기록하는 데 위구르 문자가 사용되었다. 위구르식 몽골 문자는 이때부터 몽골을 대표하는 문자로 자리 잡게 되면서 오랜 시간 시대의 흐름과 더불어 부분적인 변화를 거치며 지금의 형태로 정착하게 된다.

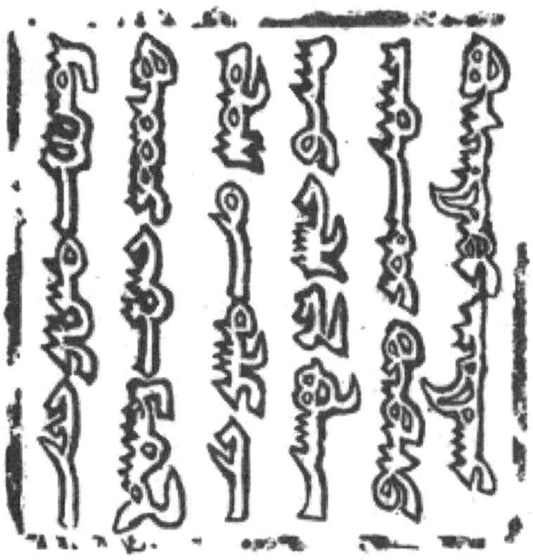

▶ 구육칸의 몽골문 인장

앞의 그림에서 볼 수 있는 구육칸의 몽골문 인장의 각 행을 몽골어, 라틴전사, 한국어로 옮기면 다음과 같다.

1 Möngke tngri-yin
Мөнх тэнгэрийн
영원한 하늘의

2 küčün-dür yeke mongɣol
хүчинд Их Монгол
힘에 대몽골

3 ulus-un dalai-in
улсын далай
국가의 바다의

4 qanu ǰarliɣ. il bulɣa
хааны зарлиг ил болгон
칸의 칙령, 복속한

5 irgen-dür kürbesü,
иргэнд хүрвээс
백성에게 도달하면

6 büsiretügüi ayutuɣai.
биширтүгэй аюутугай
경외하라 두려워하라

구육칸(1206-1248)은 몽골제국 제3대 대칸으로, 칭기스칸의 손자이자 어거데이칸의 장남이다. 구육칸 통치기는 몽골제국의 세계적 위상이 높았던 시기로, 국제 외교와 행정의 상징으로서 인장이 매우 중요한 역할을 했다. 이 시기 몽골제국은 유라시아 전역을 통치하며 다양한 언어와 문화를 포용했으나, 황실의 공식 문서에는 몽골 문자가 중심이 되었고, 인장 역시 몽골어로 제작되어 사용되었다.

몽골 문자로 제작된 인장은 몽골제국의 정체성과 권위를 드러냈다. 이는 단순한 행정 도구를 넘어, 몽골 황실의 정통성과 국제적 영향력을 나타내는 상징적 의미를 지녔다.

구육칸이 즉위했던 1246년은 몽골제국이 유럽, 이슬람 세계 등과 활발히 교류하던 시기로, 교황 인노첸시오 4세가 보낸 사절에게 회신 서한을 보낼 때도 몽골문 인장이 사용되었다는 기록이 있다. 구육칸이 교황 인노첸시오 4세에게 보낸 편지는 13세기 몽골 칸과 교황청 사이의 외교 관계를 밝혀 주는 중요한 역사적 문서이다. 이 편지의 목적은 칸의 몽골제국에 대한 권위를 주장하고 교황이 몽골의 지배에 복종할 것을 요청하는 것이었다.

몽골의 인장 문화는 중국, 이슬람, 유럽 등과의 교류 속에서 발전했으나, 몽골 고유의 언어와 상징을 중시했다는 점이 특징적이다.

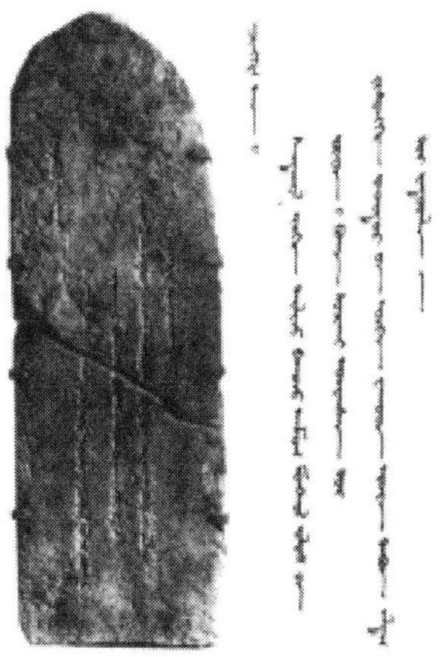

▶ 칭기스칸 비석(Чингисийн чулууны бичиг)
러시아 에르미타주 박물관 소장. '칭기스칸 비석'은 몽골 전통 문자로 적힌 가장 오래된 기록으로 알려져 있다. 연구자들은 이 비석이 1224년에서 1225년 사이에 조성된 것으로 추정하고 있다. 몽골 역사에서 가장 오래된 몽골 비칙 기록이자 몽골인의 대표 문화유산으로 손꼽힌다.

2. 거란 문자

중국에 요(遼) 왕조를 세웠던 거란인들은 한자를 이용해 거란 문자(契丹文字, Khitan scripts)를 만들었다. 거란어를 표기하기 위해 요(遼) 나라 황실에서 만든 거란 문자에는 거란 대자(大字)와 거란 소자(小字) 두 종류가 있다.

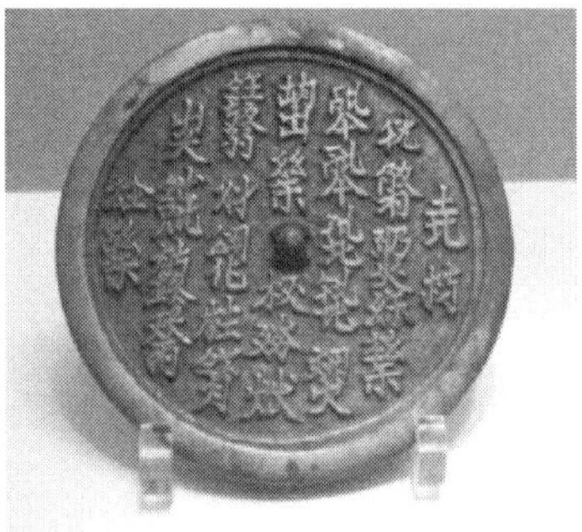

▶ **동제거란문자명원형경(銅製契丹文字銘圓形鏡)**
국립중앙박물관 소장. 거란 소자가 새겨진 청동거울로, 고려와 거란의 교류를 통해 유입되었을 가능성이 크다.

3. 파스파 문자(사각 문자)

칭기스칸의 손자이자 원(元)을 세운 쿠빌라이칸은 당시 원의 영역에 있던 모든 나라의 말을 표기하기 위해 티베트의 승려 파스파(Phags-pa, 八思巴)를 초청하여 새로운 문자를 만들도록 명했다. 국사(國師)였던 파스파의 이름을 본떠 통상적으로 파스파 문자로 알려져 있다. 파스파 문자는 티베트 문자를 토대로 몽골 문어의 영향을 받아 만들어졌으며, 당시 몽골어에는 없으나 외국어 표기를 위한 문자들도 포함되어 있다. 파스파 문자는 몽골어뿐만 아니라 한어(漢語), 티베트어, 산스크리트어, 튀르크어 등 몽골 통치 아래 있던 여러 민족의 언어를 표기하기 위한 공용 문자로 100여 년간 원의 공식 문자로 사용되었다.

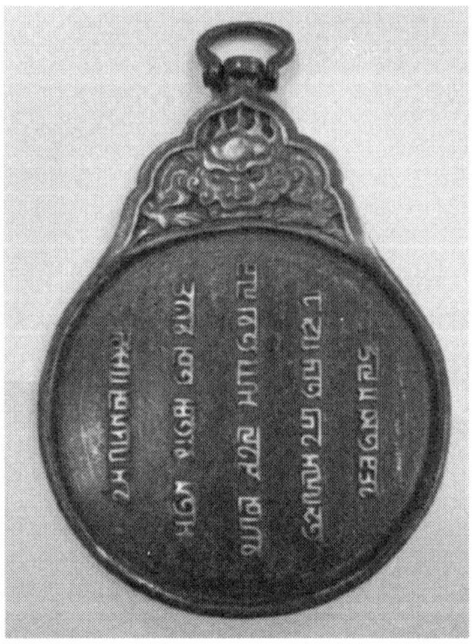

▶ 쿠빌라이칸 시절 파스파 문자로 새겨져 있는 마패의 모습

4. 토드 문자

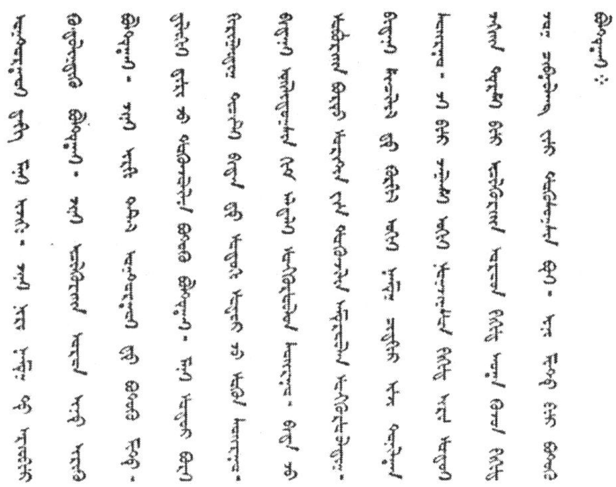

토드 문자는 서부 몽골 오이라드의 자야 반디다(Zaya Pandita)가 1648년에 제정한 문자로, 몽골 문자와 파스파 문자의 장단점과 운용 원리를 참조하고, 기존의 몽골 문어를 변형하여 서부 몽골 방언에 맞도록 만든 문자이다. 토드(Tod, (몽) тод)라는 단어는 몽골어로 '분명한, 확실한, 선명한'이라는 의미를 가진다. 자야 반디다는 언문일치가 되지 않아 글과 말에 차이가 커서 어려움을 겪었기에 당시의 오이라드 몽골어를 정확하게 적기 위해 만들었다고 밝혔는데, 토드 문자 제정을 통해 서부 몽골 오이라드 민족의 결집과 더불어 불교 포교를 위한 목적도 컸다. 서부 몽골의 방언, 생활과 역사, 종교 및 문화와 관련된 많은 기록이 토드 문자로 기록되어 전해지고 있으며 후기 중세 몽골어와 근대 몽골어의 연구를 위한 매우 중요한 자료로 이용되고 있다. 최근까지도 중국 신장성의 오이라트족이 사용하고 있다.

5. 소욤보 문자

소욤보 문자(Soyombo, Соёмбо)는 1686년 몽골의 승려이자 학자이던 자나바자르(Zanabazar)에 의해 개발된 문자이다. 각 자음에 내재적 모음이 존재하는 아부기다(Abugida) 문자 체계로, 몽골어, 티베트어, 산스크리트어를 표기할 수 있도록 고안되었다. 기본적인 체계는 데바나가리 문자를 바탕으로 하고 모양은 당시 네팔의 네와르족이 사용하던 란자나(Ranjana) 문자의 영향을 받았다. 소욤보 문자는 주로 불교 사원의 비문이나 경전, 의식에 주로 사용되었다. 문자의 형태와 특성상 당시 몽골인들의 일상생활에서 사용하기 쉽지 않았기에 널리 통용되지는 않았지만, 소욤보 문자는 오늘날 몽골 국기와 화폐에 그 문양이 새겨져 몽골을 대표하는 상징으로 전승되고 있다.

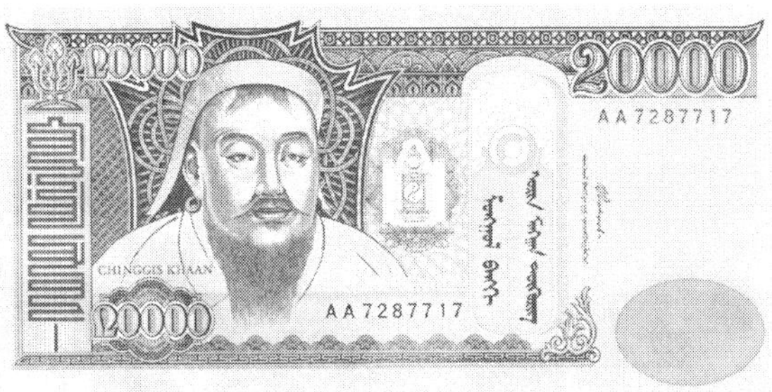

▶ 소욤보 문자의 첫 글자가 몽골의 20,000투그릭 지폐에 새겨져 있다.

6. 횡서 사각 문자

횡서 사각 문자는 몽골 사각 문자와 티베트어에 근거한 문자이다. 18세기 초반 세 가지 문어(文語)였던 몽골어, 티베트어, 산스크리트어를 기록하기 위해 제정한 문자로, 제정 목적과 방법은 소욤보 문자와 비슷하지만 횡서 사각 문자의 규칙은 명확히 알기 어렵다.

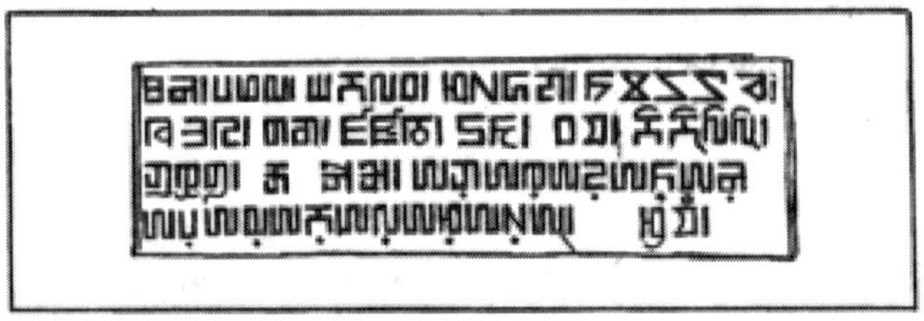

7. 바긴드라 문자

바긴드라 문자는 1905년 부랴트 승려 악왕도르찌(Agvaandorj, 1853-1938)가 부랴트 방언에 맞추어 만든 문자로, 몽골 문어와 토드 문자를 일부 변형하여 부랴트 말과 러시아어의 유성자음을 표기하기 위해 만들어진 글자이다. 바긴드라 문자는 당시 부랴트의 지식인들이 주로 사용했고, 문자를 사용한 지역과 시대는 매우 협소하다.

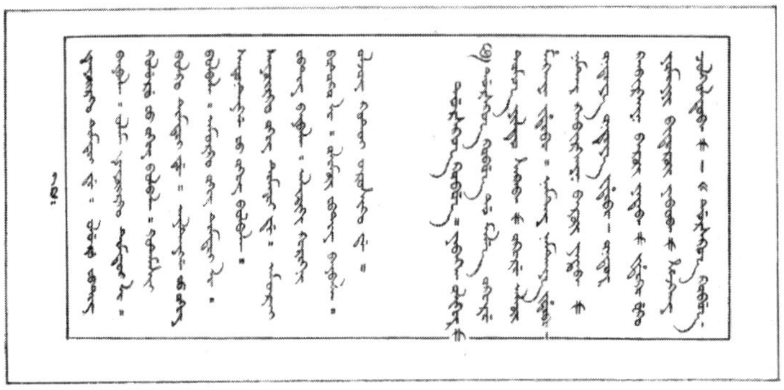

▶ 1907년 발행된 "부랴트의 기쁨(Буриад хөөр)"이라는 기록의 일부

8. 몽골 라틴 문자

1921년 몽골은 혁명과 함께 몽골 문자의 개혁을 시도했다. 당시 몽골 문어의 가장 큰 어려움은 언문일치가 되지 않는다는 점이었고, 따라서 대중들이 익히는 데에 어려움이 컸기 때문이다. 이러한 경향은 당시 몽골의 중부를 차지하고 있던 할하, 서부 몽골의 오이라트, 몽골 북부의 부랴트 모두의 움직임이었다. 몽골 라틴 문자는 1930년대 1년여간 잠시 사용되다가 폐지되었지만 당시까지 말과 글이 같지 않아 어려움을 겪었던 점을 타개하기 위한 몽골인들의 노력을 보여 준다.

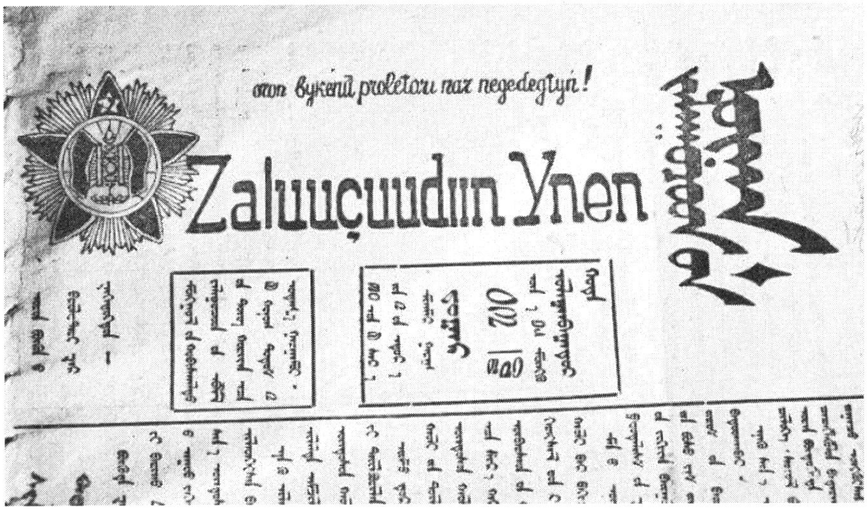

▶ 몽골 비칙과 라틴 문자가 함께 인쇄되어 있는 1930년대 몽골의 신문

9. 키릴 문자

1920년대 이전 몽골에서 전통몽골문자를 능숙하게 읽고 쓸 수 있는 인구는 소수였다. 몽골에 사회주의가 들어오면서 전 몽골인의 문해력 상승을 위한 문자 개혁에 대한 논의가 공식적으로 진행되었다. 1941년 3월 25일 몽골인민혁명당의 중앙위원회와 인민장관회의 공동회의에서 전통몽골문자를 러시아 키릴 자모 알파벳으로 교체한다는 결정이 내려졌다. 문맹률 퇴치를 위함이 가장 큰 이유였지만 실제로는 사회주의 통치 이념에 대한 적극적인 교육과 홍보를 위해서는 시민의 문자 해독 능력이 선행조건이었기 때문이었다. 새로운 몽골어 알파벳은 러시아 알파벳에서 31개의 글자와 2개의 부호를 들여오고, 모음 Ө, Y를 더한 35글자이다.

키릴 문자의 사용은 학생들뿐만 아니라 일반 시민들도 문해력 향상을 통해 당시 사상교육에 쉽게 접근하게 되면서 사회주의 이념 홍보에 많은 도움을 주었다. 또 문자 개혁을 통한 출판물 증가로 몽골인들의 전반적인 독서율과 의식 수준 향상은 이후 일반 대중의 인식 개방에 기여하여 1990년 민주화의 밑거름이 되는 결과를 가져오게 된다.

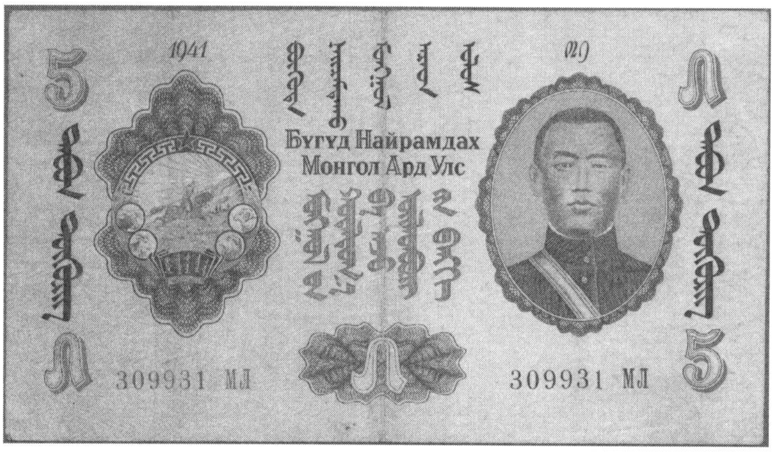

▶ 1941년 키릴 문자로 발행된 첫 공식 투그릭 지폐

전통몽골문의 동형이독(同形異讀)[1] 특징

대부분의 전통몽골문자는 해당 단어의 제1음절의 모음이 양성이냐 음성이냐에 따라 비교적 명확하게 읽을 수 있다. 전통몽골문 중 a/e, o/u, ö/ü, d/t, k/g 등을 표기하는 전통몽골문자는 같은 모양으로 표기하지만 두 가지 이상으로 발음한다. 때문에 전통몽골문의 문법을 이해하지 않고, 해당 단어를 정확하게 알지 못하면 읽을 수가 없다. 예를 들어 살펴보면 다음 표의 전통몽골문 단어는 다양하게 해석될 수 있다.

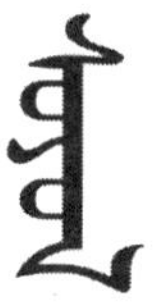	soyol	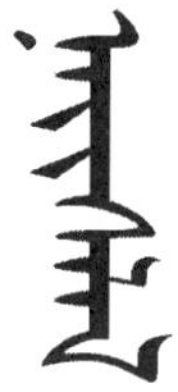	nayislal	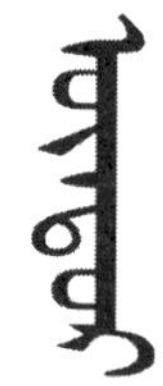	öndür
	soyul		nayislel		öndör
	suyul		neyislel		ündür
	suyol		neyislal		ündör
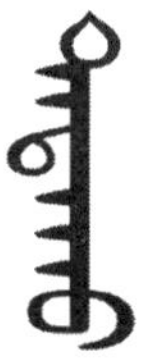	tataqu	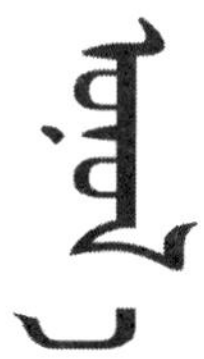	unul-a	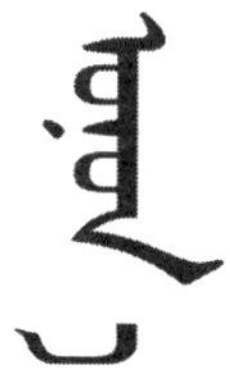	unun-a
	tadaqu		unol-a		unon-a
	dataqu		onol-a		onun-a
	dadaqu		onul-a		onon-a

1 언문불일치. 전통몽골문은 하나의 문자가 두 개의 음가로 발음되는 특징이 있다.

전통몽골문자의 유래: 타타통가(塔塔統阿, Тататунга) 이야기

전통몽골문자가 12세기에서 13세기 초반에 제정되었다는 의견에 대부분의 학자들이 동의하고 있으며, 최근에는 전통몽골문자의 제정 시기를 9세기까지 소급 가능성을 제시하기도 한다. 현재 대부분의 학자들은 전통몽골문이 칭기스칸 시기 타타통가(塔塔統阿, Тататунга)를 통해 제정되었다는 사실에 동의한다. 이에 대한 이야기는 『원사(元史)』 124권 열전(列傳)에 수록되어 있는데, 그 내용과 해석은 다음과 같다.

元史 卷124 列傳11 - 塔塔統阿, 畏兀人也。性聰慧,善言論,深通本國文字。乃蠻大敭可汗尊之為傅,掌其金印及錢 穀。太祖西征,乃蠻國亡,塔塔統阿懷印逃去,俄就擒。帝詰之曰:「大敭人民疆土,悉歸於我矣,汝負印何之?」 對曰:「臣職也,將以死守,欲求故主授之耳。安敢有他!」 帝曰:「忠孝人也!」 問是印何用,對曰:「出納錢穀, 委任人材, 一切事皆用之, 以為信驗耳。」 帝善之,命居左右。是後凡有制旨,始用印章,仍命掌之。帝曰:「汝深知本國文字乎?」 塔塔統阿悉以所蘊對,稱旨,遂命教太子諸王以畏兀字書國言。

타타통가는 위구르인으로서 명석하고, 위구르 문자에 매우 능숙하였다. 나이만의 다얀칸은 타타통가를 스승으로 대접하였고, 그에게 인장(印章)과 재물 그리고 곡식을 책임지고 맡아서 관리하도록 했다. 칭기스칸이 나이만을 정복했을 때 타타통가는 인장을 가지고 도망가다가 머지않아 붙잡혔다. 칭기스칸은 타타통가를 곁에 있게 하였다. 이후 칭기스칸은 타타통가에게 인장을 맡아서 주관하도록 명했다. 타타통가는 위구르의 문자에 통달했기에 황실의 태자와 왕자들에게 위구르 문자를 가르치고, 후에 위구르 문자로 몽골어를 사용하게 했다.

이 내용을 볼 때, 전통몽골문자가 위구르 문자를 본떴으며 칭기스칸 시기에 제정되었음을 알 수 있다. 이때 만들어진 전통몽골문자는 지금까지 몽골과 몽골인을 상징하는 문자로서 긴 역사를 자랑한다.

몽골과 중국 내몽골자치구, 전통몽골문자와 키릴몽골문자

현재 몽골인들은 몽골, 중국의 내몽골자치구(內蒙古自治区), 러시아의 부랴트 공화국 등에 거주하고 있다. 특히 몽골과 중국의 내몽골자치구에는 같은 몽골인들이 살고 있지만, 그들을 지칭하는 단어가 다를 뿐만 아니라 그들이 살고 있는 사회적 및 문화적 배경도 완연히 다르다.

몽골과 중국의 내몽골자치구를 지도상에서 보면 국경을 맞대고 있는 것을 알 수 있다. 이에 사람들은 쉽게 구분하기 위해 보통 아래쪽에 위치한 중국에 속한 몽골을 '내몽골'이라 부르고, 위쪽에 위치한 몽골국을 '외몽골'이라 부르기도 하지만, 정식 명칭은 '몽골'이다.

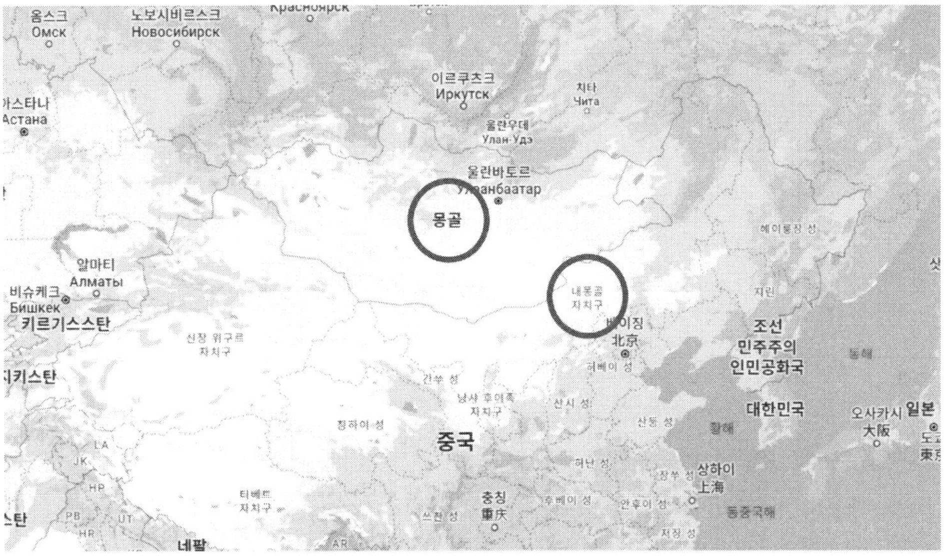

[그림 1] 몽골과 중국 내몽골자치구 지도

몽골과 중국 내몽골자치구는 역사적 상황으로 인해 분단되었다, 몽골과 중국 내몽골자치구는 각각 사회를 구성하는 이념 체제가 다르기에 언어에도 이러한 차이점이 반영되었다.

1990년 사회주의에서 벗어난 몽골은 자신들의 민족성과 정체성을 되찾기 위해 기존에 사용하던 키릴몽골문 외에 전통몽골문을 함께 교육하고 국민들의 전통몽골문 문해력을 높이는 데에 많은 노력을 기울이고 있다. 전통몽골문 교육과 사용에 대한 시행착오를 극복하기 위한 몽골 정부와 학계의 수십 차례 논의 끝에 2025년 1월 1일부터 몽골의 모든 공식 문서에 키릴몽골문과 전통몽골문 이중병기(二重竝記) 법안이 시행되었다.

전통몽골문자의 다양한 명칭

1. 몽골 문자는 위구르 문자를 빌려 창제한 문자이기 때문에 몽골 문자를 지칭할 때, "위구르식"이라는 단어를 넣어서 부르기도 한다. 이러한 이유로 인해 생겨난 이름들은 다음과 같다.

- 위구르식 몽골 문자(Уйгуржин монгол бичиг, 畏兀儿字, 回鹘体蒙古文)
- 몽골 문자(Монгол бичиг)

2. 중국에서 부르는 몽골 비칙의 이름도 다양하다. 대부분의 중국식 이름도 몽골에서 부르는 이름과 비슷하지만, 중국 내몽골자치구의 몽골어 공식 정자법에 따라 쓴 몽골 비칙의 이름은 다음과 같다.

- 호도목 몽골 문자(胡都木蒙古文)

3. 몽골과 러시아의 칼미크, 부랴트 몽골인들이 1930~1940년대 키릴 문자로 전환하면서 대략 새 문자에 대한 옛 문자라는 뜻으로 사용하기 시작한 이름은 다음과 같다.

- 옛 몽골 문자(хуучин монгол бичиг)
- 옛 문자(хуучин бичиг, 旧蒙文)

4. 몽골에서 1946년부터 써 온 현행 키릴 문자를 버리고 조상들이 800년간 사용하던 조상들의 문자로 돌아갈 것을 주장하면서 내세우는 이름들은 다음과 같다.

- 전통 몽골 문자(Уламжлалт монгол бичиг)
- 민족 전통 문자(Үндэсний уламжлалт бичиг үсэг)
- 민족 문자(Үндэсний бичиг үсэг)
- 민족 몽골 문자(Үндэсний монгол бичиг)
- 세로 (몽골) 문자(Босоо (монгол) бичиг)

5. 오이라트족의 몽골인들이 몽골 문자를 토드 문자(오이라트 문자)와 구별해서 부르는 명칭이다. 몽골 문자는 토드 문자와 다르게 문자와 음가가 1대 1로 대응이 되지 않기 때문에 이러한 특성으로 인해 지은 이름이기도 하다. 'худам/худум'은 오이라드-칼미크의 토드 문자와 대비되는 이름으로, 몽골족 문자라는 뜻이다.

- 호담 몽골 문자(худам/худум монгол бичиг/үсэг)

6. 현재 몽골 정부가 사용하는 공식 명칭

- 전통 몽골 문자(Үндэсний монгол бичиг)

이렇듯 몽골의 전통문자는 시대와 지역, 학자에 따라 다양한 명칭으로 불려 왔다. 한국에서는 이를 '고전몽골문', '몽골 비칙' 등으로도 부른다.

이 책에서는 'Үндэсний монгол бичиг'의 한국어 직역인 '전통몽골문자'를 사용한다. 이는 몽골 정부의 공식 명칭을 존중함과 동시에, 다양한 기존 명칭 사이에서 용어의 일관성과 명확성을 확보하기 위함이다.

[표 1] 몽골 비칙의 명칭 유래와 종류

명칭 유래	이름
위구르 문자에서 기원한 명칭	- 위구르식 몽골 문자(Уйгуржин монгол бичиг, 畏兀儿字, 回鹘体蒙古文) - 몽골 문자(Монгол бичиг)
중국식 명칭	- 호도목 몽골 문자(胡都木蒙古文)
전통몽골문에 대한 다양한 호칭	- 전통 몽골 문자(Уламжлалт монгол бичиг) - 민족 전통 문자(Үндэсний уламжлалт бичиг үсэг) - 민족 문자(Үндэсний бичиг үсэг) - 민족 몽골 문자(Үндэсний монгол бичиг) - 세로 (몽골) 문자(Босоо (монгол) бичиг) - 옛 몽골 문자(хуучин монгол бичиг) - 옛 문자(хуучин бичиг, 旧蒙文)
오이라트족의 몽골인들이 부르는 명칭	- 호담 몽골 문자(худам/худум монгол бичиг/үсэг)
현재 몽골 정부가 사용하는 명칭	- 전통 몽골 문자(Үндэсний монгол бичиг)

전통몽골문 구성

전통몽골문의 구성 = 어두(эхэнд) + 어중(дунд) + 어말(адагт)

전통몽골문자는 모음과 자음으로 구성되어 있다. 전통몽골문자의 모든 모음과 자음은 구성하고자 하는 단어의 어두 부분과 어중 부분 그리고 어말 부분에 표기하는 자형이 각각 존재한다. 아래의 다섯 단어를 어두·어중·어말로 나눈 것은 몽골어의 자형을 표기할 때 혼란스럽지 않게 하기 위해 나누어 놓은 것이지 몽골어 자체를 어두·어중·어말로 나누어 본다는 말은 아니다.

몽골어 단어에서 첫음절은 어두형으로 마지막 음절은 어말형으로 표기하고, 첫음절과 마지막 음절을 제외한 중간에 위치한 음절들은 모두 어중형으로 표기한다. 아래의 예시를 보도록 하자.

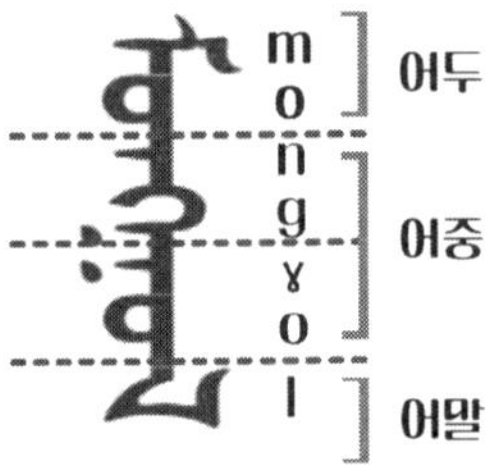

라틴전사: mongɣol
키릴몽골문: монгол
한국어: 몽골

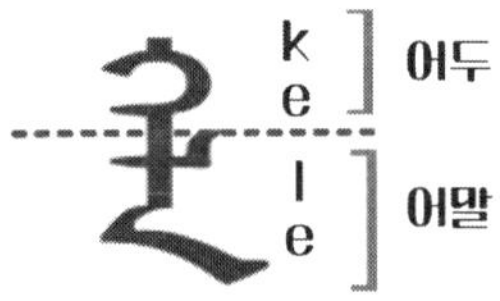

라틴전사: kele
키릴몽골문: хэл
한국어: 언어, (신체)혀

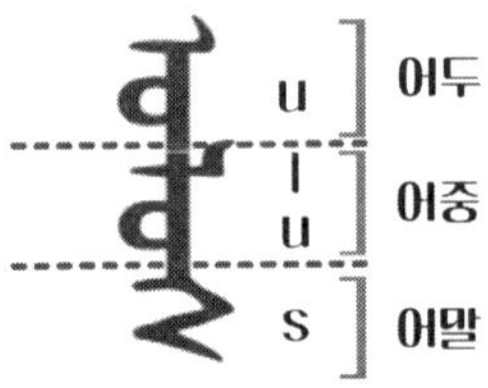

라틴전사: ulus
키릴몽골문: улс
한국어: 나라

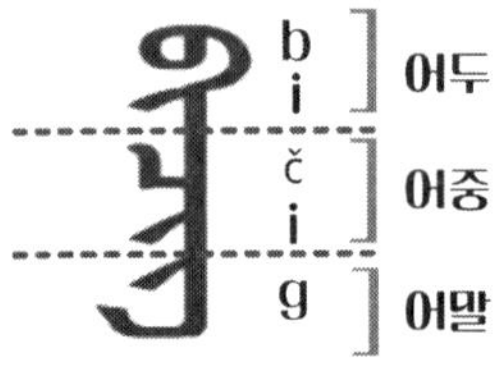

라틴전사: bičig
키릴몽골문: бичиг
한국어: 문자

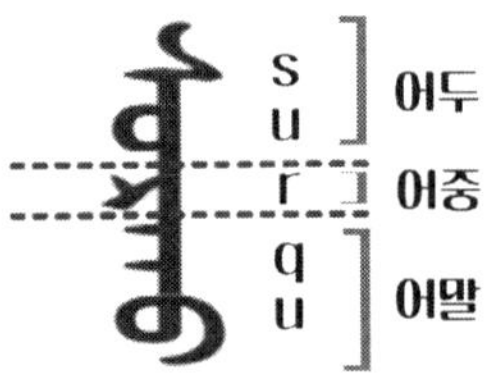

라틴전사: surqu
키릴몽골문: сурах
한국어: 공부하다, 배우다

몽골 비칙의 서체

몽골 비칙의 서체는 크게 인쇄체(дармал үсэг)와 필기체(бичмэл үсэг)로 나뉜다.

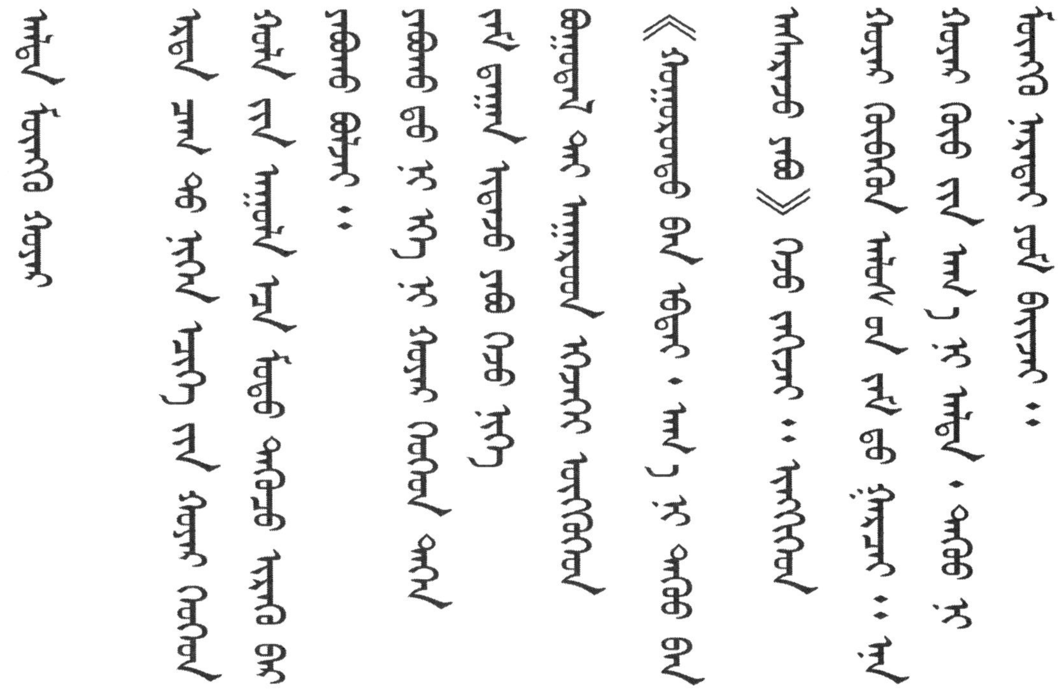

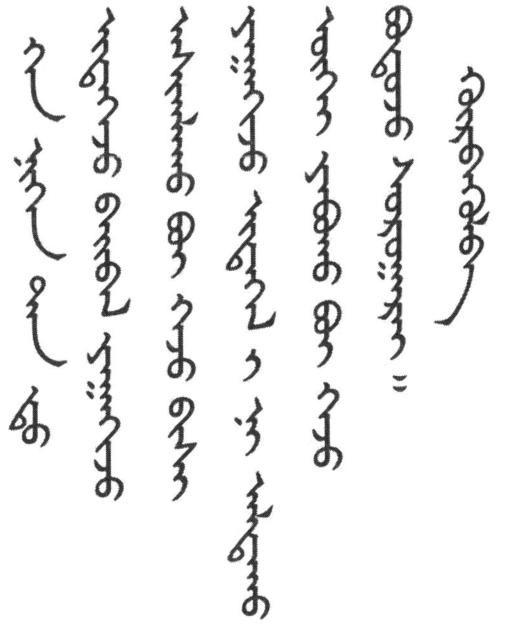

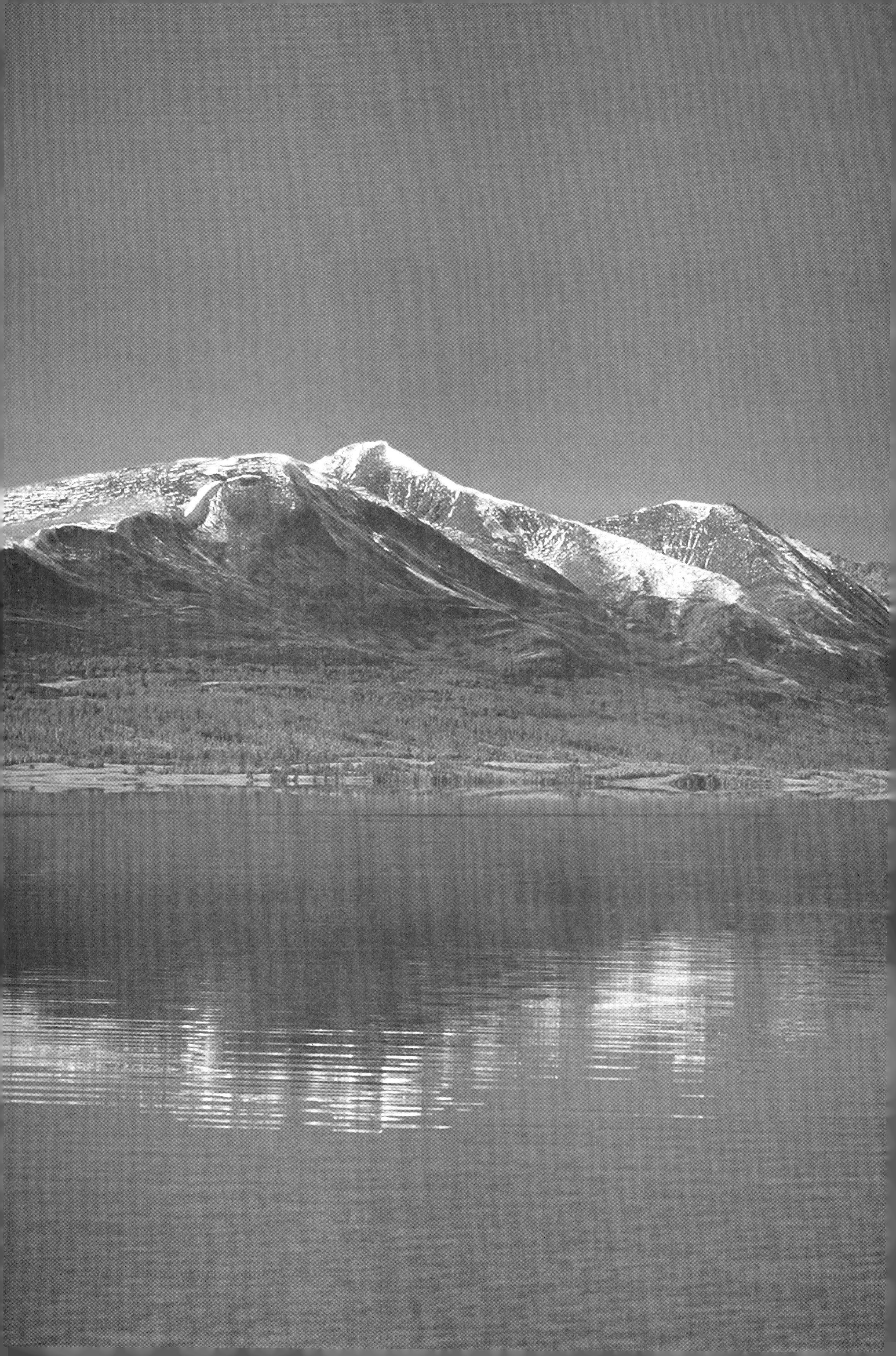

2과

사전 학습

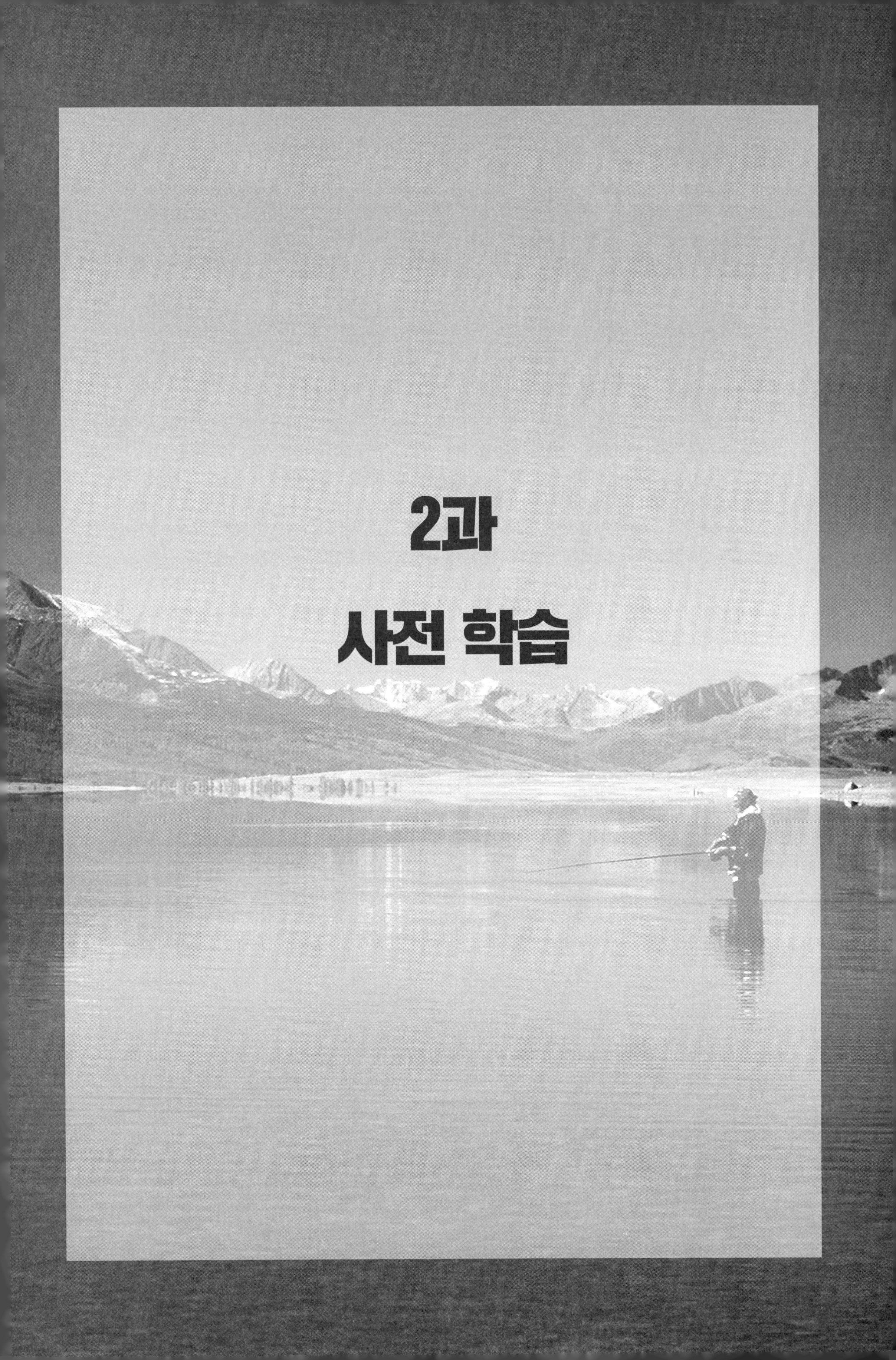

전통몽골문자 요소 1

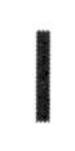	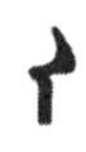	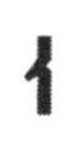	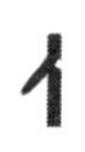	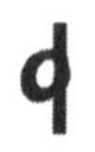	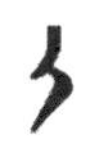	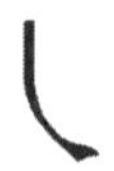	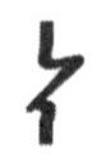	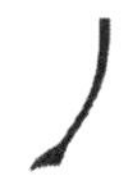
niruɣu	titim	sidü	silbi	gedesü	numu	segül	ǰabaǰi	orkiča/čačulɣ-a
нуруу	титэм	шүд	шилбэ	гэдэс	нум	сүүл	завж	орхиц/цацлага
등	왕관	치아	줄기	배	활	꼬리	입꼬리	삐침

전통몽골문자는 긴 역사를 가진 표기 체계이자 예술로서 몽골인들에게 사랑받아 왔다. 문자의 획을 세로로 연속 연결해서 하나의 단어를 적어 내는 전통몽골문자를 바탕으로 한 몽골의 서예는 긴 시간 유목사회에서 세대를 이어 전수되었다. 고대의 몽골 유목민들은 광활한 영토를 이동하면서 간단한 설명으로 자신들의 지식을 서로 전달했다.

전통몽골문자 체계에서 글자를 만드는 데 사용하는 주요 획이 있는데, 그 획을 사람이 왕관을 쓴 모양인 티템(титэм, 왕관), 사람의 치아 사이의 모양인 슈드(шүд, 치아), 식물의 줄기 모양인 쉴베(шилбэ, 줄기), 둥그렇게 부른 배 모양의 게데스(гэдэс, 배), 활시위를 당긴 모양의 놈(нум, 활), 가축의 꼬리 모양인 술(сүүл, 꼬리), 사람의 한쪽 입매를 닮은 잡찌(завж, 입꼬리), 문자의 어말에 오는 어르히츠(орхиц, 삐침) 등으로 부른다.

전통몽골문자 요소 2

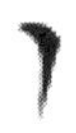		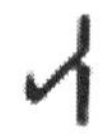	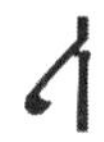	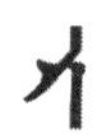	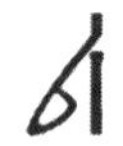		
geǰige	eber	eteger silbi	mataɣar silbi	örgesü-tei silbi	ɣoɣčuɣ-a-tai silbi	čig	dabqur čig
гэзэг	эвэр	этгэр шилбэ	матгар шилбэ	өргөстэй шилбэ	гогцоотой шилбэ	цэг	давхар цэг
댕기	뿔	위로 향한 줄기	구부러진 줄기	겹친 줄기	꼬리 달린 줄기	점	연속 점

전통몽골문자의 요소는 동식물의 모양을 본떠 변형하여 구성되었다. 머리를 땋아 내린 모양의 게젝(гэзэг, 댕기), 동물의 뿔이 솟은 모양의 에웨르(эвэр, 뿔), 식물의 줄기를 본뜬 모양의 쉴베(шилбэ, 줄기) 등이다. 줄기의 끝 모양에 따라 다시 나뉘는데, 몽골어 я(y)를 표시할 때는 줄기의 끝을 위로, в(v)를 적을 때는 줄기의 끝을 아래로, р(r)을 표시할 때는 줄기를 겹쳐서, д나 т(d, t)는 줄기 끝 아랫부분을 동그랗게 말아서 꼬리가 달린 것처럼 적는다. 문장에 점 하나가 올 때는 쉼표를 뜻하며, 연속된 점 두 개를 표시하면 문장의 마지막을 의미한다.

전통몽골문 쓰는 방법

전통몽골문은 위에서 아래로(↓), 왼쪽에서 오른쪽으로(→) 문자를 써 내려간다.

전통몽골문	ᠮᠣᠩᠭᠣᠯ ᠤᠯᠤᠰ ᠤᠨ ᠤᠯᠠᠭᠠᠨᠪᠠᠭᠠᠲᠤᠷ	ᠬᠢᠲᠠᠳ ᠤᠨ ᠥᠪᠥᠷ ᠮᠣᠩᠭᠣᠯ ᠤᠨ[2] ᠥᠪᠡᠷ ᠲᠦ ᠪᠡᠨ ᠵᠠᠰᠠᠬᠤ ᠣᠷᠤᠨ
라틴전사	mongγol ulus-un ulaγanbaγatur	kitad-un öbür mongγol-un öber-tü-ben ǰasaqu orun
키릴몽골문	Монгол Улсын Улаанбаатар	Хятадын Өвөр Монголын Өөртөө Засах Орон
한국어	몽골 울란바타르	중국 내몽골자치구

몽골인들은 해가 동쪽에서 뜨고 서쪽으로 지는 방향 즉, 시계 방향을 길한 방향으로 여기고 이 방향을 중심으로 생활해 왔고, 전통몽골문 또한 이 방향을 기준으로 현재까지 사용해 오고 있다.

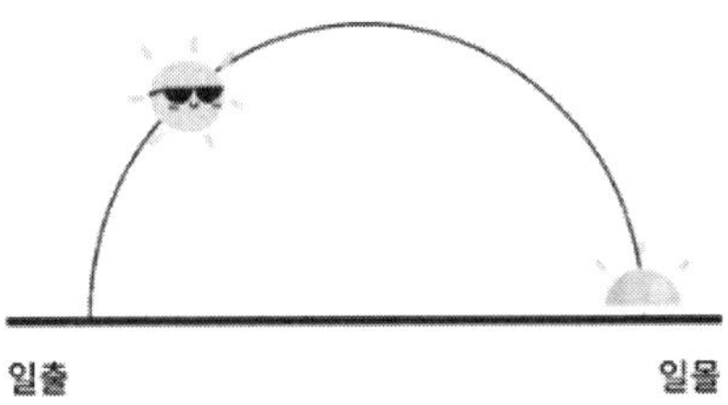

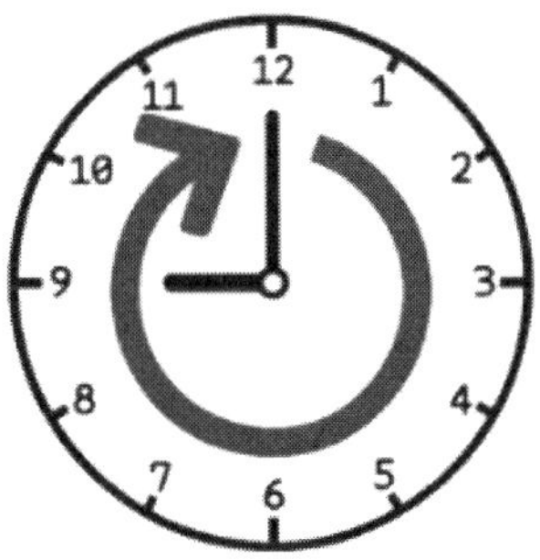

2 두 번째 줄의 <ᠮᠣᠩᠭᠣᠯ ᠤᠨ>는 <ᠮᠣᠩᠭᠣᠯ ᠤᠨ>로도 표기 가능하다.

전통몽골문의 모음 조화, 몽골어의 7개의 기본 모음

전통몽골문은 다음과 같이 7개의 기본 모음을 가지고 있다.

	양성 모음			중성	음성 모음		
라틴전사	a	o	u	i	e	ö	ü
키릴몽골문	а	о	у	и	э	ө	ү

몽골어에서는 모음 조화가 엄격하게 지켜진다. а(a), о(o), у(u)는 양성 모음, э(e), ө(ö), ү(ü)는 음성 모음이며 и(i)는 중성 모음이다. 첫 번째 음절의 모음이 양성이면 다음 음절의 모음도 양성이고, 첫 번째 음절이 음성일 경우 다음 음절도 역시 음성으로 결합한다. i는 양성 모음과 음성 모음 모두와 결합할 수 있다. 모음 조화는 몽골어의 가장 큰 특징 중 하나이다. 다음 단어들은 몽골어 모음 조화의 전형적인 형태를 보여 준다.

전통몽골문	ᠠᠭᠤᠯᠠ	ᠨᠢᠭᠤᠴᠠ	ᠴᠢᠰᠤ	ᠡᠭᠦᠯᠡ	ᠡᠪᠡᠰᠦ	ᠡᠳᠦᠷ
라틴전사	aγula	niγuča	čisu	egüle	ebesü	edür
키릴몽골문	уул	нууц	цус	үүл	өвс	өдөр
한국어	산	비밀	피	구름	풀	날

- 전통몽골문자는 모음과 자음이 결합되어 단어가 형성된다. 기본 모음 형태를 충분히 익혀 두어야 자음을 쓰고 읽을 때에 혼동을 줄일 수 있다. 몽골 문자의 기본 모양을 여러 번 쓰고 복습하자.
- 모음 i는 슈드보다 좀 더 길게 그어서 a/e와 확실히 구분되게 적어야 한다. 어두·어중·어말의 형태를 충분히 반복하여 연습하자.

3과

모음

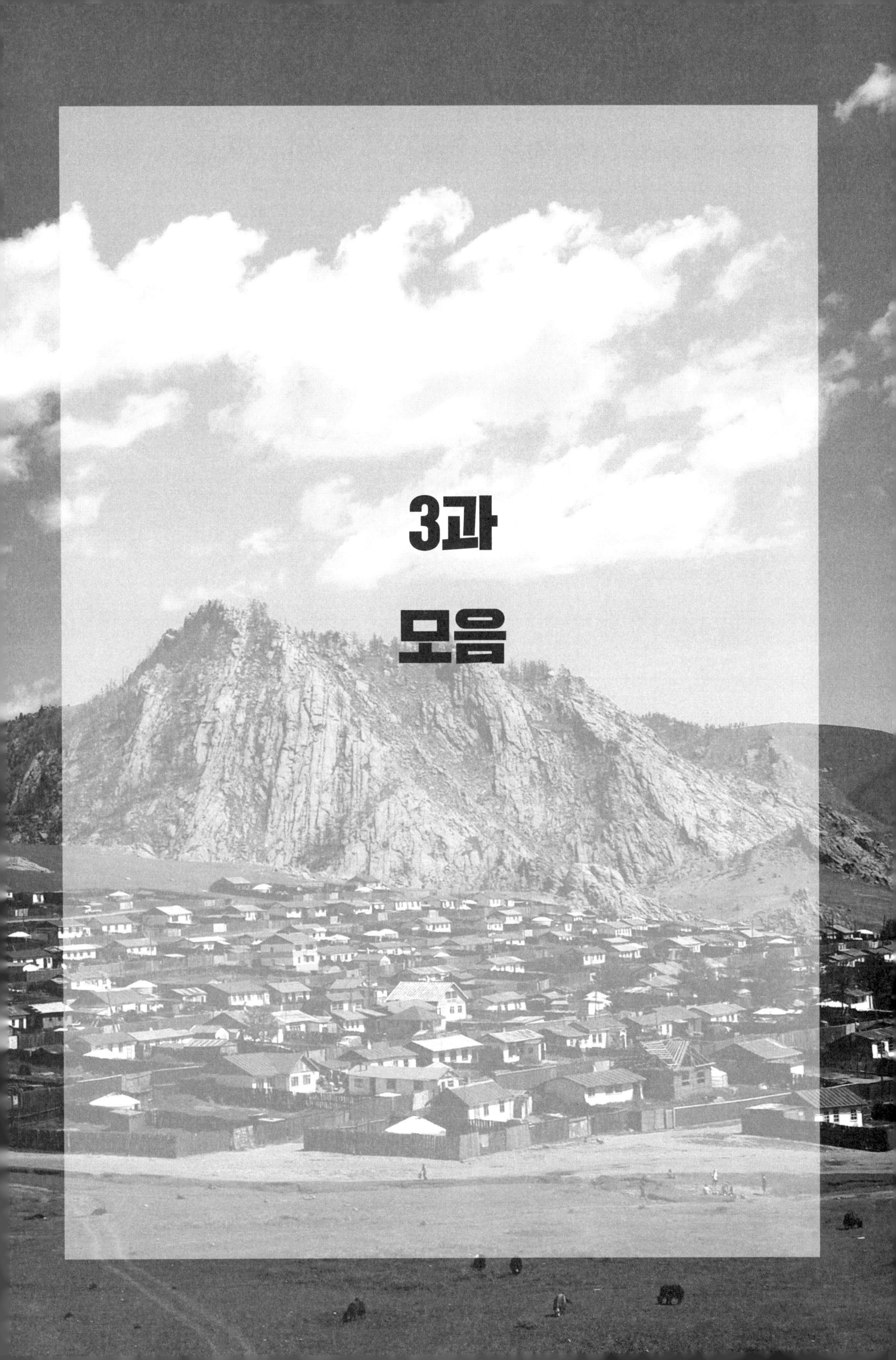

모음 a/e/i/o/u/ö/ü 전통몽골문 인쇄체

라틴전사	a	e	i	o	u	ö	ü
키릴몽골문	а	э	и	о	у	ө	ү
어두	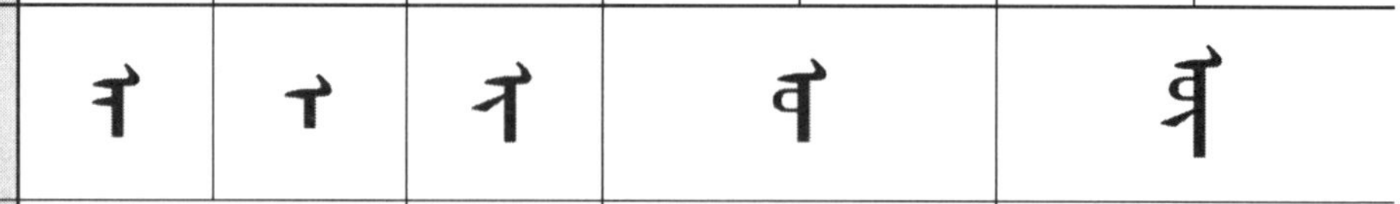						
어중	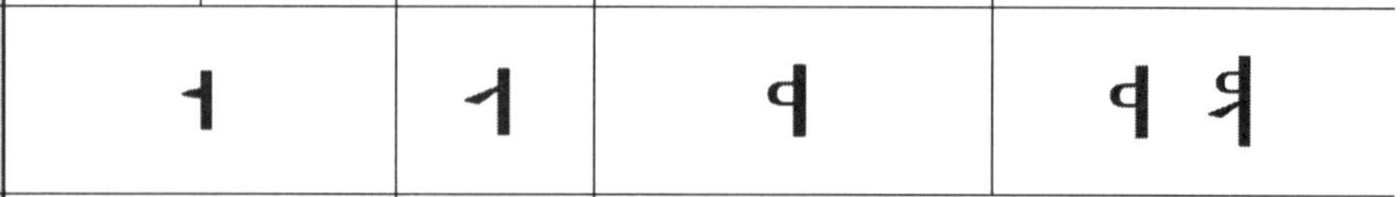						
어말	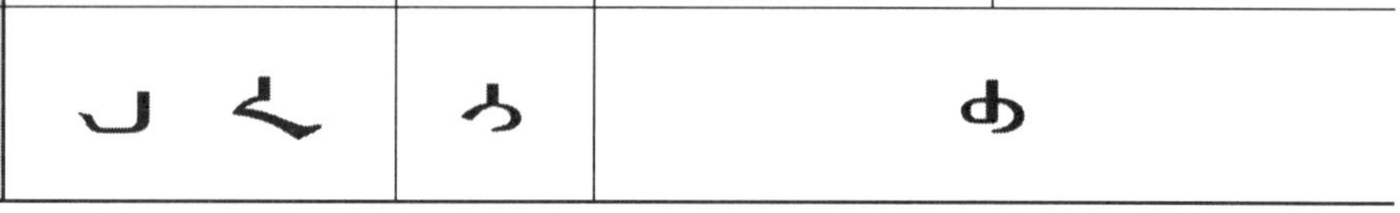						

모음 a/e/i/o/u/ö/ü 전통몽골문 필기체

라틴전사	a	e	i	o	u	ö	ü
키릴몽골문	а	э	и	о	у	ө	ү
어두	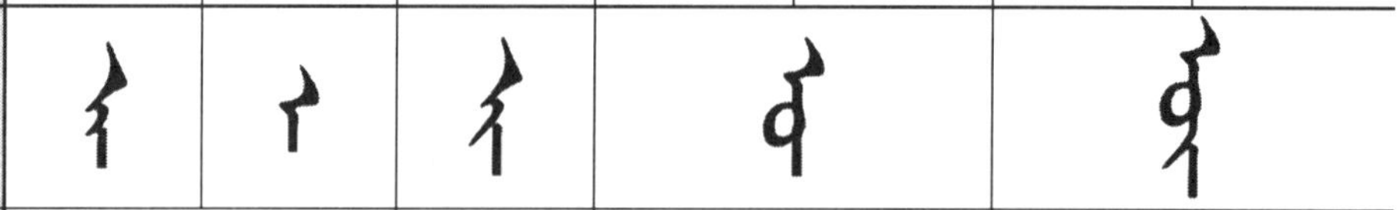						
어중	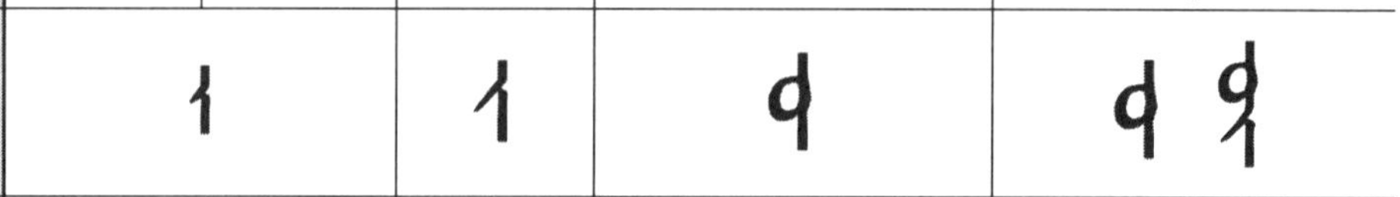						
어말	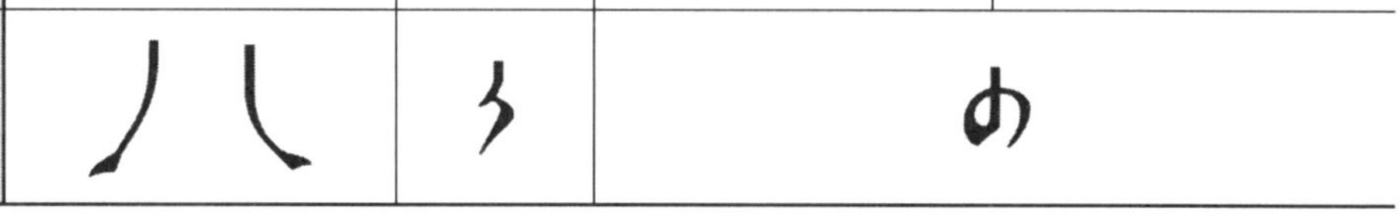						

- 모음 a/e는 어중과 어말에서 같은 형태이다.
- 모음 o/u, ö/ü는 어중과 어말에서 같은 형태이다.
- 어두에서 모음 a/e는 각각 다른 형태를 나타낸다. 어두의 모음 형태에 따라 전통몽골문 단어의 양성과 음성을 판단할 수 있다. 모음의 형태를 잘 기억하자.
- ᠀(birγ-a)는 문장이나 텍스트, 장의 처음을 나타내는 표시이다. 세로로 표시하는 경우(᠀)도 있다.
- 문장 중 점(čig/čeg)은 쉼표를 나타내며, 연달아 찍은 점 두 개(dabqur čig/čeg)는 문장의 마침표를 나타낸다.

▶ 모음 a/e/i/o/u/ö/ü 인쇄체 연습하기

▶ **모음 a/e/i/o/u/ö/ü 필기체 연습하기**

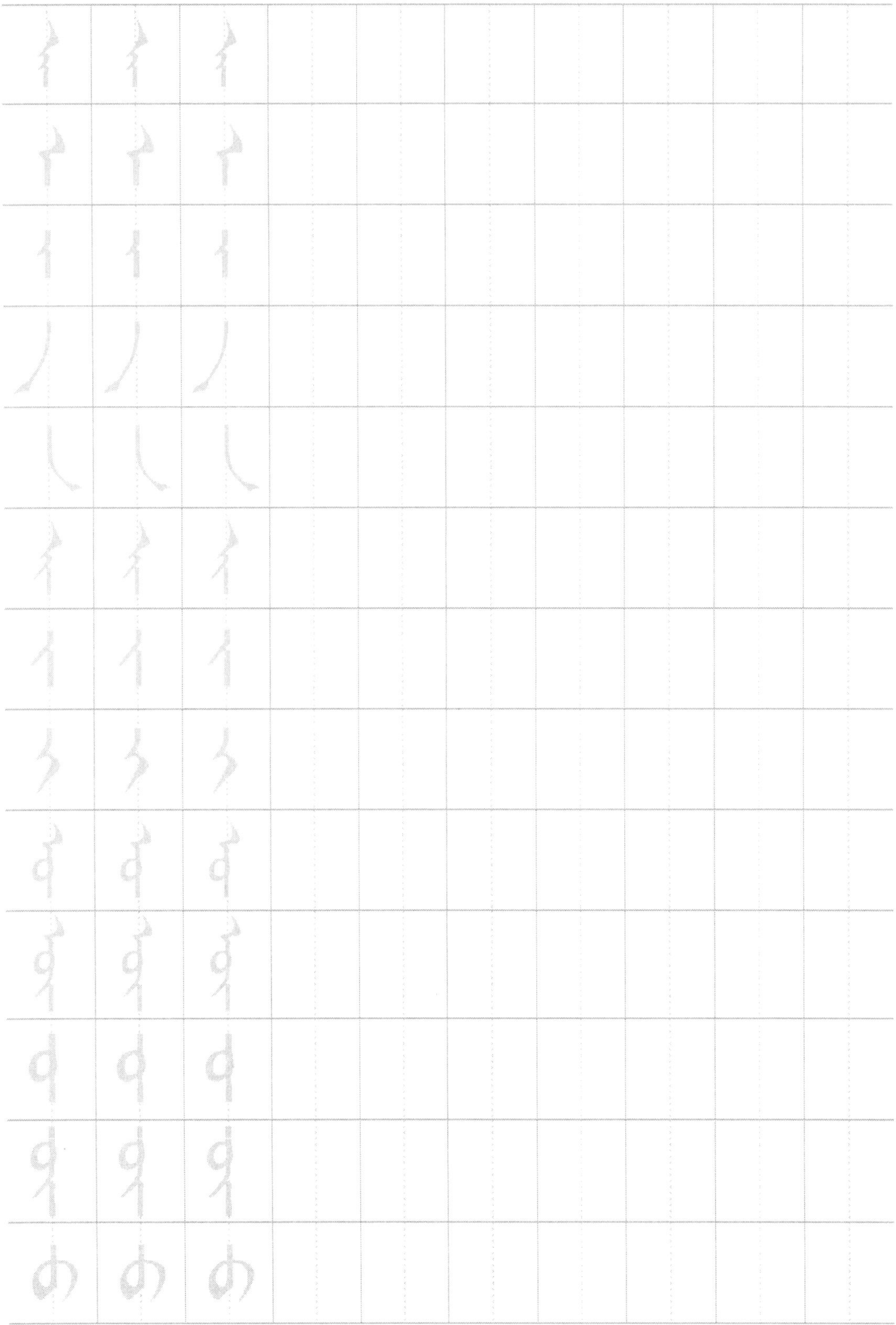

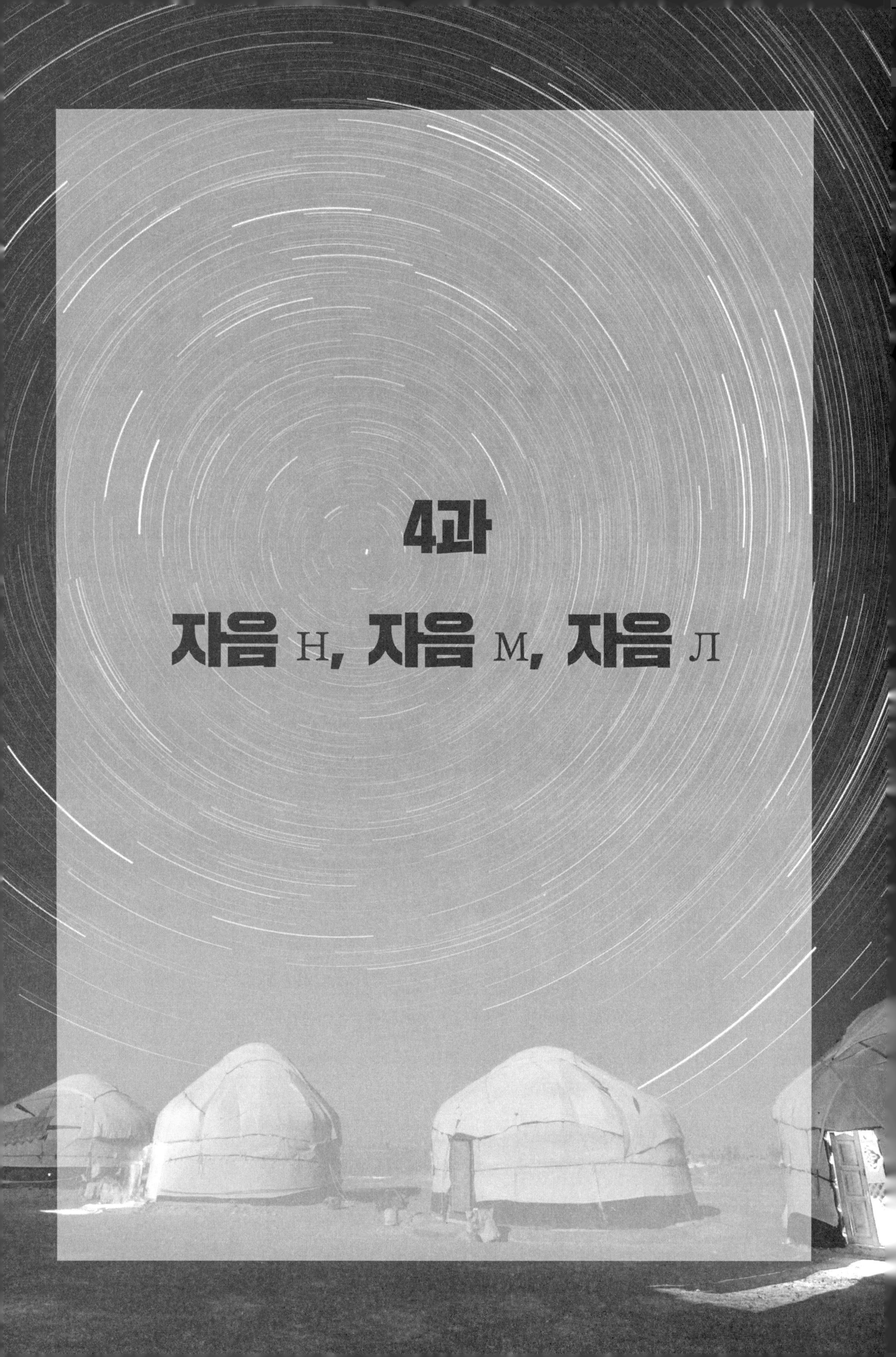

4과

자음 Н, 자음 М, 자음 Л

자음 n/m/l

라틴전사	n		m		l	
키릴몽골문	н		м		л	
어두	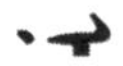	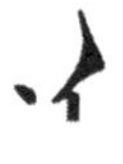	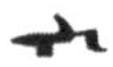	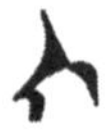		
어중	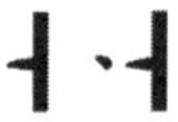	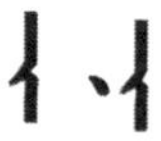				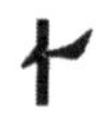
어말		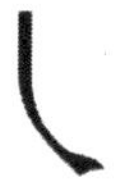		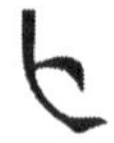	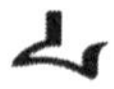	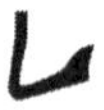

- 전통몽골문자의 n, m, l은 기본 모음 형태에서 점, 댕기, 뿔 모양의 요소가 결합된 모습이다. 기본 형태를 충분히 익히도록 하자.

자음 n 전통몽골문 인쇄체

라틴전사	n
키릴몽골문	н
어두	
어중	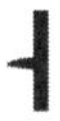 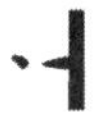
어말	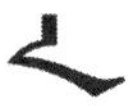

자음 n 전통몽골문 필기체

라틴전사	n
키릴몽골문	н
어두	
어중	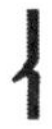 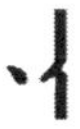
어말	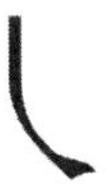

- 자음 n은 현대몽골어에서 н으로 표기한다.
- 단어의 왼쪽에 점 하나를 찍어 표시하며, 어중에서 단독으로 사용할 때 점 없이 슈드 하나만으로 표기하는 경우도 있다.
- n이 자음 앞에 오는 경우나 어말에서 모음 뒤 받침으로 사용될 때에는 점 표시 없이 사용된다.

▶ 자음 n 인쇄체 연습하기

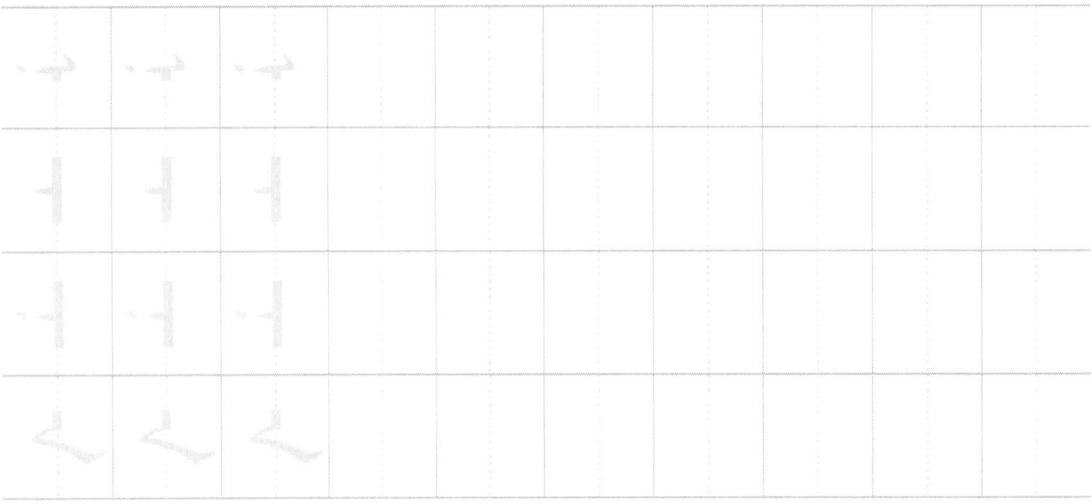

▶ 자음 n 필기체 연습하기

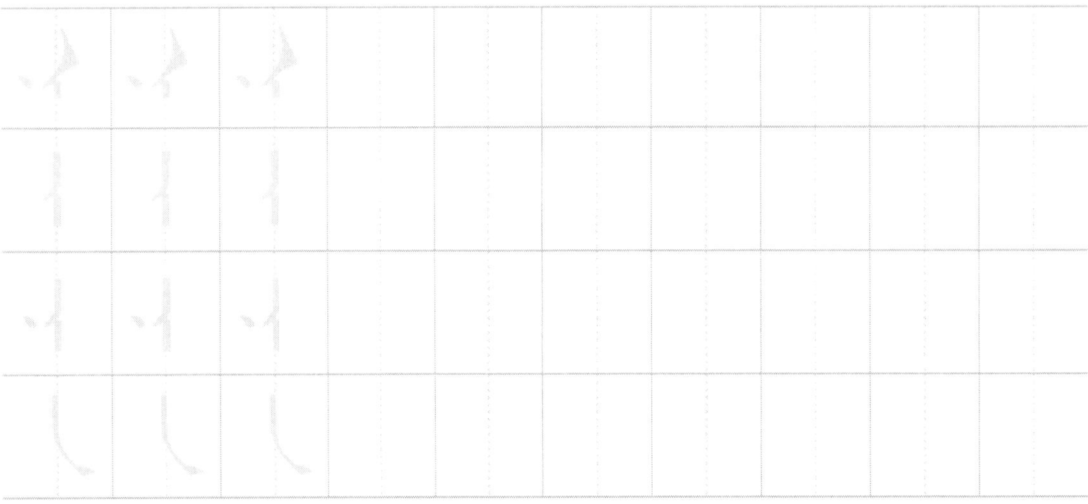

▶ 자음 n 모음에 따른 변화

라틴전사	na	ne	ni	no	nu	nö	nü
키릴몽골문	на	нэ	ни	но	ну	нө	нү
어두	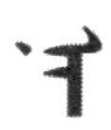		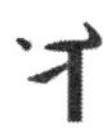	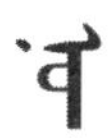		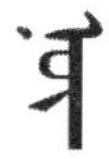	
어중	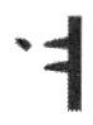		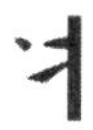	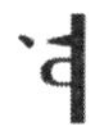			
어말 기본자	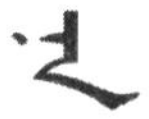 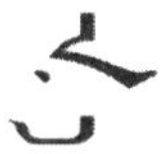		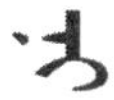	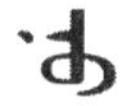			
어말 받침자							

라틴전사	na	ne	ni	no	nu	nö	nü
키릴몽골문	на	нэ	ни	но	ну	нө	нү
어두	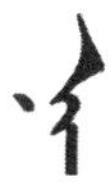		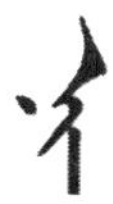	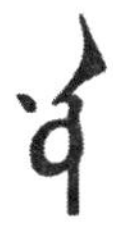		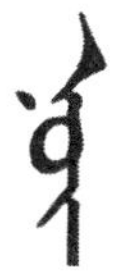	
어중	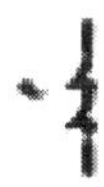		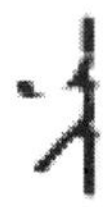	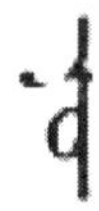			
어말 기본자	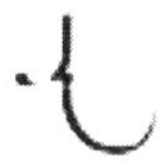 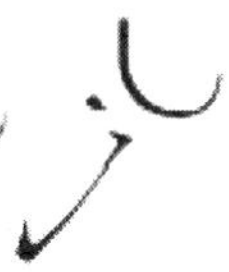		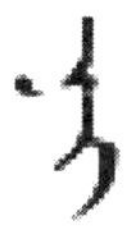	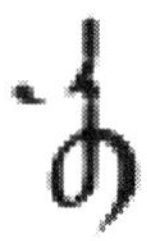			
어말 받침자	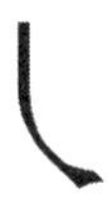						

▶ **자음 n 모음에 따른 변화 인쇄체 연습하기**

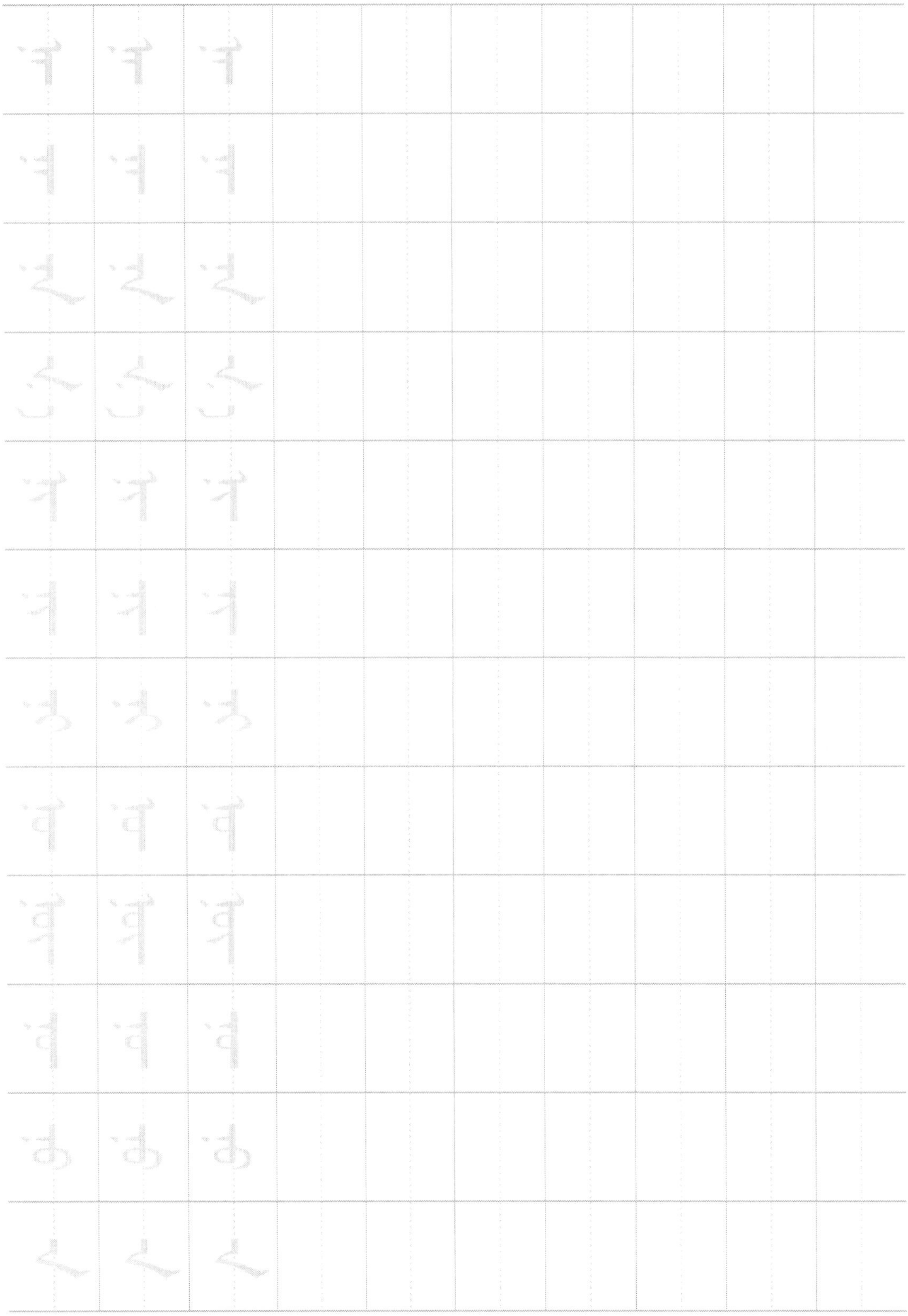

▶ **자음 n 모음에 따른 변화 필기체 연습하기**

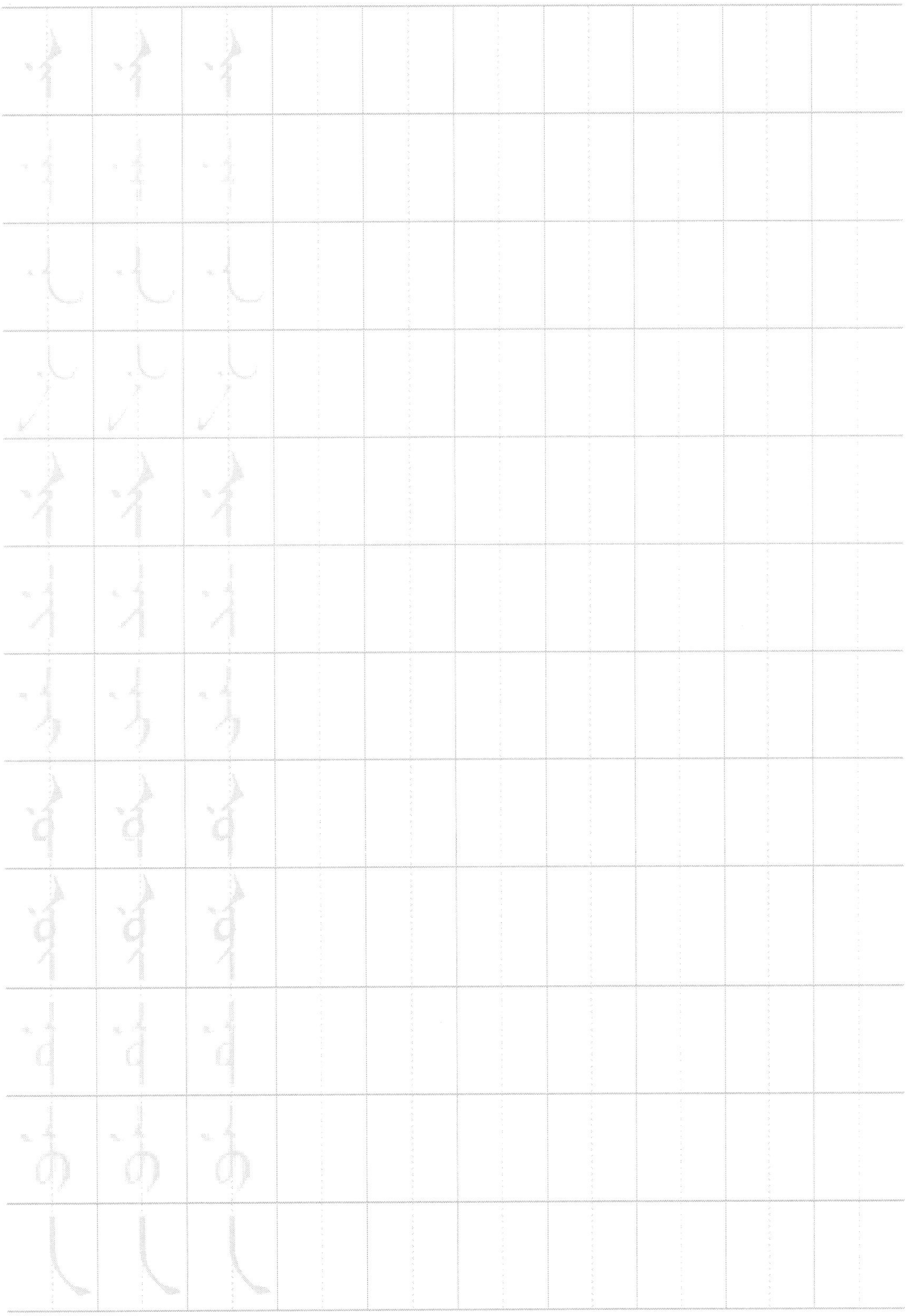

▶ 자음 n 새로운 단어

전통몽골문	ᠣᠨ	ᠣᠢ	ᠡᠨᠡ	ᠦᠨᠡᠨ	ᠣᠨᠤᠨ	ᠤᠨᠢ	ᠠᠨᠤ	ᠢᠨᠦ
라틴전사	on	oi	ene	ünen	onun	uni	anu	inu
키릴몽골문	он	ой	энэ	үнэн	Онон	унь	нь	
한국어	년	숲	이것	진실	오논 (강)	게르 지붕의 얼개 막대기	(양성 단어 뒤) 주어지시사	(음성 단어 뒤) 주어지시사

▶ 자음 n 새로운 단어 연습하기

ᠣᠨ	ᠣᠨ	ᠣᠨ							
ᠣᠢ	ᠣᠢ	ᠣᠢ							
ᠡᠨᠡ	ᠡᠨᠡ	ᠡᠨᠡ							
ᠦᠨᠡᠨ	ᠦᠨᠡᠨ	ᠦᠨᠡᠨ							
ᠣᠨᠤᠨ	ᠣᠨᠤᠨ	ᠣᠨᠤᠨ							
ᠤᠨᠢ	ᠤᠨᠢ	ᠤᠨᠢ							
ᠠᠨᠤ	ᠠᠨᠤ	ᠠᠨᠤ							
ᠢᠨᠦ	ᠢᠨᠦ	ᠢᠨᠦ							

자음 m 전통몽골문 인쇄체

라틴전사	m
키릴몽골문	м
어두	
어중	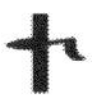
어말	

자음 m 전통몽골문 필기체

라틴전사	m
키릴몽골문	м
어두	
어중	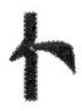
어말	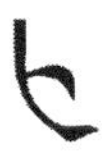

- 키릴몽골문 м은 전통몽골문자의 라틴전사 m에 해당한다.
- 전통몽골문 m은 티뎀이나 슈드의 오른쪽에서 한글의 ㄱ자를 부드럽게 아래로 내려 적는다.
- 전통몽골문 ma와 me, 키릴몽골문 ма와 мэ의 형태가 같기 때문에 단어의 모음 구성을 반드시 잘 확인해야 한다.

▶ **자음 m 인쇄체 연습하기**

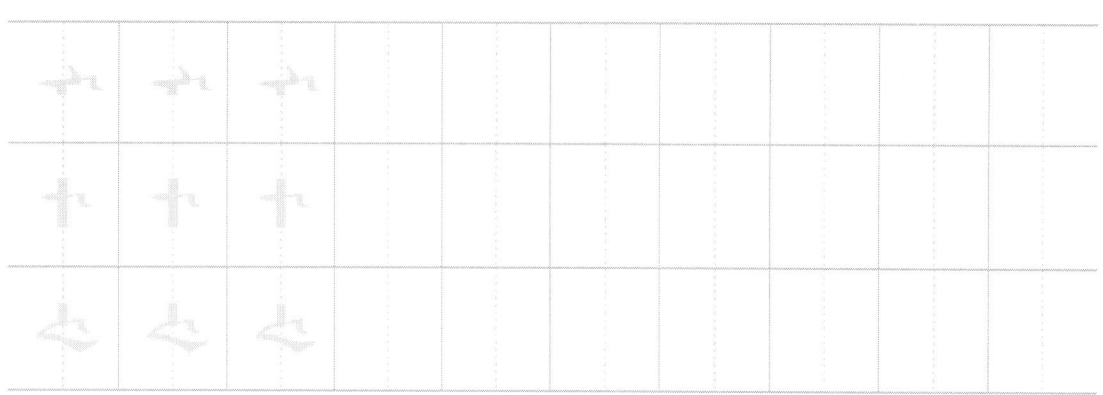

▶ **자음 m 필기체 연습하기**

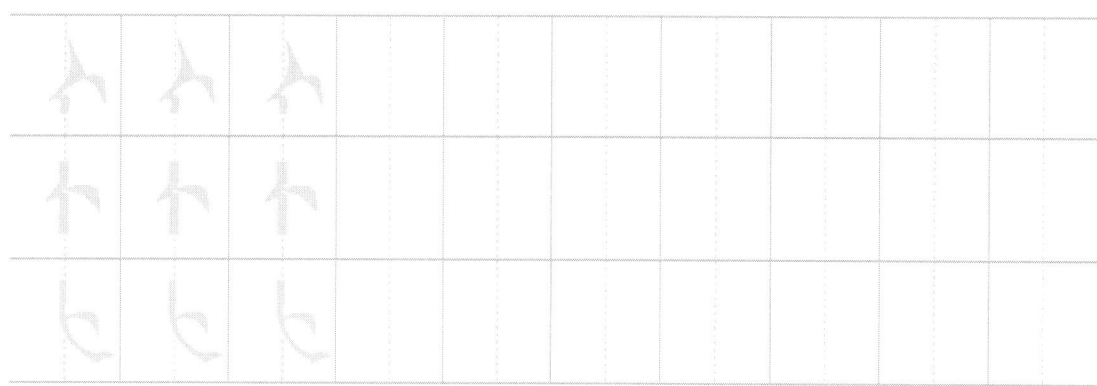

▶ 자음 m 모음에 따른 변화

라틴전사		ma	me	mi	mo	mu	mö	mü
키릴몽골문		ма	мэ	ми	мо	му	мө	мү
어두		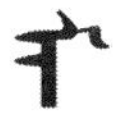		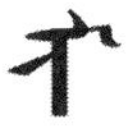	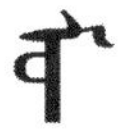		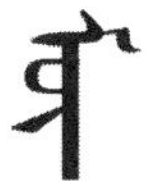	
어중	기본자	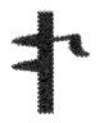		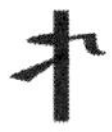	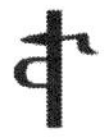			
	받침자							
어말	기본자	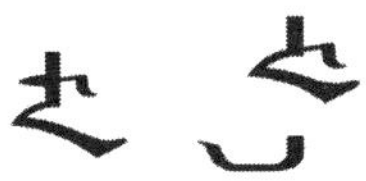		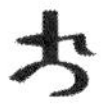	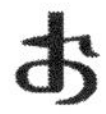			
	받침자							

라틴전사		ma	me	mi	mo	mu	mö	mü
키릴몽골문		ма	мэ	ми	мо	му	мө	мү
어두					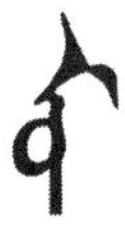		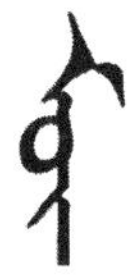	
어중	기본자	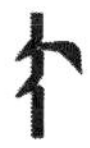		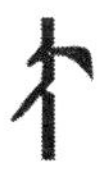	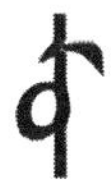			
	받침자							
어말	기본자	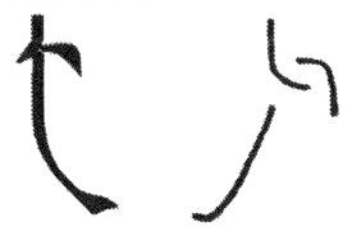		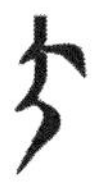	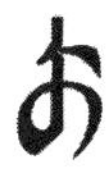			
	받침자	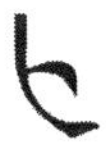						

▶ 자음 m 모음에 따른 변화 인쇄체 연습하기

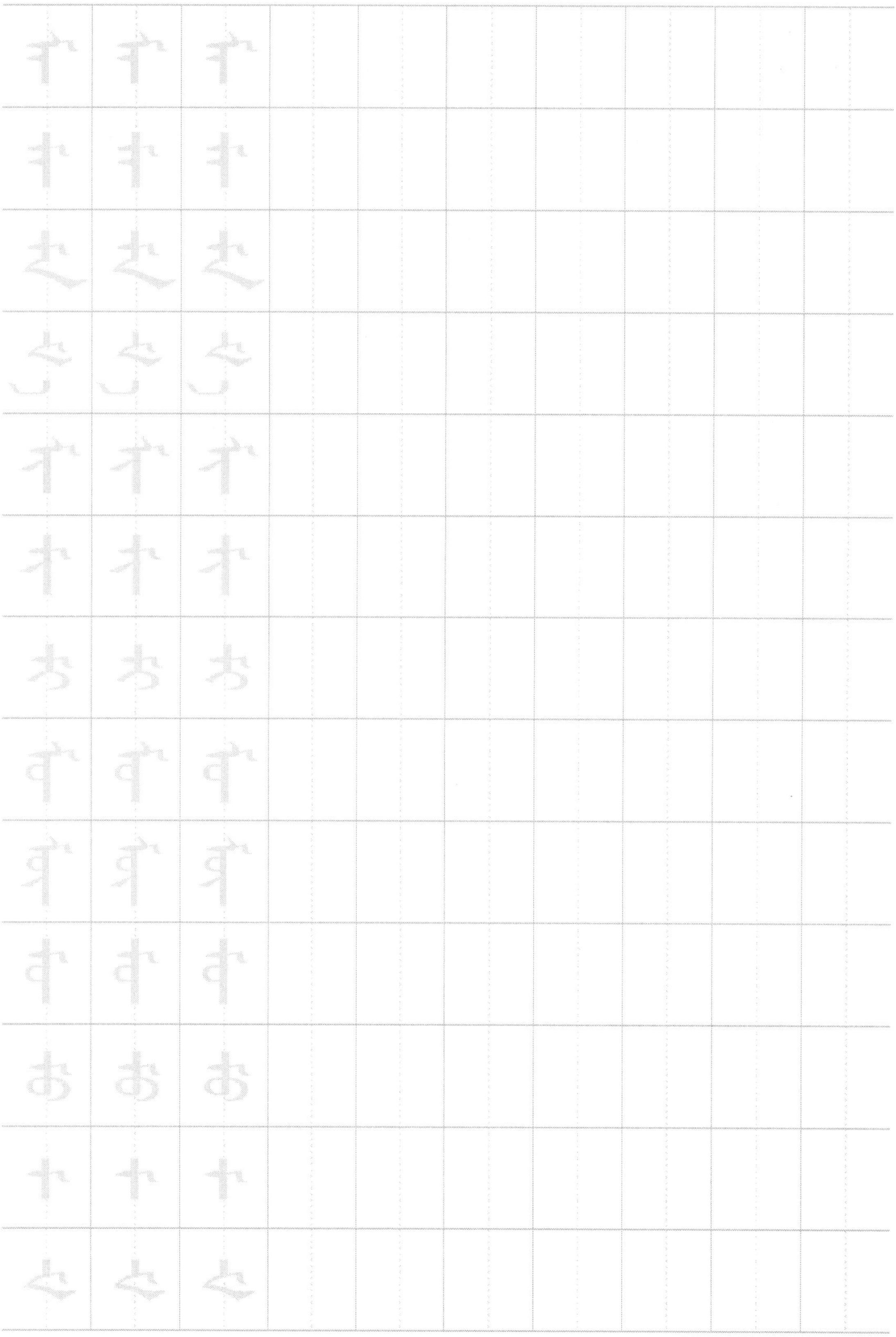

▶ **자음 m 모음에 따른 변화 필기체 연습하기**

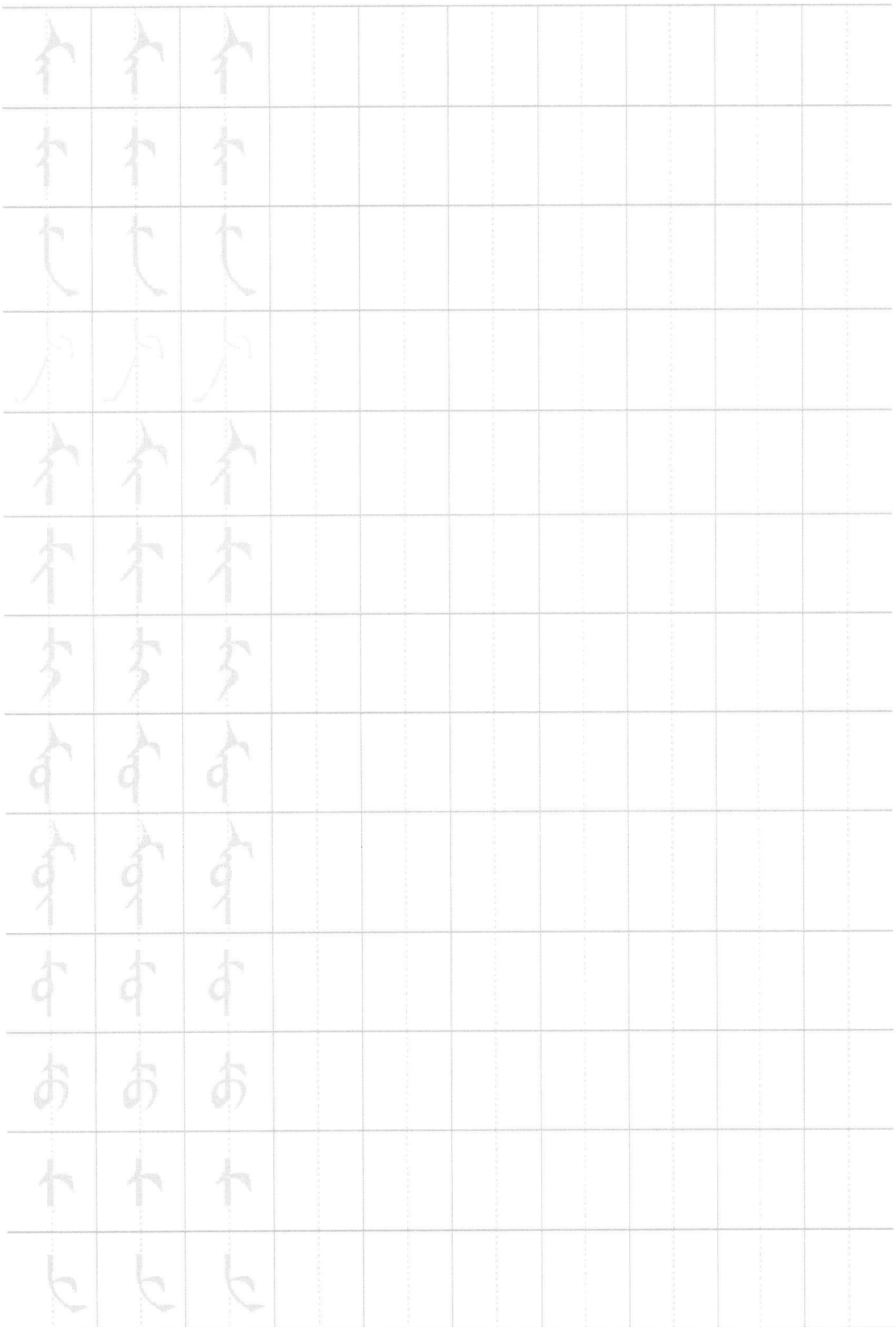

▶ **자음 m 새로운 단어**

전통몽골문	ᠨᠣᠮ	ᠡᠮ	ᠠᠮᠠ	ᠨᠠᠢᠮᠠ	ᠮᠢᠨᠦ	ᠮᠠᠨ ᠤ	ᠨᠠᠮ	ᠮᠥᠨ
라틴전사	nom	em	ama	naima	minu	man-u	nam	mön
키릴몽골문	ном	эм	ам	найм	миний	манай	нам	мөн
한국어	책	약	입	8	나의	우리의	낮은, 깊은	또한, 맞다

▶ **자음 m 새로운 단어 연습하기**

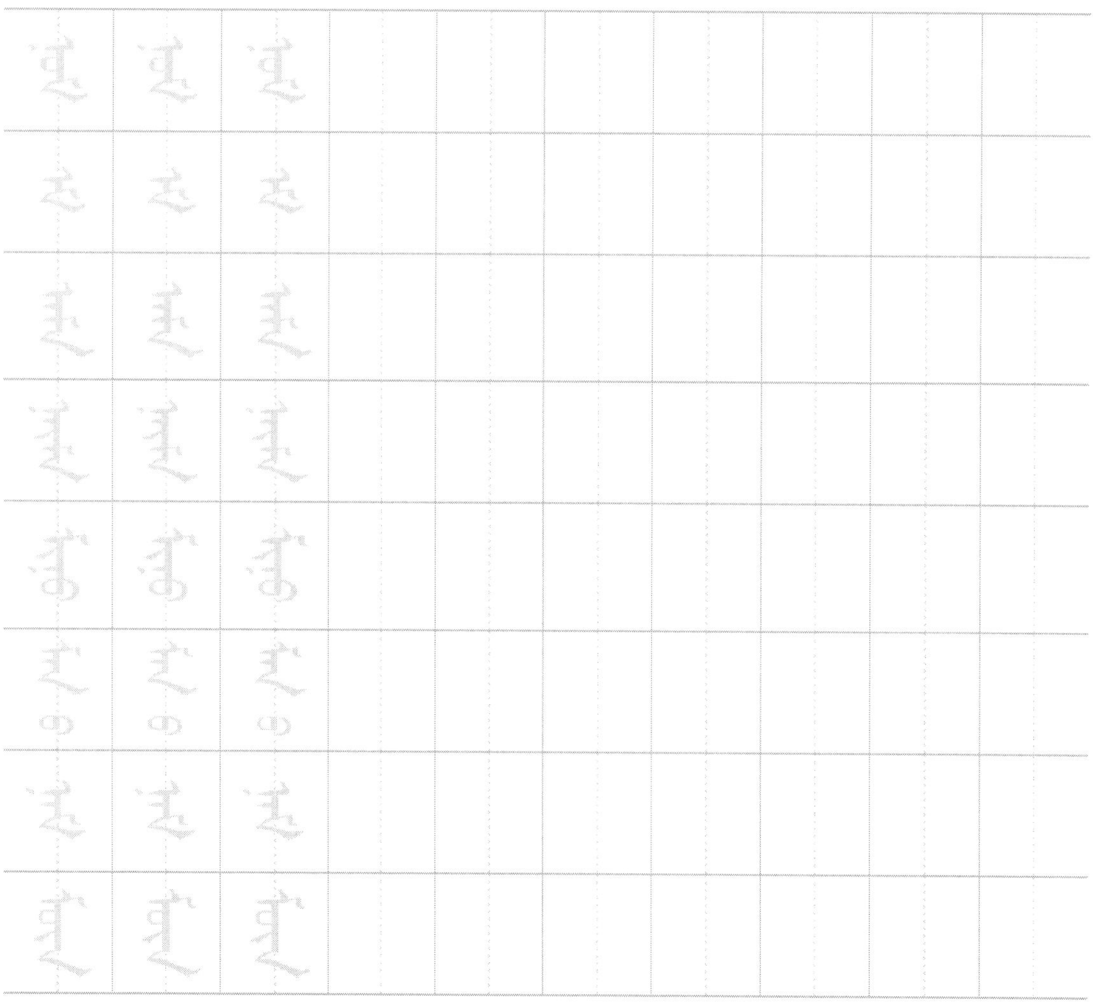

자음 l 전통몽골문 인쇄체

라틴전사	l
키릴몽골문	л
어두	ᠯ‍
어중	‍ᠯ‍
어말	‍ᠯ

자음 l 전통몽골문 필기체

라틴전사	l
키릴몽골문	л
어두	ᠯ‍
어중	‍ᠯ‍
어말	‍ᠯ

- 키릴몽골문 л은 전통몽골문자의 라틴전사 l에 해당한다.
- 전통몽골문 l은 티템이나 슈드의 오른쪽에서 동물의 뿔 모양으로 위로 삐쳐 올리는 형태로 적는다.
- 전통몽골문 la와 le, 키릴몽골문 ла와 лэ의 형태가 같기 때문에 단어의 모음 구성을 반드시 잘 확인해야 한다.

▶ **자음 I 인쇄체 연습하기**

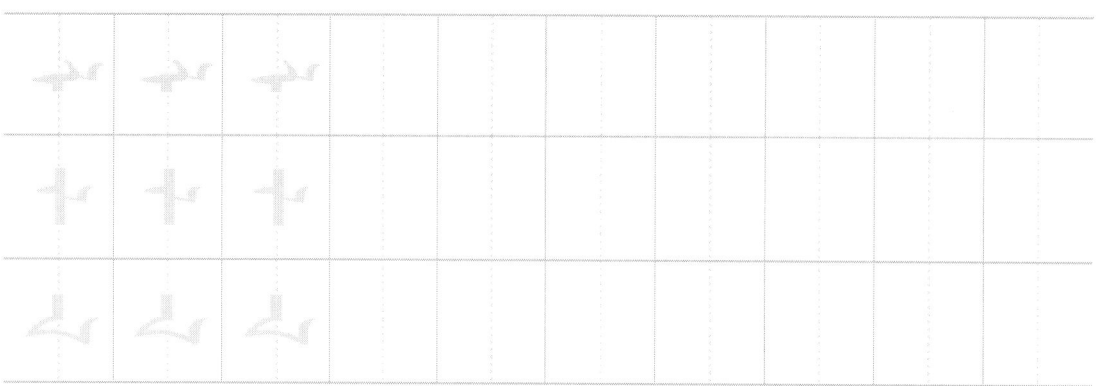

▶ **자음 I 필기체 연습하기**

▶ 자음 l 모음에 따른 변화

라틴전사		la	le	li	lo	lu	lö	lü
키릴몽골문		ла	лэ	ли	ло	лу	лө	лү
어두		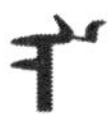		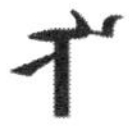	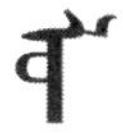		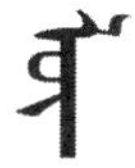	
어중	기본자	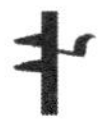			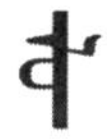			
	받침자							
어말	기본자	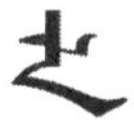 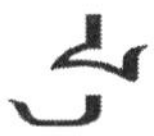		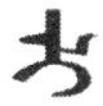	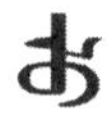			
	받침자	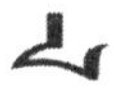						

라틴전사		la	le	li	lo	lu	lö	lü
키릴몽골문		ла	лэ	ли	ло	лу	лө	лү
어두							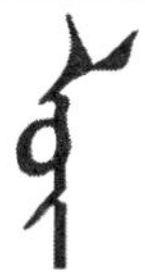	
어중	기본자	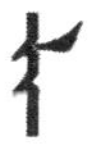		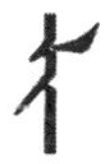	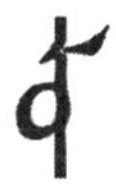			
	받침자	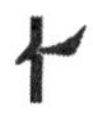						
어말	기본자	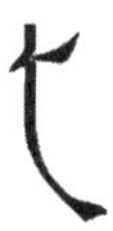 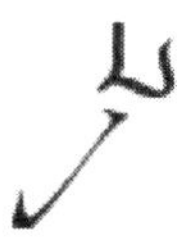		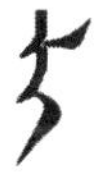	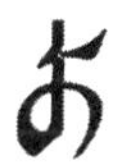			
	받침자	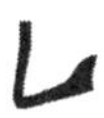						

▶ **자음 | 모음에 따른 변화 인쇄체 연습하기**

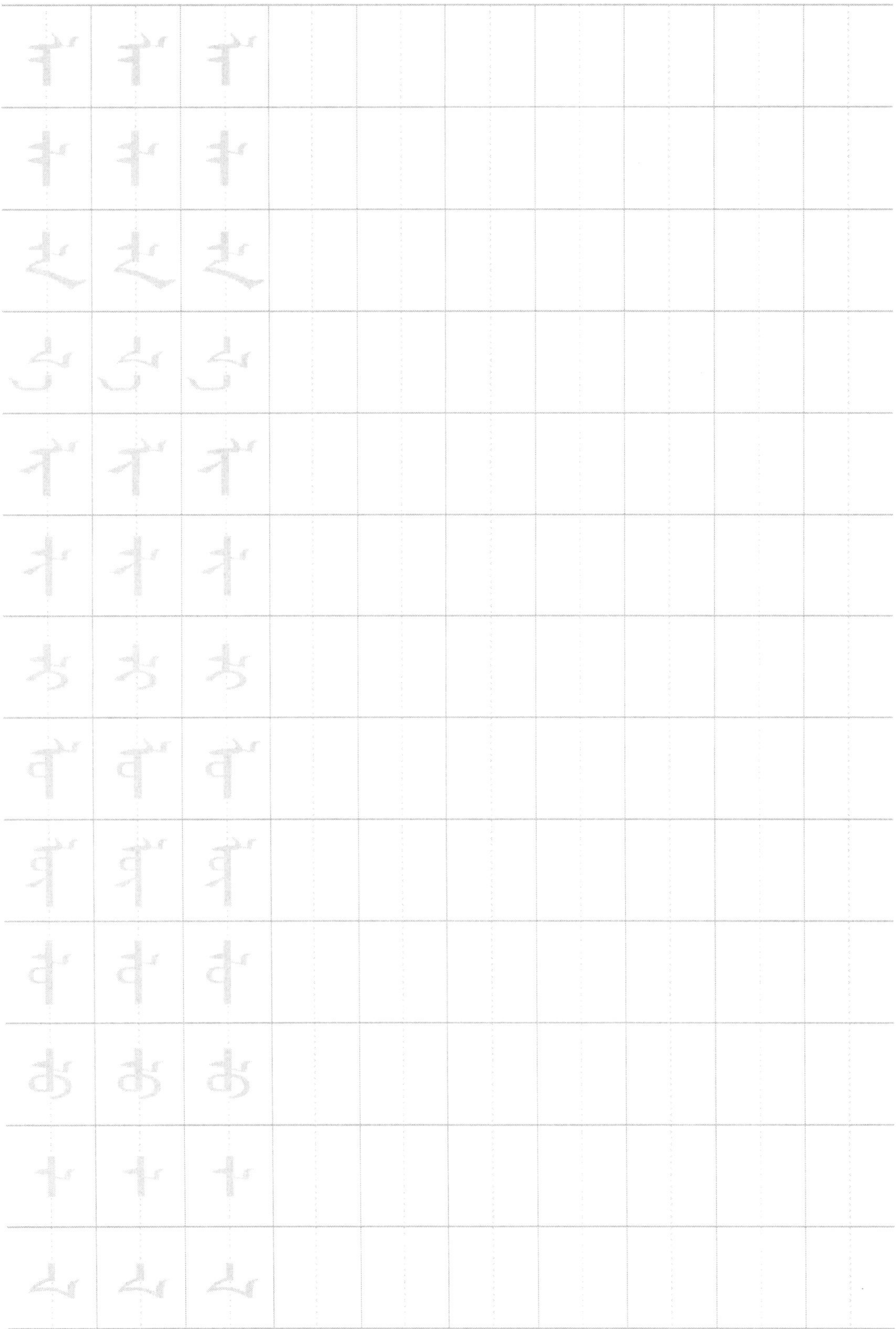

▶ 자음 | 모음에 따른 변화 필기체 연습하기

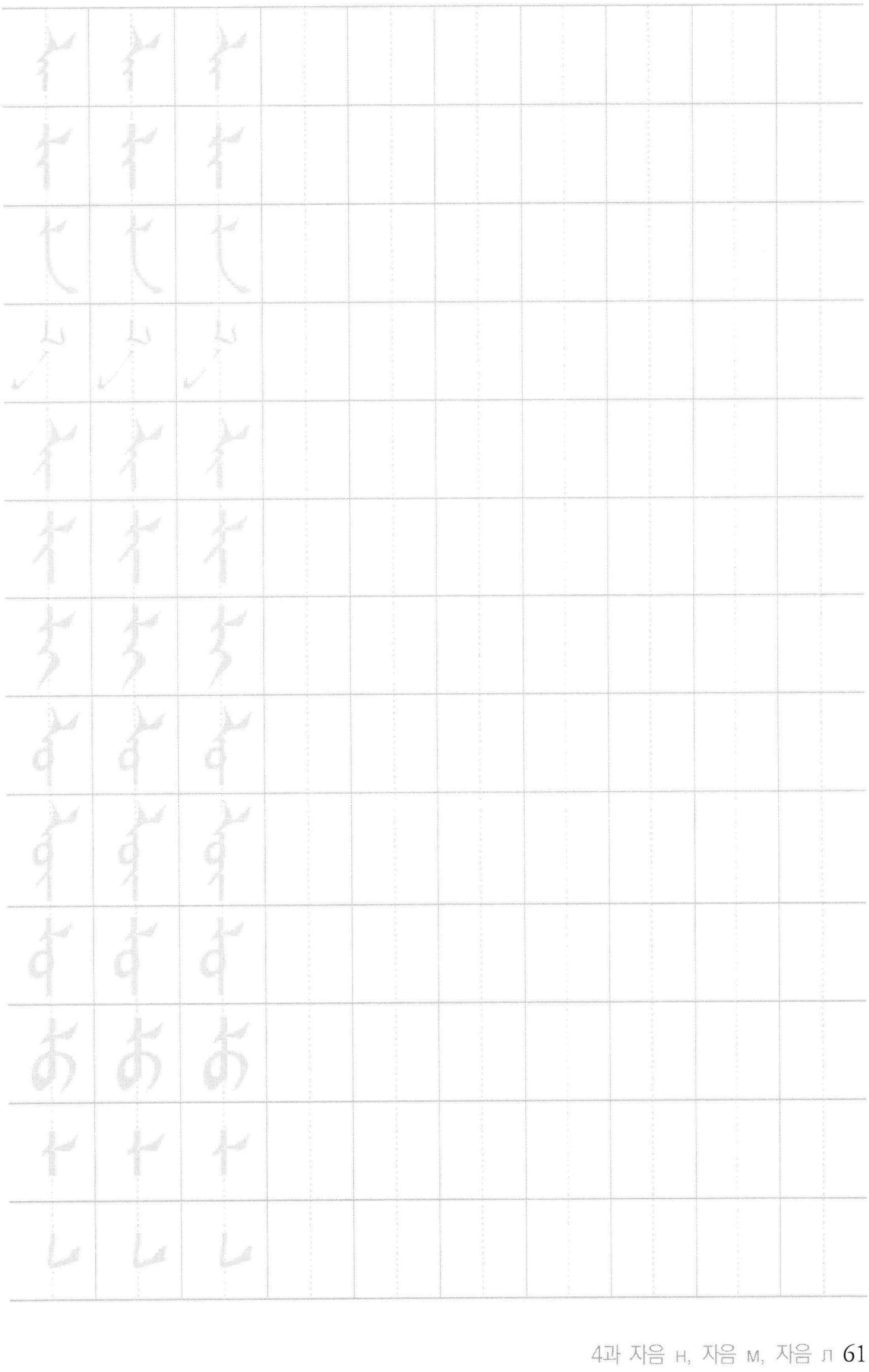

▶ 자음 I 새로운 단어

전통몽골문	ᠣᠯᠠᠨ	ᠠᠯᠢᠮ᠎ᠠ	ᠯᠠ	ᠮᠠᠯ	ᠤᠯᠠᠮ	ᠠᠶᠢᠯ	ᠯᠤᠤ	ᠯᠠᠮᠠ	ᠦᠢᠯᠡ
라틴전사	olan	alim-a	la	mal	ulam	ayil	luu	lama	üile
키릴몽골문	олон	алим	лаа	мал	улам	айл	луу	лам	үйл
한국어	많은	사과	초	가축	더욱	집, 가족	용(龍)	승려	행동

▶ 자음 I 새로운 단어 연습하기

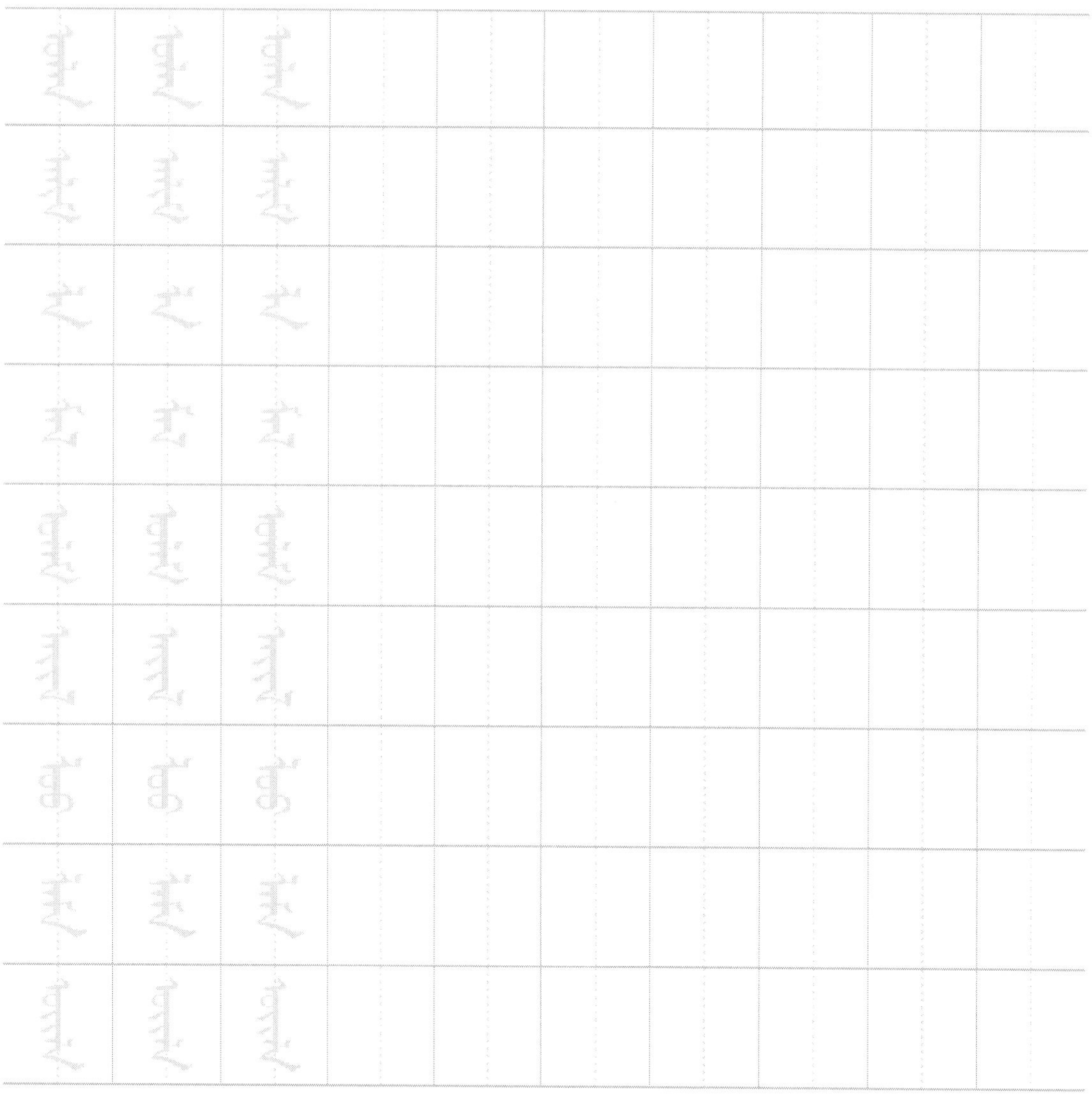

5과

자음 ч/ц, 자음 с, 자음 ш

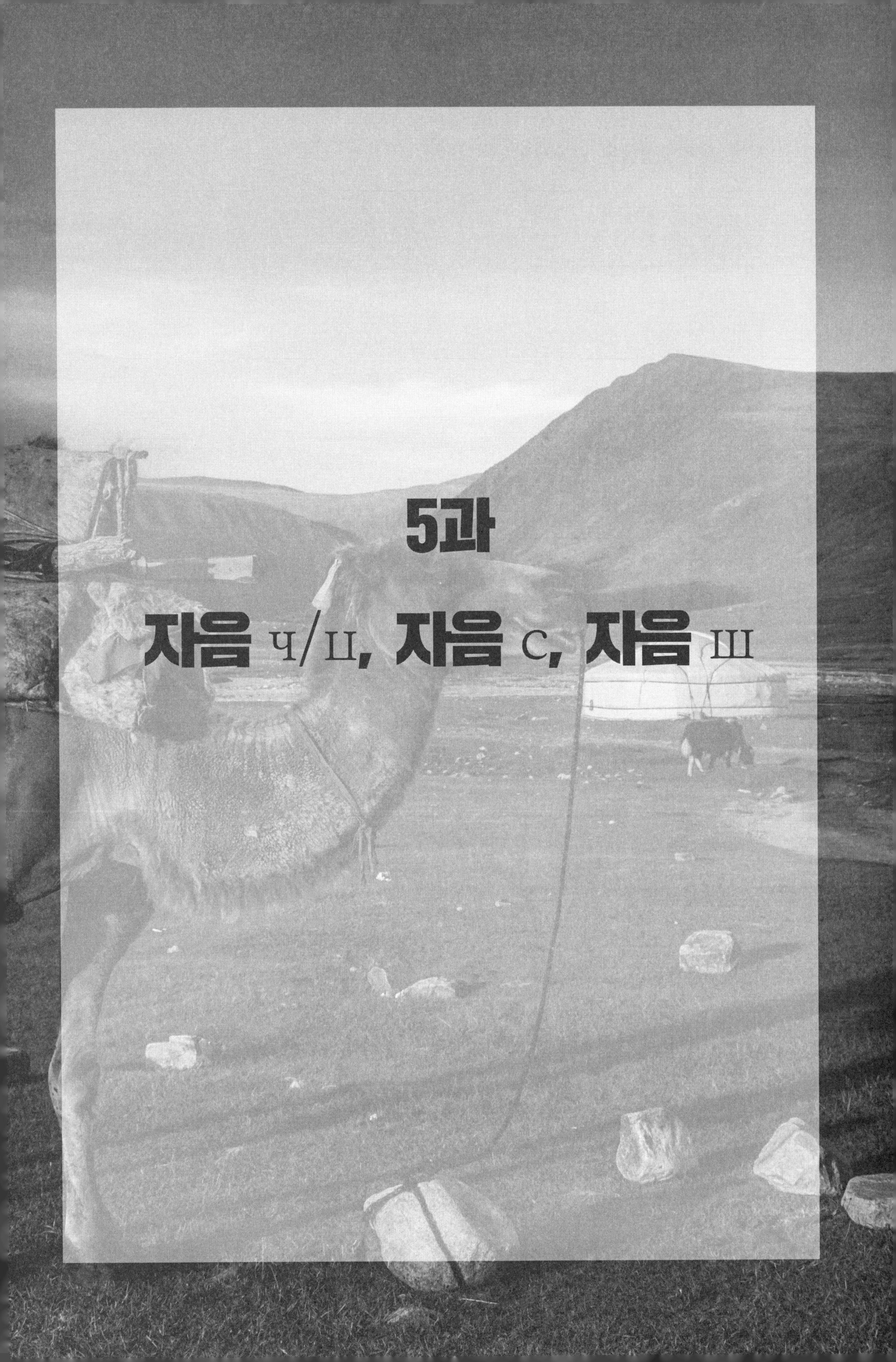

자음 č 전통몽골문 인쇄체

라틴전사	č
키릴몽골문	ч/ц
어두	ᠴ
어중	ᠴ
어말	–

자음 č 전통몽골문 필기체

라틴전사	č
키릴몽골문	ч/ц
어두	ᠴ
어중	ᠴ
어말	–

- 키릴몽골문 ч/ц는 전통몽골문 라틴전사 č에 해당된다. 때문에 ч/ц를 구분해서 읽기 위해서는 해당 단어를 명확하게 알아야 한다.
- 전통몽골문 č은 어두와 어중 형태만이 존재하고, č의 어말 형태는 존재하지 않는다.
- 전통몽골문 č는 노로에 한글 ㄴ 형태를 결합시켜 표기한다.
- 전통몽골문 č는 받침 문자가 존재하지 않는다.

▶ **자음 č 인쇄체 연습하기**

ч	ч	ч							
ч	ч	ч							

▶ **자음 č 필기체 연습하기**

ч	ч	ч							
ч	ч	ч							

▶ 자음 č 모음에 따른 변화

라틴전사		ča	če	či	čo	ču	čö	ču̇
키릴몽골문		ча/ца	чэ/цэ	чи/ци	чо/цо	чу/цу	чө/цө	чү/цү
어두		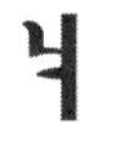		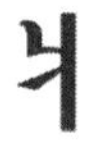	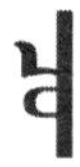		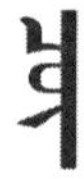	
어중	기본자	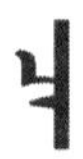		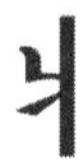	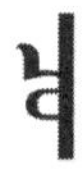			
	받침자	–						
어말	기본자	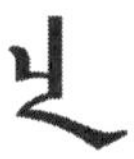		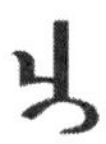	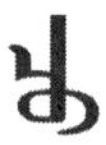			
	받침자	–						

라틴전사		ča	če	či	čo	ču	čö	ču̇
키릴몽골문		ча/ца	чэ/цэ	чи/ци	чо/цо	чу/цу	чө/цө	чү/цү
어두		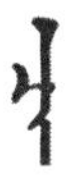		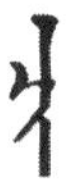	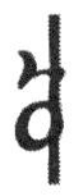		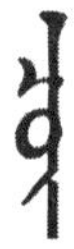	
어중	기본자	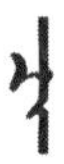		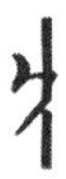	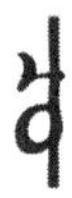			
	받침자	–						
어말	기본자	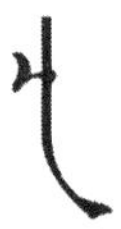		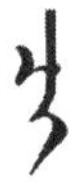	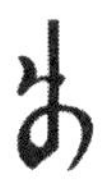			
	받침자	–						

▶ 자음 č 모음에 따른 변화 인쇄체 연습하기

▶ **자음 č 모음에 따른 변화 필기체 연습하기**

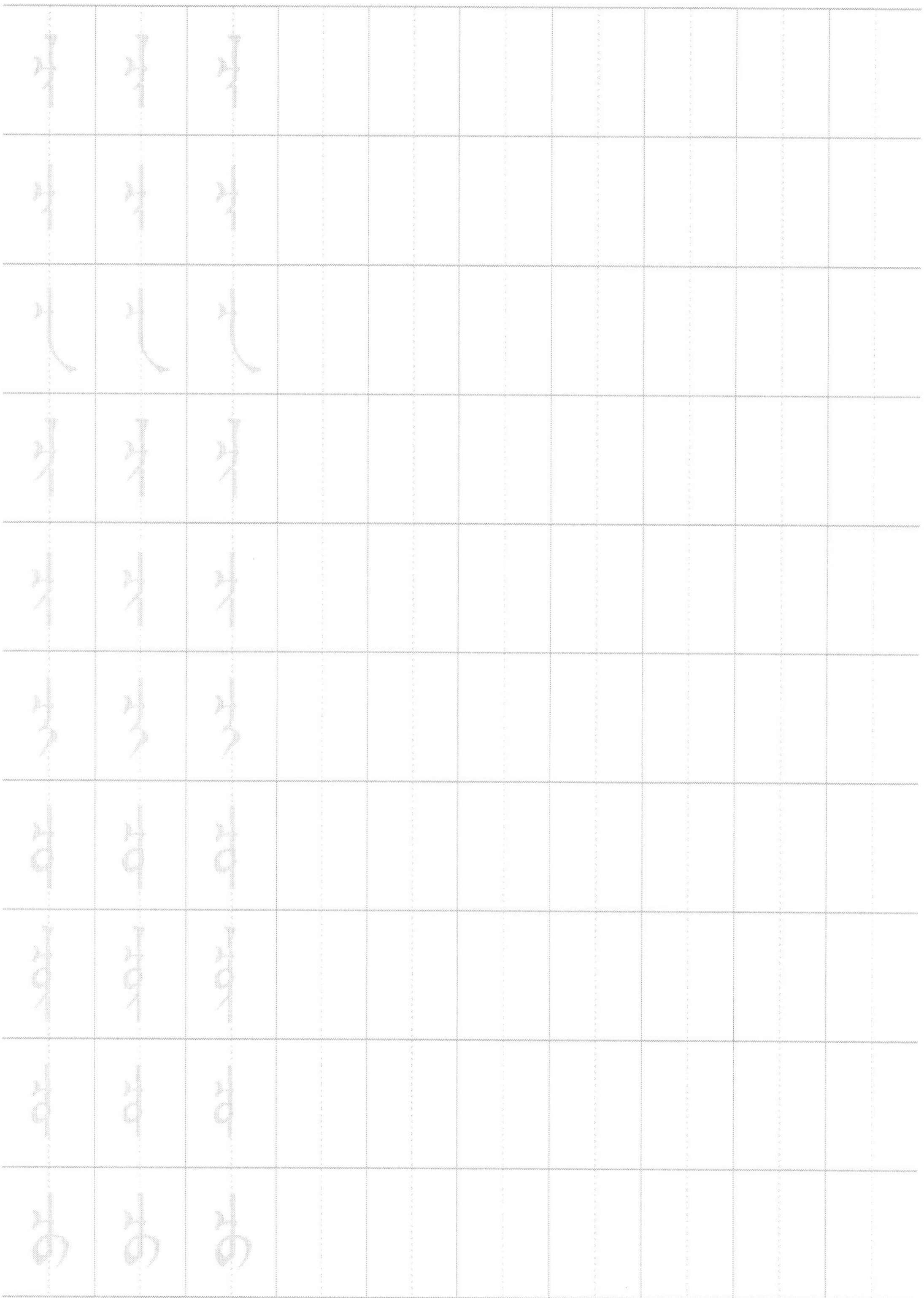

▶ 자음 č 새로운 단어

전통몽골문	ᠴᠠᠢ	ᠴᠣᠮᠤ	ᠴᠢ	ᠡᠮᠴᠢ
라틴전사	čai	čomu	či	emči
키릴몽골문	цай	цом	чи	эмч
한국어	차(茶)	우승컵	너	의사

▶ 자음 č 새로운 단어 연습하기

자음 s 전통몽골문 인쇄체

라틴전사	s
키릴몽골문	c
어두	ᠰ‍
어중	‍ᠰ‍
어말	‍ᠰ

자음 s 전통몽골문 필기체

라틴전사	s
키릴몽골문	c
어두	ᠰ‍
어중	‍ᠰ‍
어말	‍ᠰ

- 키릴몽골문 c는 전통몽골문 라틴전사 s에 해당된다.
- 전통몽골문 s은 어두·어중·어말 형태 모두 한글의 ㅅ이 오른쪽으로 누워 있는 모양을 결합시켜 표기한다.
- 전통몽골문을 표기할 때는 대부분 왼쪽을 기준으로 문자를 써 내려가지만, 전통몽골문 s 문자는 노로(нуруу)를 기준으로 한글의 ㅅ이 오른쪽으로 누워 있는 모양을 써 내려간다.
- 전통몽골문 s은 어중과 어말에 받침 문자가 존재한다.

▶ **자음 s 인쇄체 연습하기**

▶ **자음 s 필기체 연습하기**

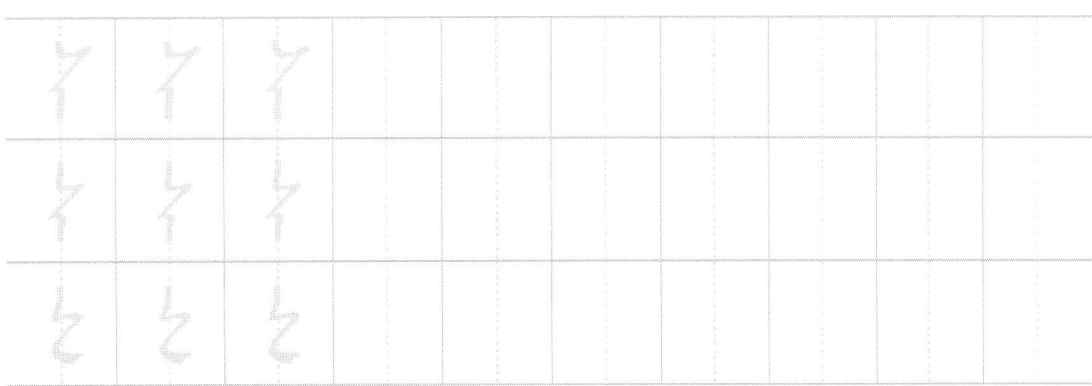

▶ 자음 s 모음에 따른 변화

라틴전사		sa	se	si	so	su	sö	sü
키릴몽골문		са	сэ	си	со	су	сө	сү
어두		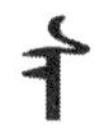		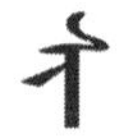	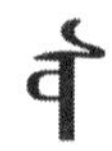		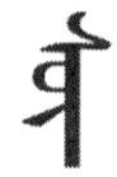	
어중	기본자	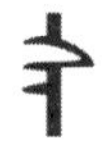		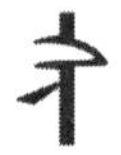	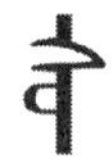			
	받침자							
어말	기본자	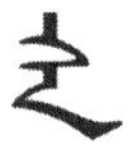		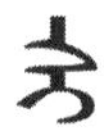	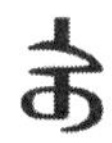			
	받침자							

라틴전사		sa	se	si	so	su	sö	sü
키릴몽골문		са	сэ	си	со	су	сө	сү
어두		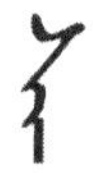		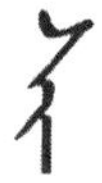	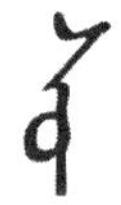		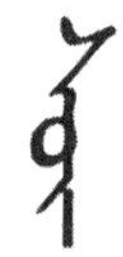	
어중	기본자	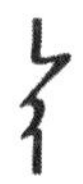		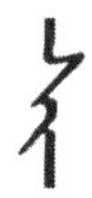	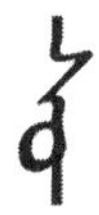			
	받침자	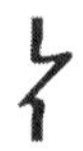						
어말	기본자	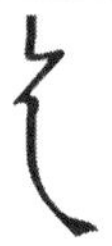		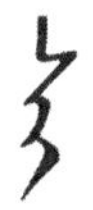	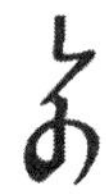			
	받침자	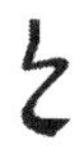						

▶ 자음 s 모음에 따른 변화 인쇄체 연습하기

▶ 자음 s 모음에 따른 변화 필기체 연습하기

▶ 자음 s 새로운 단어

전통몽골문	ᠰᠦᠨ	ᠮᠠᠰᠢᠨ	ᠠᠰᠠᠷ	ᠤᠰᠤ	ᠮᠡᠰᠡ	ᠰᠥᠨᠢ	ᠨᠠᠰᠤ
라틴전사	sün	masin	asar	usu	mese	söni	nasu
키릴몽골문	сүү	машин	асар	ус	мэс	шөнө	нас
한국어	우유	자동차	대형천막	물	메스	새벽	나이

▶ 자음 s 새로운 단어 연습하기

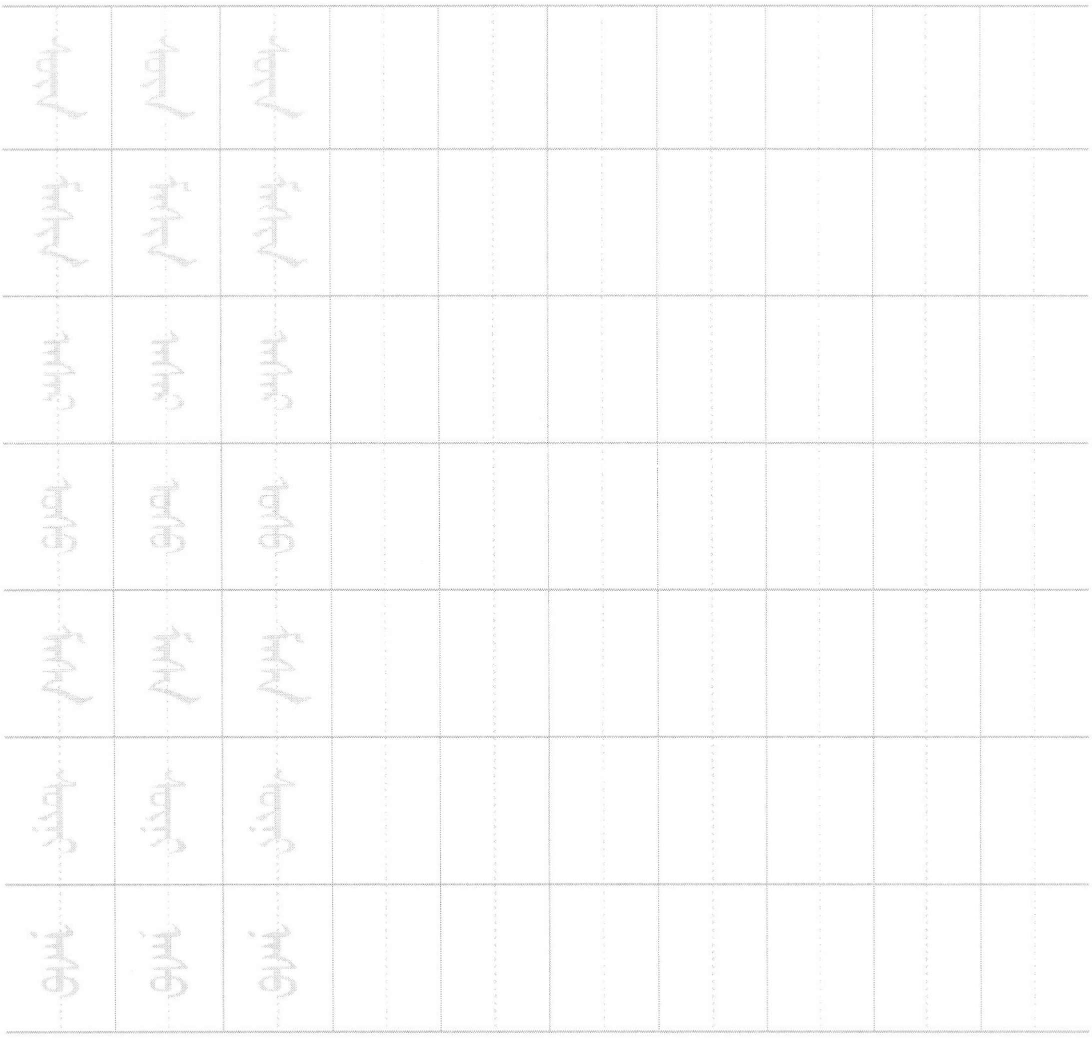

자음 š[3] 전통몽골문 인쇄체

라틴전사	š
키릴몽골문	ш
어두	ᠱ
어중	ᠱ
어말	–

자음 š 전통몽골문 필기체

라틴전사	š
키릴몽골문	ш
어두	ᠱ
어중	ᠱ
어말	–

- 키릴몽골문 ш는 전통몽골문 라틴전사 š에 해당된다.
- 전통몽골문 š는 어두와 어중 형태만이 존재하지만, 어말 형태는 존재하지 않는다.
- 전통몽골문 š는 전통몽골문 s 형태의 오른편에 점 두 개를 찍는다.
- 전통몽골문 š는 받침 문자가 존재하지 않는다.
- ši는 그 자체가 키릴몽골문으로 ш를 나타내기 때문에 오른쪽에 점 두 개를 찍지 않는다.

---

3 키릴몽골문 "ш"는 대부분 "š"로 라틴전사되지만, " s "로 라틴전사하는 경우도 존재한다. 전통몽골어 원문으로 표기할 때에 오른편에 점 두 개를 표기하지 않는 경우도 있다.

▶ 자음 š 인쇄체 연습하기

▶ 자음 š 필기체 연습하기

▶ 자음 š 모음에 따른 변화

라틴전사		ša	še	ši	šo	šu	šö	šü
키릴몽골문		ша	шэ	ши	шо	шу	шө	шү
어두		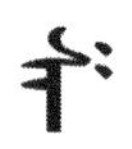		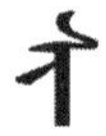	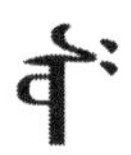		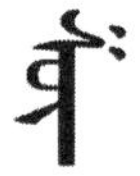	
어중	기본자	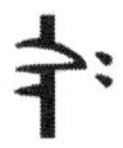		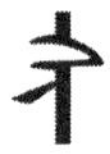	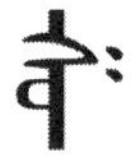			
	받침자	–						
어말	기본자	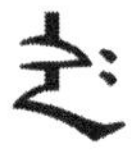		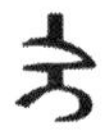	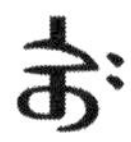			
	받침자	–						

라틴전사		ša	še	ši	šo	šu	šö	šü
키릴몽골문		ша	шэ	ши	шо	шу	шө	шү
어두		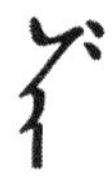		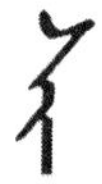	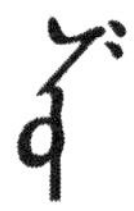		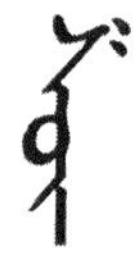	
어중	기본자	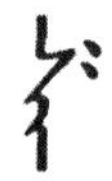		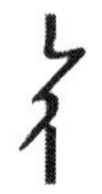	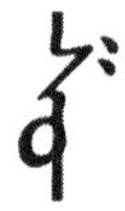			
	받침자	–						
어말	기본자	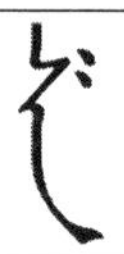		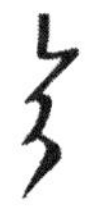	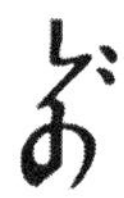			
	받침자	–						

▶ 자음 š 모음에 따른 변화 인쇄체 연습하기

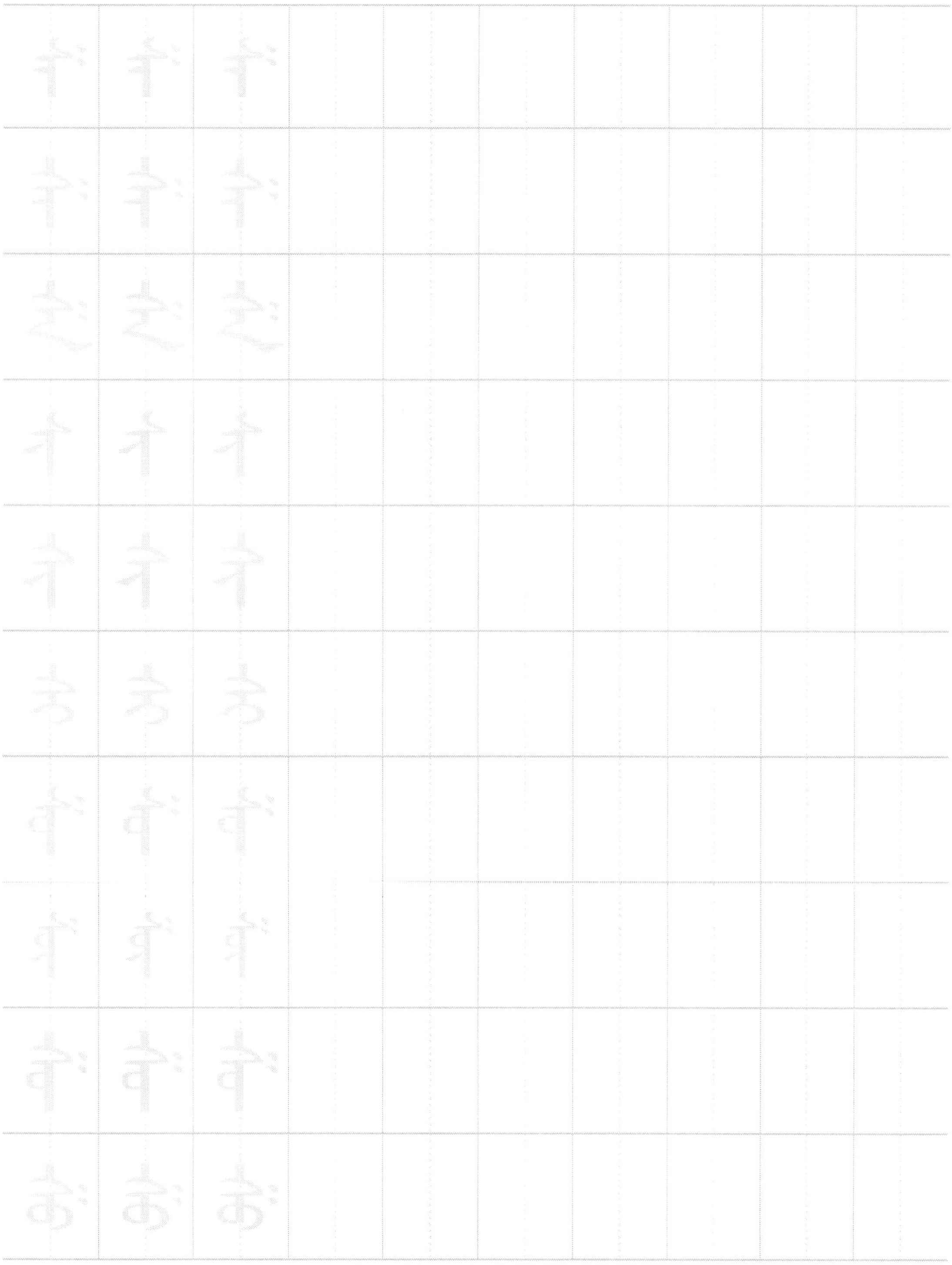

▶ 자음 š 모음에 따른 변화 필기체 연습하기

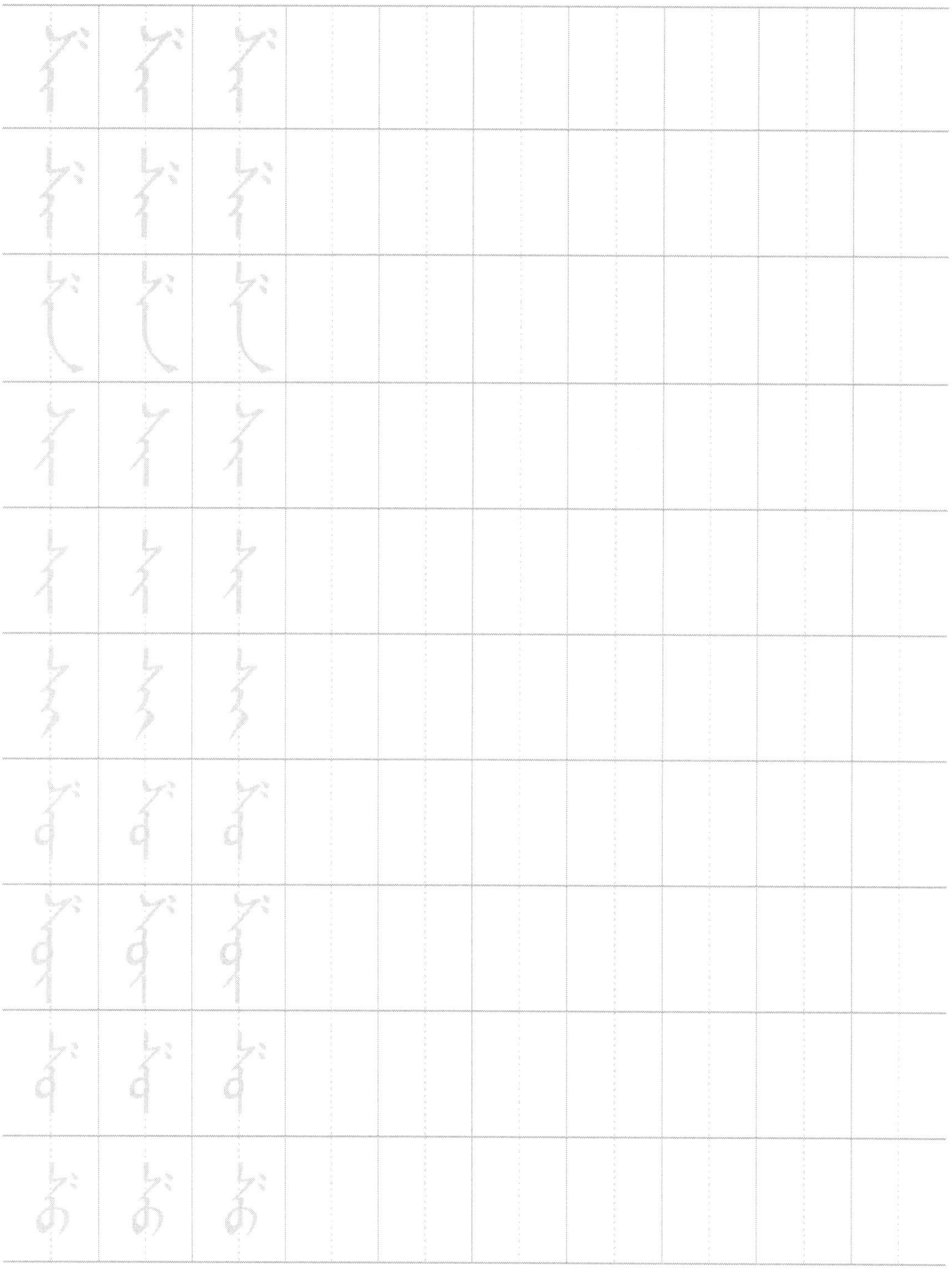

▶ 자음 š 새로운 단어

전통몽골문	ᠱᠠᠯᠠ	ᠱᠣ	ᠱᠥᠯᠥ
라틴전사	šala	šo	šölü
키릴몽골문	шал	шоо	шөл
한국어	바닥	주사위	국

▶ 자음 š 새로운 단어 연습하기

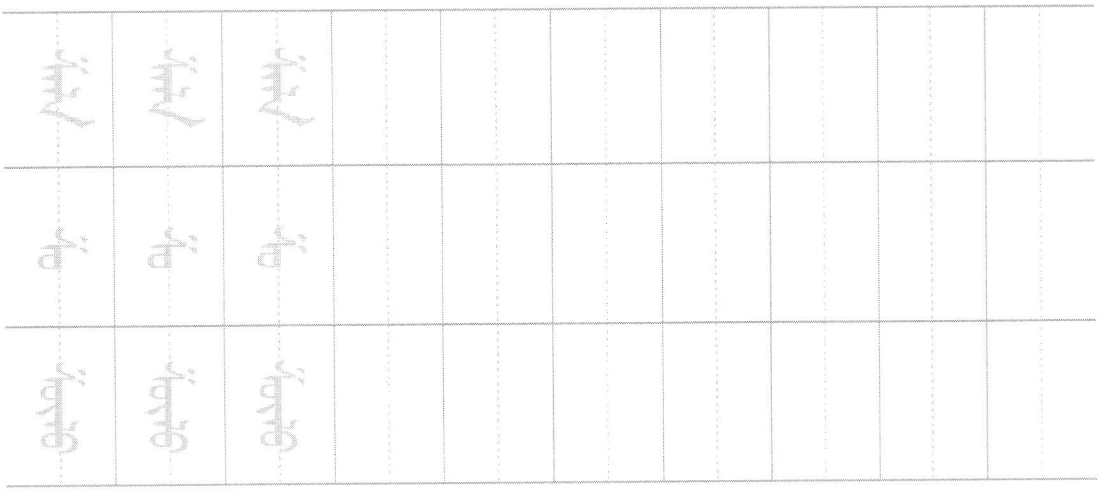

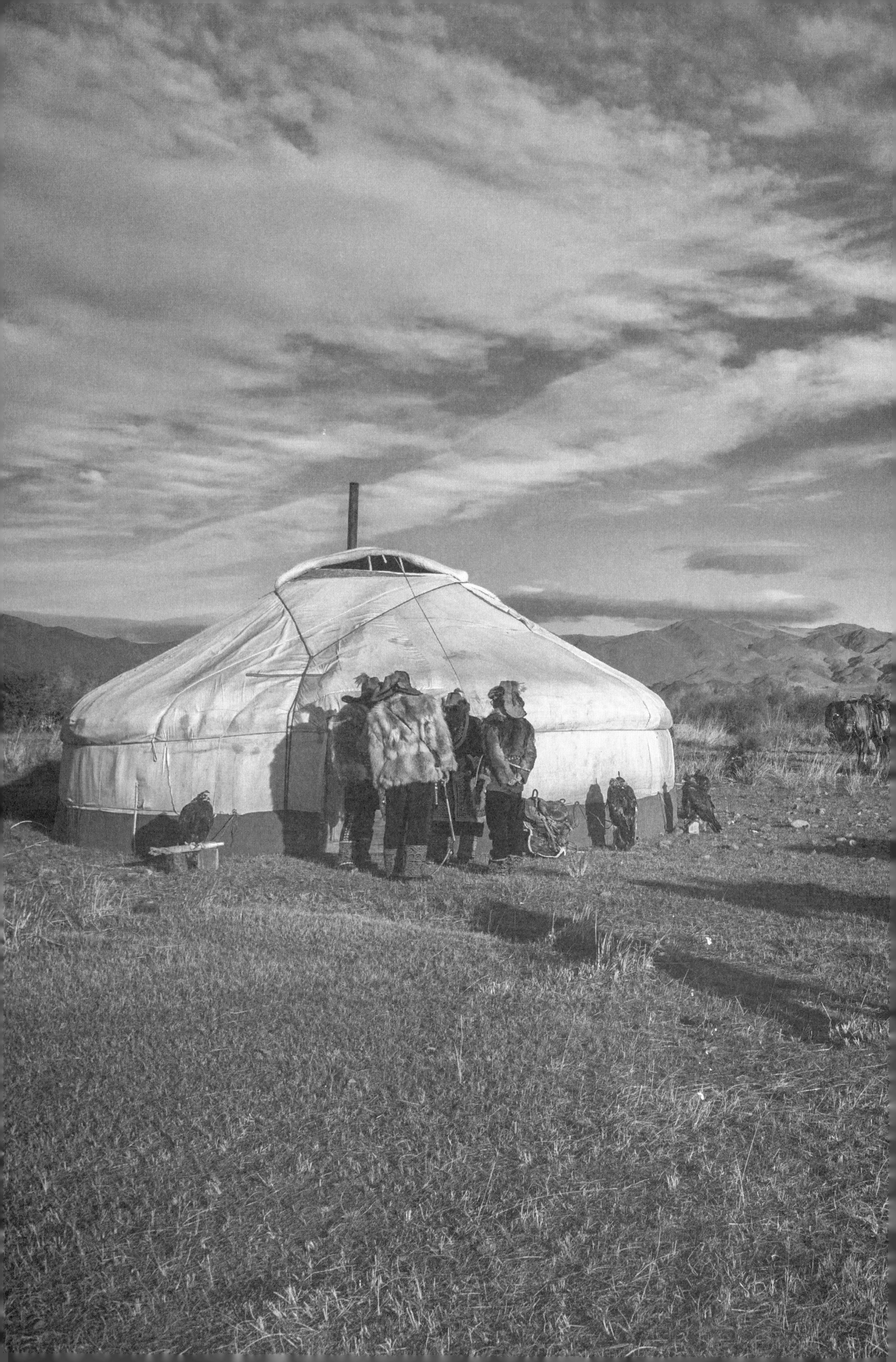

6과

자음 р, 자음 з/ж

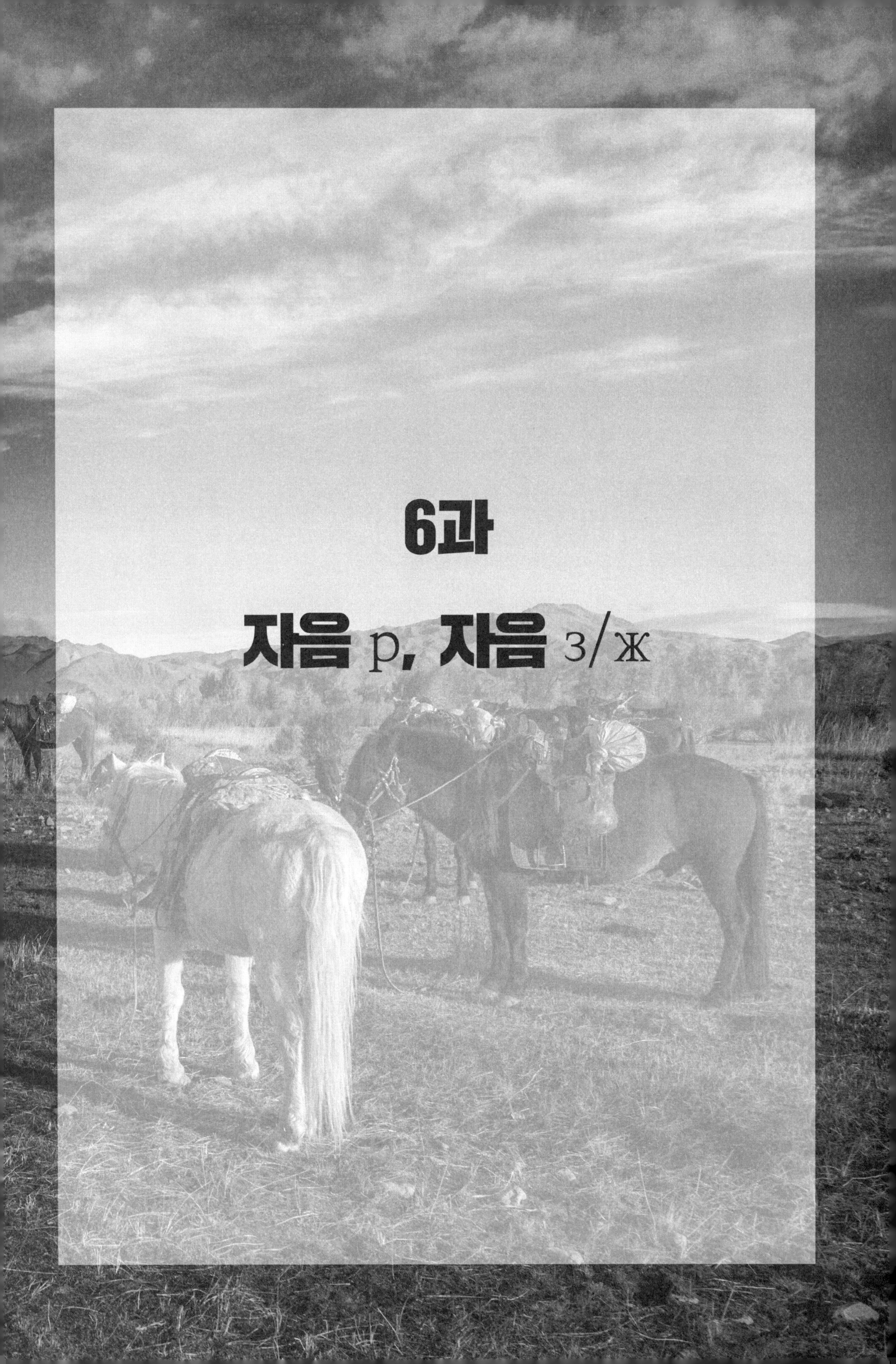

자음 r 전통몽골문 인쇄체

라틴전사	r
키릴몽골문	p
어두	ᠷ‍
어중	‍ᠷ‍
어말	‍ᠷ

자음 r 전통몽골문 필기체

라틴전사	r
키릴몽골문	p
어두	ᠷ‍
어중	‍ᠷ‍
어말	‍ᠷ

- 키릴몽골문 p는 전통몽골문 라틴전사 r에 해당된다.
- 전통몽골문 r은 어두·어중·어말 형태 모두 X 형태를 결합시켜 표기한다.
- 전통몽골문 r은 어중과 어말 형태에 받침 문자가 존재한다.

▶ 자음 г 인쇄체 연습하기

▶ 자음 г 필기체 연습하기

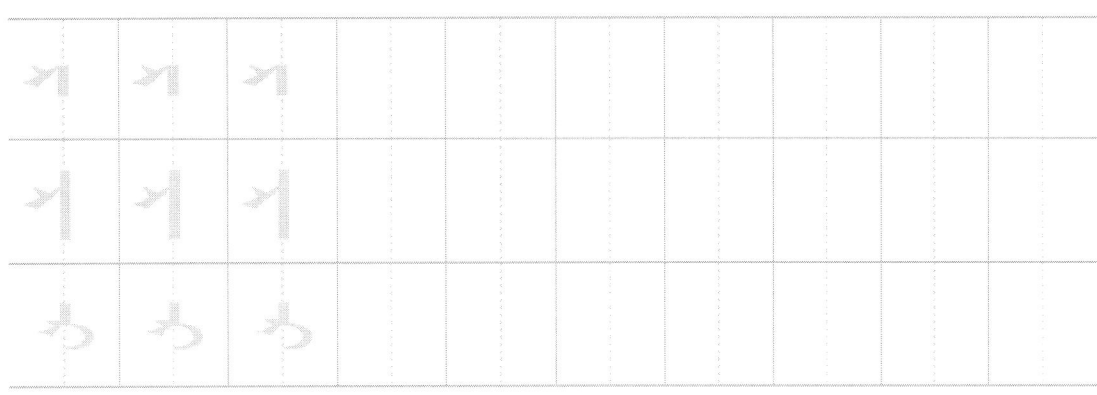

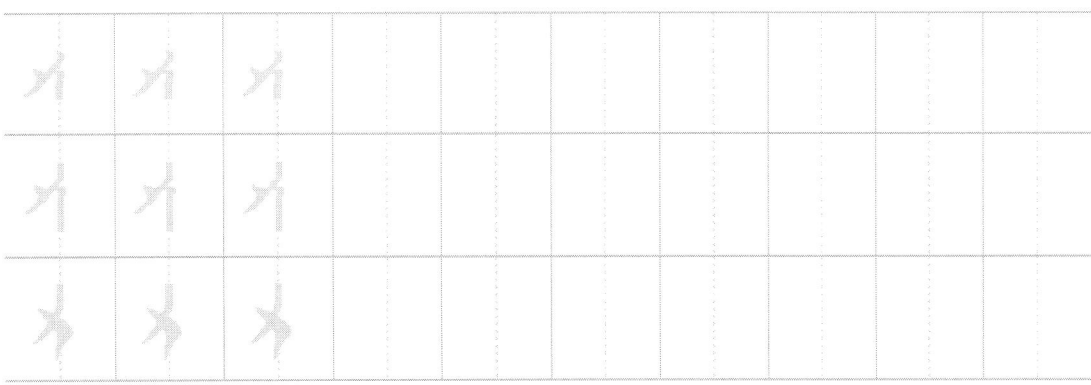

▶ 자음 r 모음에 따른 변화

라틴전사		ra	re	ri	ro	ru	rö	rü
키릴몽골문		ра	рэ	ри	ро	ру	рө	рү
어두		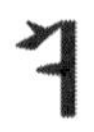		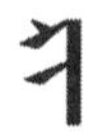	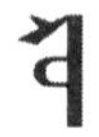		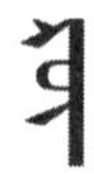	
어중	기본자	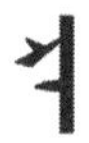		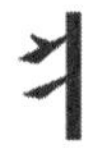	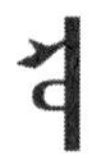			
	받침자							
어말	기본자	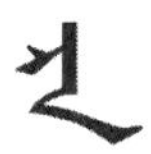 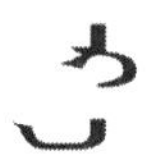		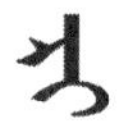	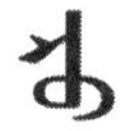			
	받침자							

라틴전사		ra	re	ri	ro	ru	rö	rü
키릴몽골문		ра	рэ	ри	ро	ру	рө	рү
어두		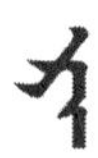		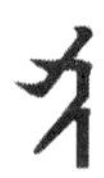	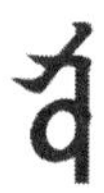		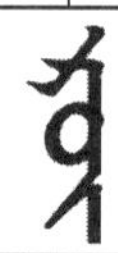	
어중	기본자	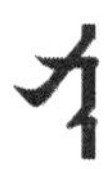		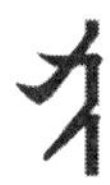	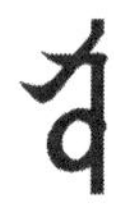			
	받침자	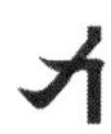						
어말	기본자	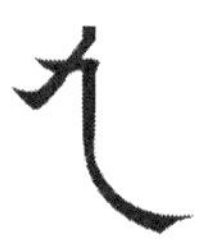 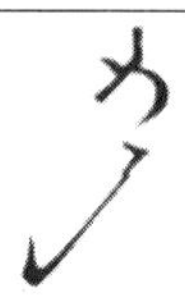		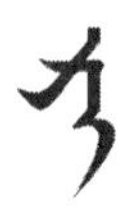	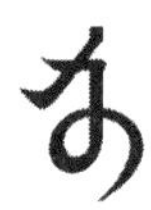			
	받침자	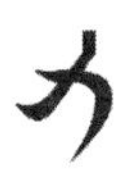						

▶ 자음 r 모음에 따른 변화 인쇄체 연습하기

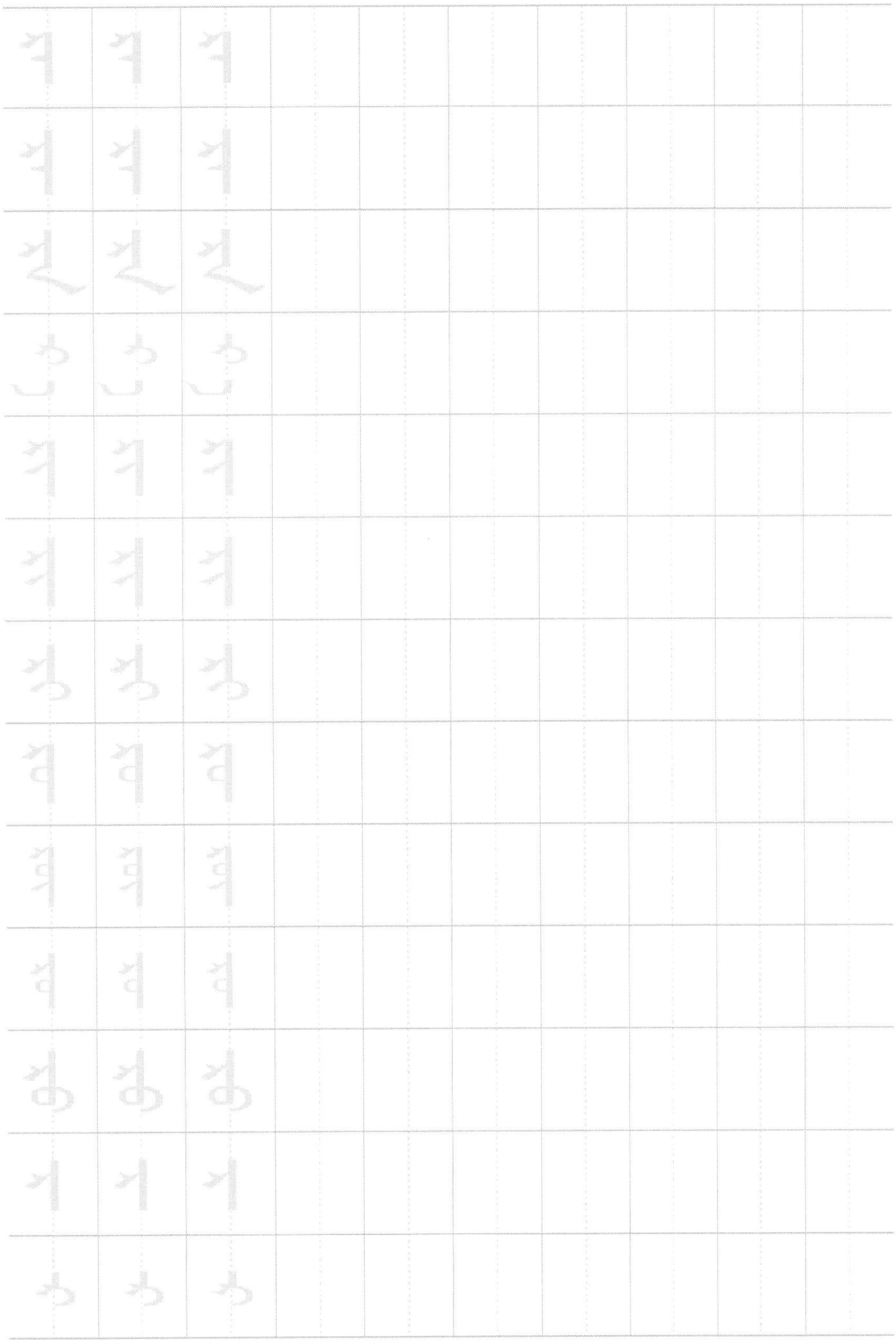

▶ 자음 r 모음에 따른 변화 필기체 연습하기

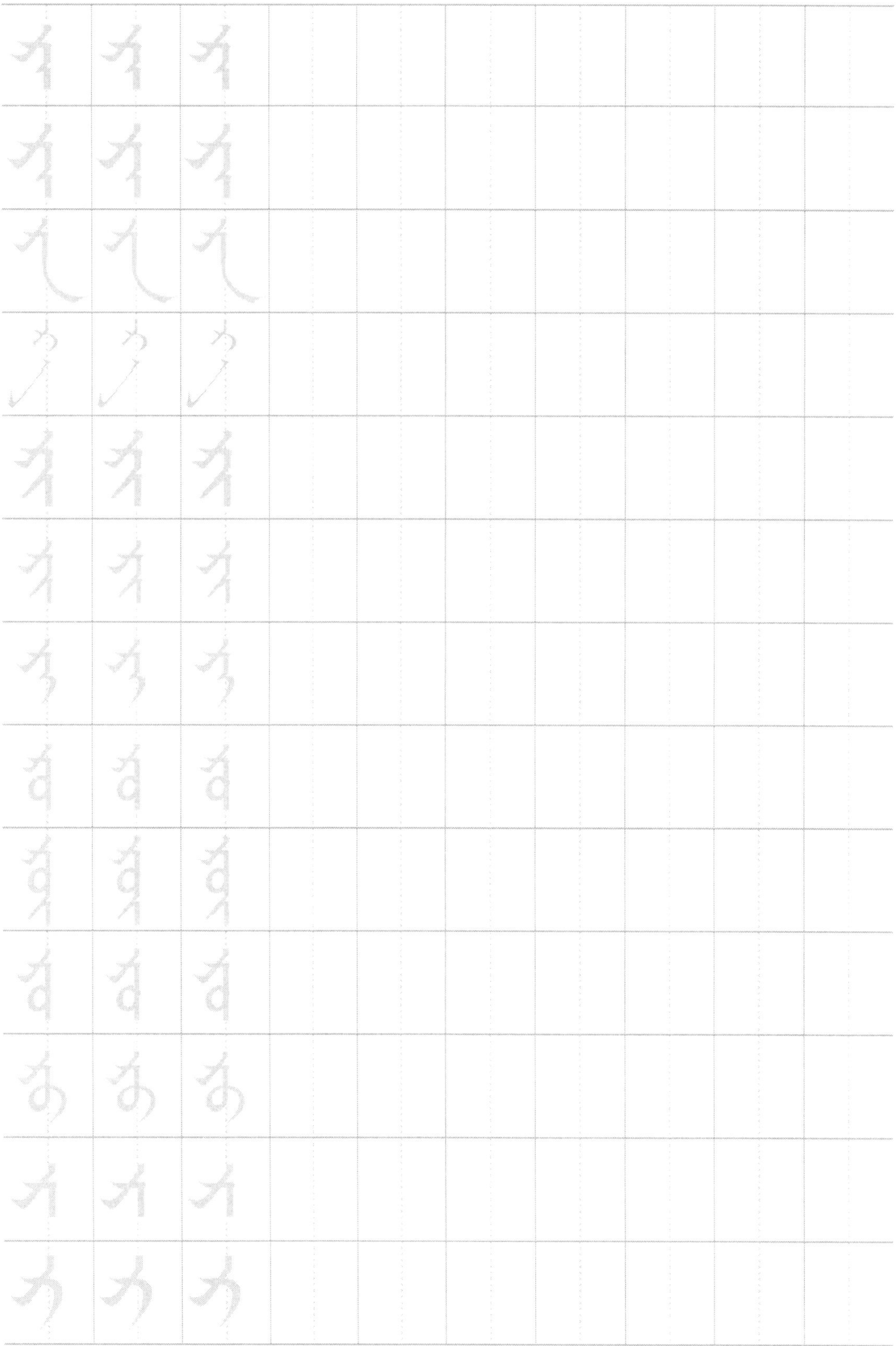

▶ 자음 r 새로운 단어

전통몽골문	ᠮᠣᠷᠢ	ᠷᠣᠮᠠᠨ	ᠰᠠᠷᠮᠢᠰ	ᠰᠠᠷᠠ	ᠰᠢᠷᠡᠭᠡ	ᠣᠷᠤᠢ	ᠣᠷᠣ	ᠨᠡᠷ᠎ᠡ
라틴전사	mori	roman	sarmis	sara[4]	sirege	orui	oru	ner-e
키릴몽골문	морь	роман	сармис	сар	ширээ	орой	ор	нэр
한국어	말	소설	마늘	달	책상	저녁	침대	이름

▶ 자음 r 새로운 단어 연습하기

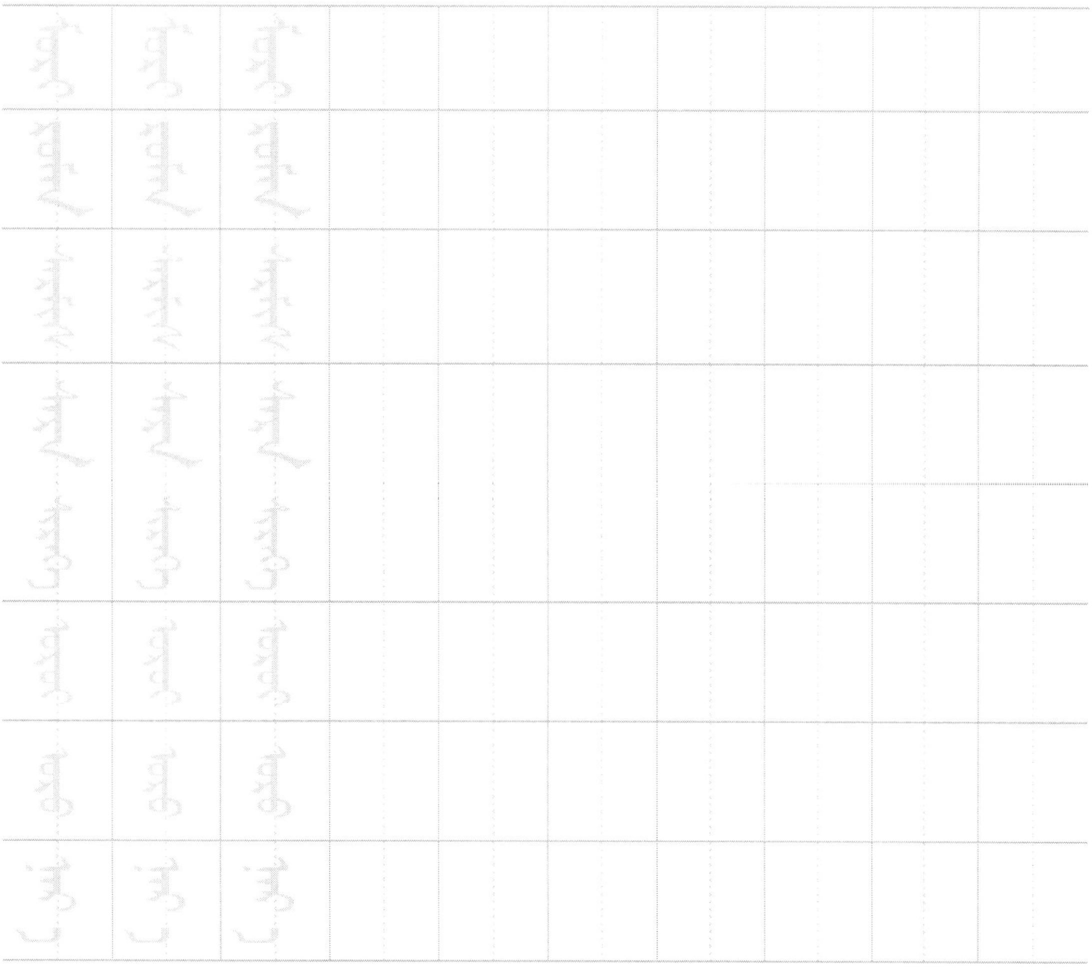

4 연월일을 뜻하는 월(month)의 sar-a <ᠰᠠᠷ᠎ᠠ>와 혼동하지 않도록 주의해야 한다.

자음 ǰ 전통몽골문 인쇄체

라틴전사	ǰ
키릴몽골문	з/ж
어두	ᠵ
어중	ᠵ
어말	–

자음 ǰ 전통몽골문 필기체

라틴전사	ǰ
키릴몽골문	з/ж
어두	ᠵ
어중	ᠵ
어말	–

- 키릴몽골문 з/ж는 전통몽골문 라틴전사 ǰ에 해당된다. 이 때문에 정확한 단어를 모르면, 전통몽골문 해당 단어를 읽기가 어렵다.
- 전통몽골문 ǰ는 어두와 어중 형태만 존재하고, 받침은 존재하지 않는다.
- 전통몽골문 ǰ의 어두 형태는 왼쪽 끝이 닫혀 있지 않은 접시 모양으로 y의 형태가 왼쪽 끝이 닫혀 있는 형태와 반대이다. 전통몽골문 ǰ의 어중 형태는 곡선 모양임을 유의해야 한다. č의 각진 형태와 혼동하지 않도록 주의하자.

▶ 자음 й 인쇄체 연습하기

Й Й Й

й й й

▶ 자음 й 필기체 연습하기

Й Й Й

й й й

▶ 자음 ǰ 모음에 따른 변화

<table>
<tr><th colspan="2">라틴전사</th><td>ǰa</td><td>ǰe</td><td>ǰi</td><td>ǰo</td><td>ǰu</td><td>ǰö</td><td>ǰü</td></tr>
<tr><th colspan="2">키릴몽골문</th><td>за/жа</td><td>зэ/жэ</td><td>зи/жи</td><td>зо/жо</td><td>зу/жу</td><td>зө/жө</td><td>зү/жү</td></tr>
<tr><th colspan="2">어두</th><td colspan="2">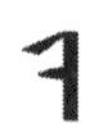</td><td>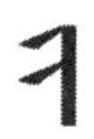</td><td colspan="2">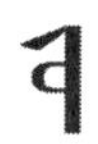</td><td colspan="2">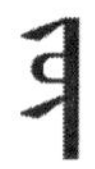</td></tr>
<tr><th rowspan="2">어중</th><th>기본자</th><td colspan="2">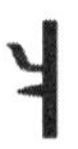</td><td>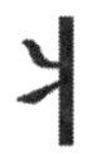</td><td colspan="4">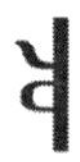</td></tr>
<tr><th>받침자</th><td colspan="7">–</td></tr>
<tr><th rowspan="2">어말</th><th>기본자</th><td colspan="2">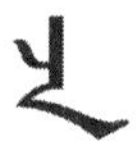</td><td>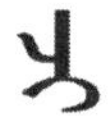</td><td colspan="4">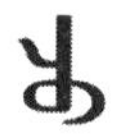</td></tr>
<tr><th>받침자</th><td colspan="7">–</td></tr>
</table>

<table>
<tr><th colspan="2">라틴전사</th><td>ǰa</td><td>ǰe</td><td>ǰi</td><td>ǰo</td><td>ǰu</td><td>ǰö</td><td>ǰü</td></tr>
<tr><th colspan="2">키릴몽골문</th><td>за/жа</td><td>зэ/жэ</td><td>зи/жи</td><td>зо/жо</td><td>зу/жу</td><td>зө/жө</td><td>зү/жү</td></tr>
<tr><th colspan="2">어두</th><td colspan="2">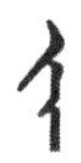</td><td>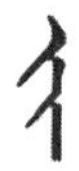</td><td colspan="2">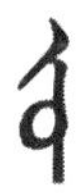</td><td colspan="2">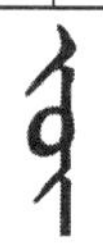</td></tr>
<tr><th rowspan="2">어중</th><th>기본자</th><td colspan="2">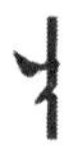</td><td>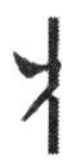</td><td colspan="4">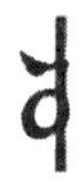</td></tr>
<tr><th>받침자</th><td colspan="7">–</td></tr>
<tr><th rowspan="2">어말</th><th>기본자</th><td colspan="2">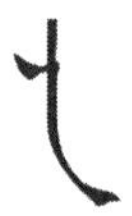</td><td>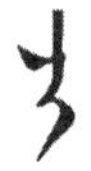</td><td colspan="4">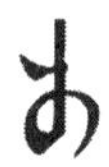</td></tr>
<tr><th>받침자</th><td colspan="7">–</td></tr>
</table>

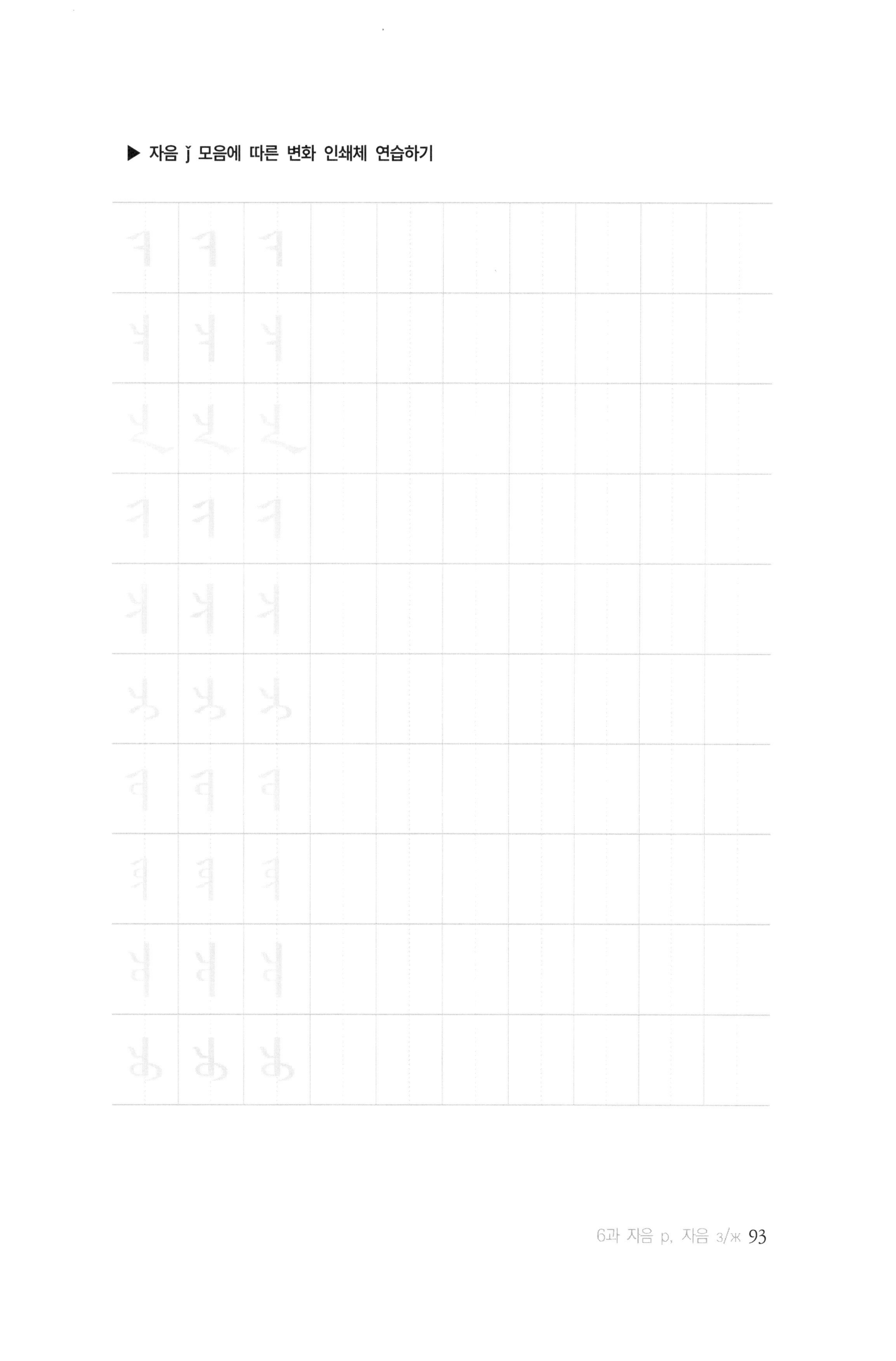

▶ 자음 ǰ 모음에 따른 변화 인쇄체 연습하기

▶ 자음 ǰ 모음에 따른 변화 필기체 연습하기

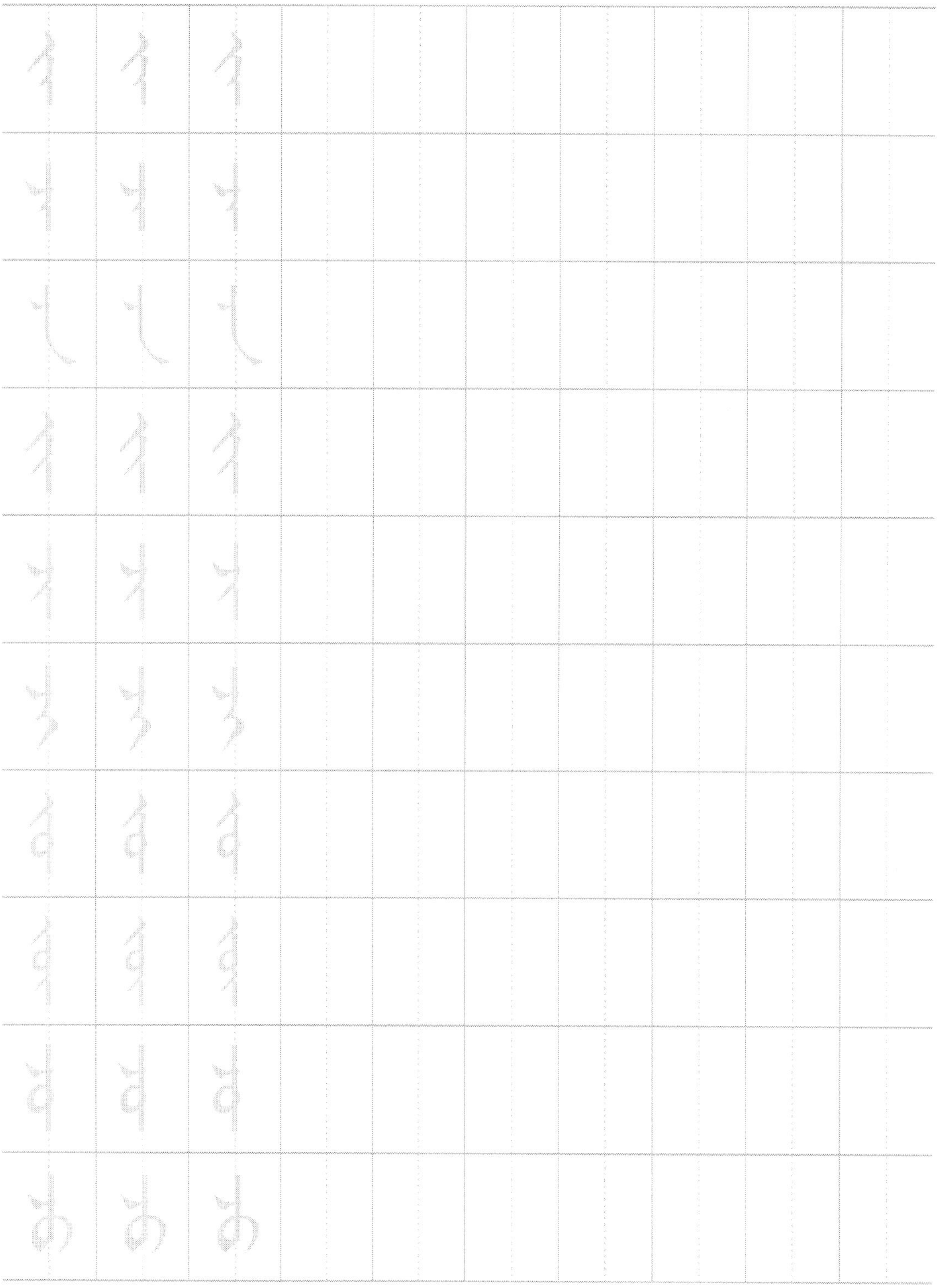

▶ 자음 ǰ 새로운 단어

전통몽골문	ᠵᠢᠮᠢᠰ	ᠵᠦᠷᠵᠢ	ᠵᠤᠨ	ᠡᠵᠢ	ᠵᠠᠢ	ᠵᠠᠪ
라틴전사	ǰimis	ǰürǰi	ǰun	eǰi	ǰai	ǰab
키릴몽골문	жимс	жүрж	зун	ээж	зай	зав
한국어	과일	오렌지	여름	어머니	공간	여유

▶ 자음 ǰ 새로운 단어 연습하기

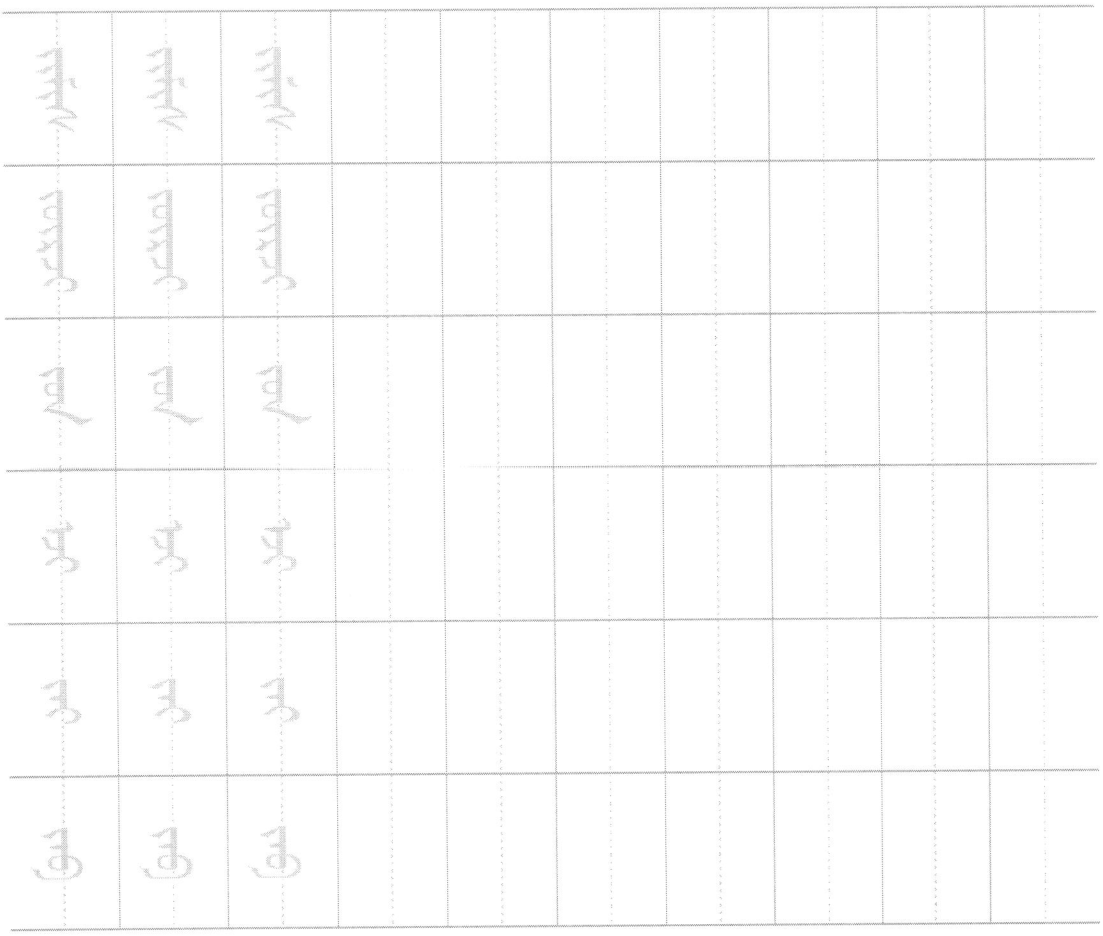

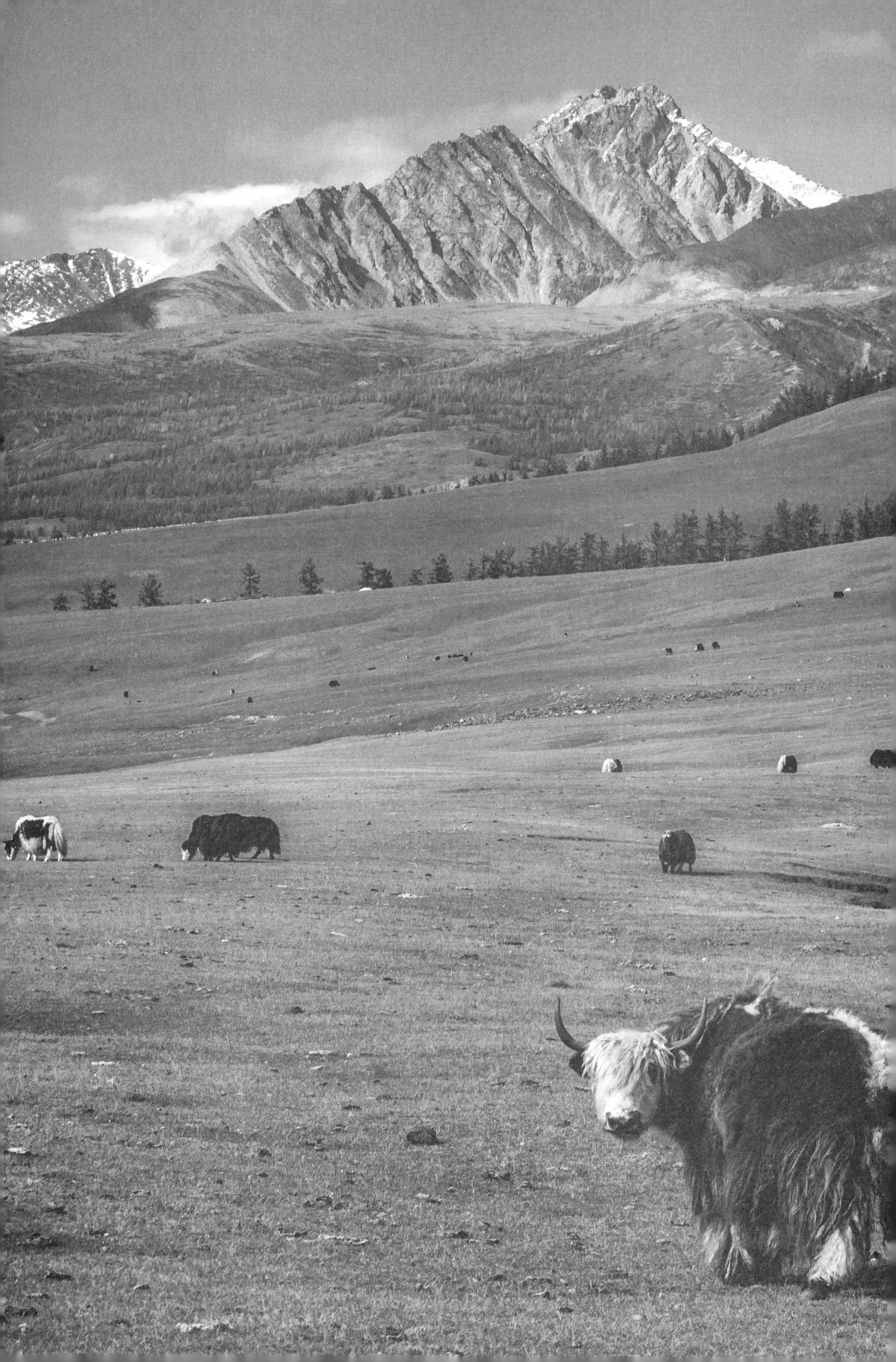

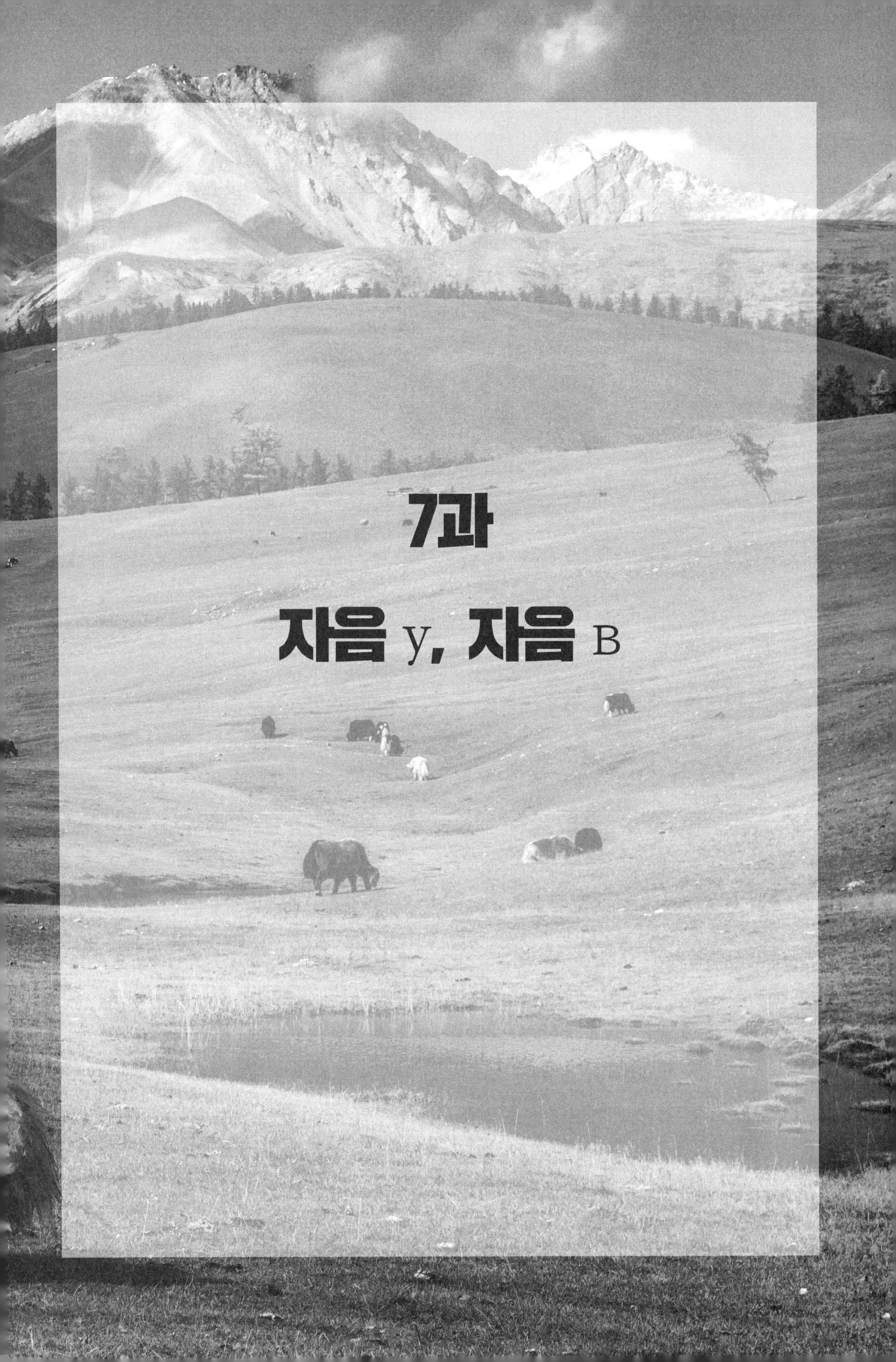

7과

자음 у, 자음 в

자음 y 전통몽골문 인쇄체

라틴전사	y
키릴몽골문	я/й/е/ё/ю
어두	ᠶ‍
어중	‍ᠶ‍
어말	‍ᠶ

자음 y 전통몽골문 필기체

라틴전사	y
키릴몽골문	я/й/е/ё/ю
어두	ᠶ‍
어중	‍ᠶ‍
어말	‍ᠶ

- 키릴몽골문 я/й/е/ё/ю는 전통몽골문 라틴전사 y에 해당된다.
- 전통몽골문 y는 어두와 어중 형태에서 왼쪽 아래로 기울어진 형태를 가운데 줄기 부분과 결합시켜 표기한다.
- 전통몽골문 y는 어말 형태가 모음 i의 어말 형태와 동일하다.

▶ 자음 y 인쇄체 연습하기

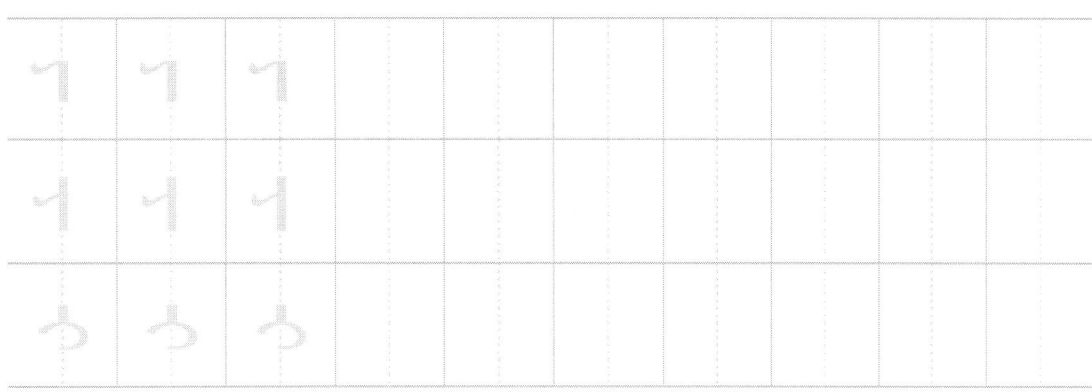

▶ 자음 y 필기체 연습하기

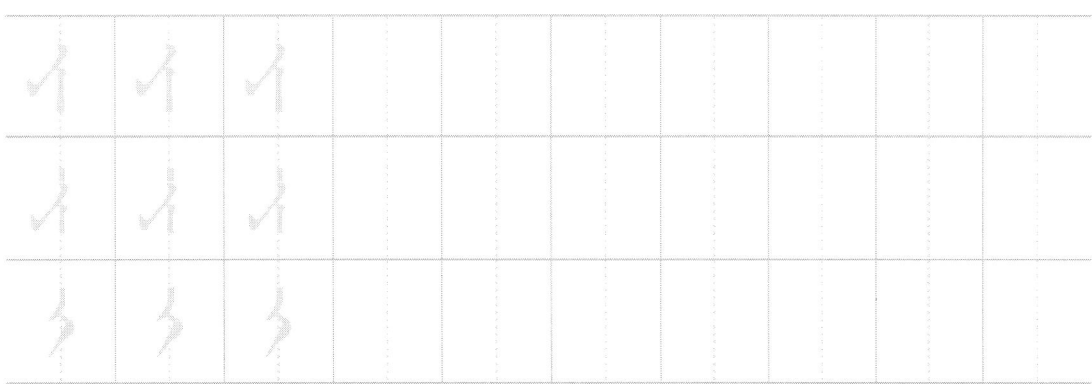

▶ **자음 y 모음에 따른 변화**

라틴전사		ya	ye	yi	yo	yu	yö	yü
키릴몽골문		я	е	й/е	ё	ю	е	
어두		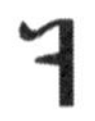		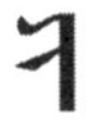	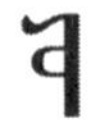		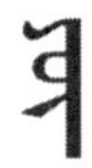	
어중	기본자	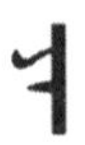		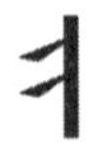	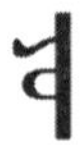			
	받침자	–						
어말	기본자	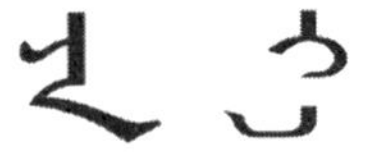		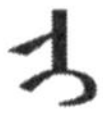	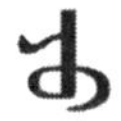			
	받침자	–						

라틴전사		ya	ye	yi	yo	yu	yö	yü
키릴몽골문		я	е	й/е	ё	ю	е	
어두		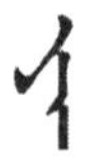		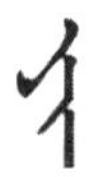	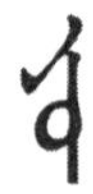		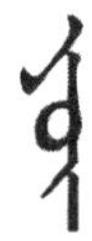	
어중	기본자	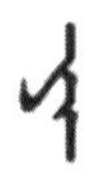		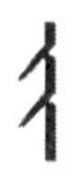	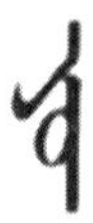			
	받침자	–						
어말	기본자	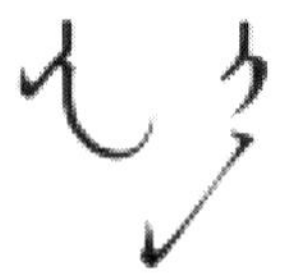		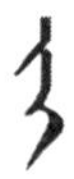	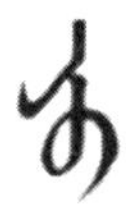			
	받침자	–						

▶ 자음 y 모음에 따른 변화 인쇄체 연습하기

▶ 자음 y 모음에 따른 변화 필기체 연습하기

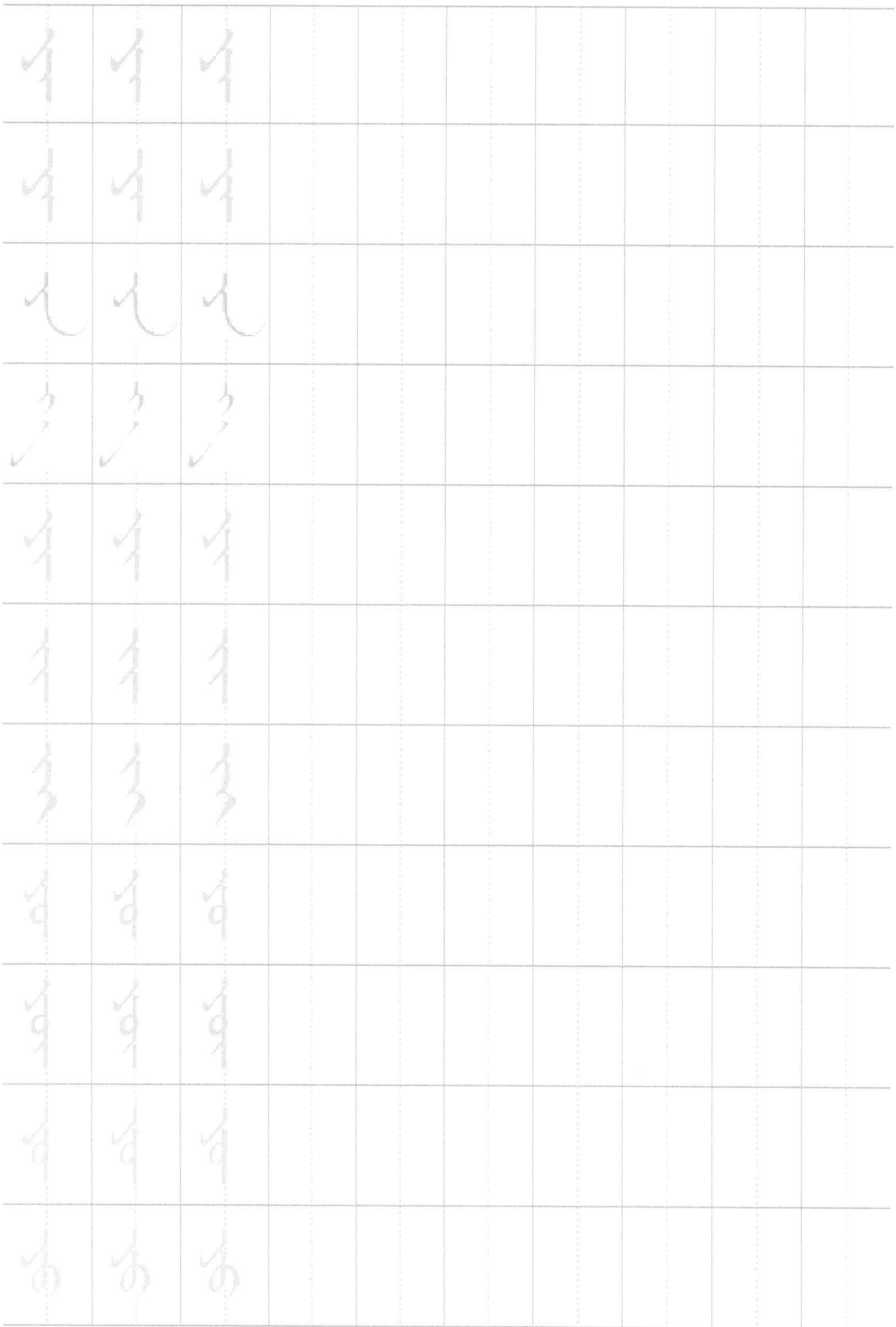

▶ 자음 y 새로운 단어

전통몽골문	ᠨᠠᠶ᠎ᠠ	ᠶᠢᠰᠦ	ᠪᠡᠶ᠎ᠡ	ᠶᠡᠬᠡ	ᠦᠶ᠎ᠡ
라틴전사	naya	yisü	bey-e	yeke	üy-e
키릴몽골문	ная	ес	бие	их	үе
한국어	80	9	신체	많이	시기

▶ 자음 y 새로운 단어 연습하기

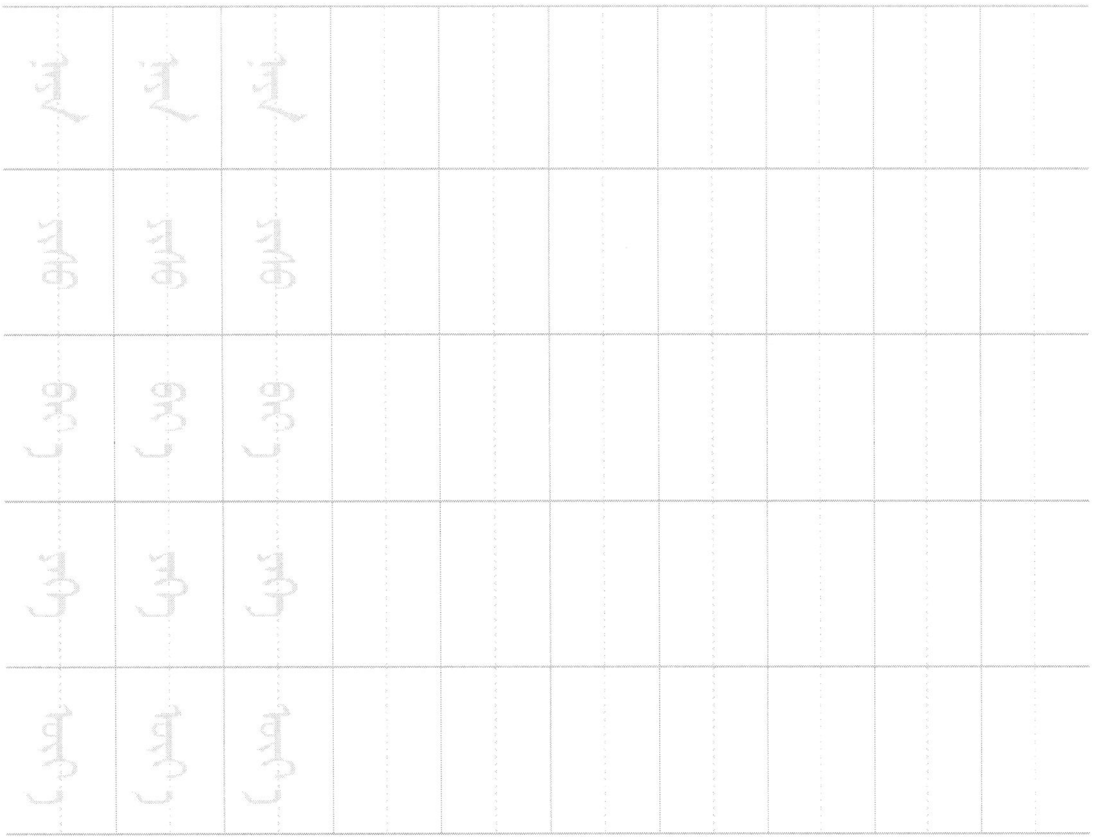

자음 v 전통몽골문 인쇄체

라틴전사	v
키릴몽골문	в
어두	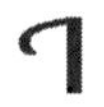
어중	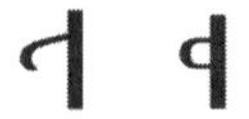
어말	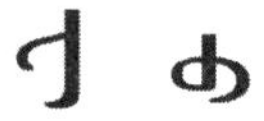

자음 v 전통몽골문 필기체

라틴전사	v
키릴몽골문	в
어두	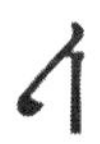
어중	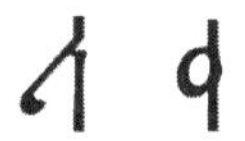
어말	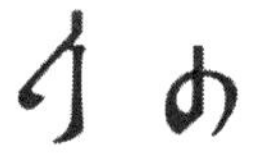

- 키릴몽골문 в는 전통몽골문 라틴전사 v에 해당된다.
- 전통몽골문 v는 어두·어중·어말 형태 모두 갈고리 형태를 결합시켜 표기한다.
- 전통몽골문 v는 어중·어말 형태에 갈고리 형태 이외에 모음 o/u/ö/ü의 어중·어말 형태와 같은 문자도 함께 사용한다.
- 전통몽골문 v는 받침 문자가 존재하지 않는다.

▶ **자음 v 인쇄체 연습하기**

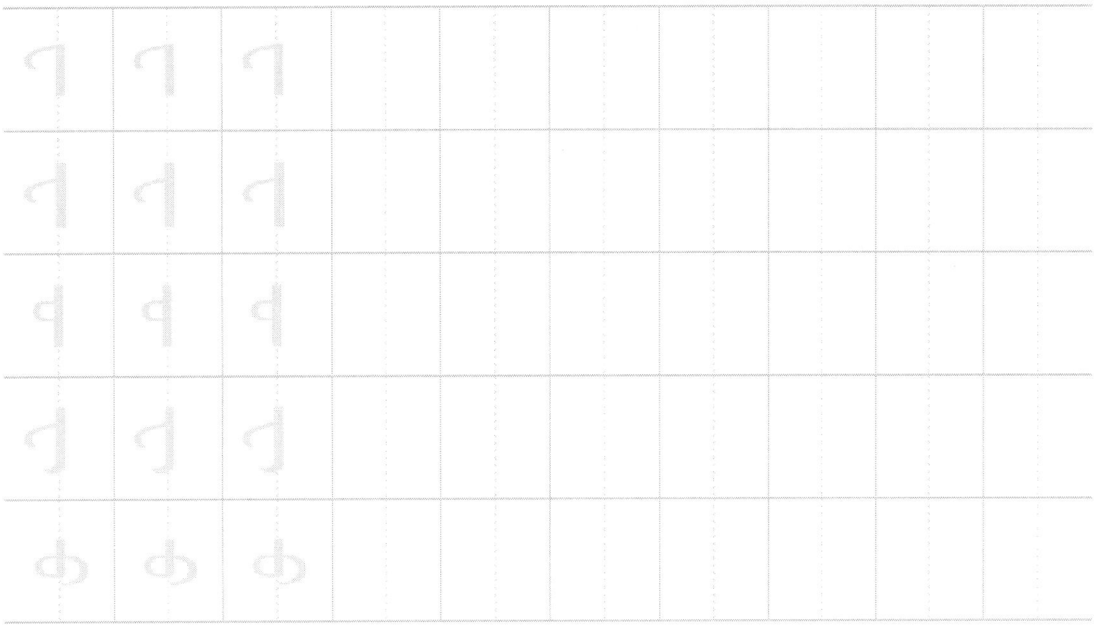

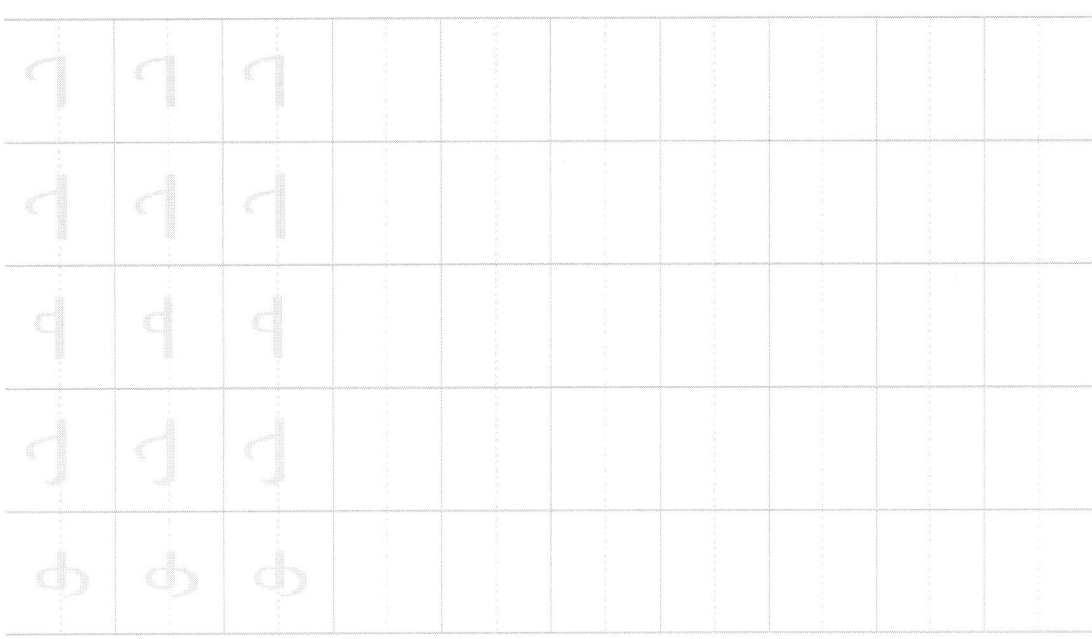

▶ **자음 v 필기체 연습하기**

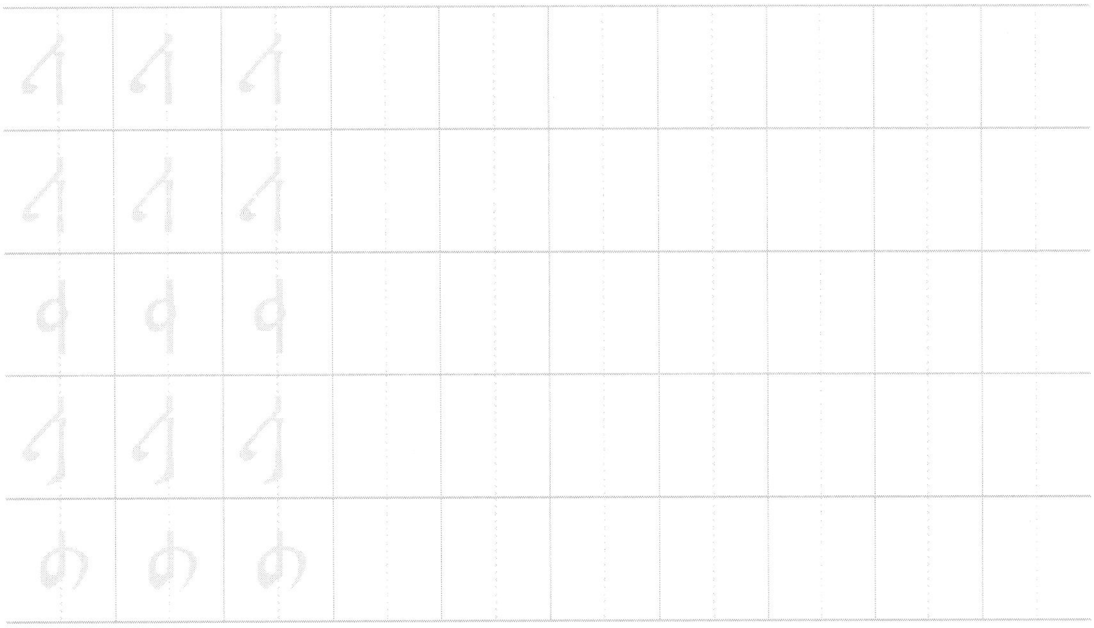

▶ 자음 v 모음에 따른 변화

라틴전사		va	ve	vi	vo	vu	vö	vü
키릴몽골문		ва	вэ	ви	во	ву	вө	вү
어두		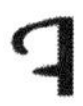		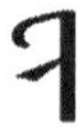	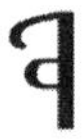		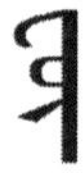	
어중	기본자	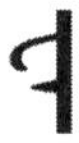		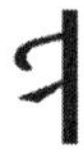	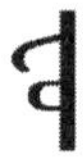			
	받침자	–						
어말	기본자	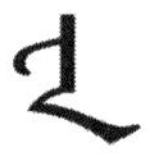		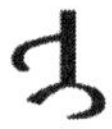	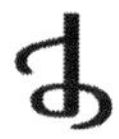			
	받침자	–						

라틴전사		va	ve	vi	vo	vu	vö	vü
키릴몽골문		ва	вэ	ви	во	ву	вө	вү
어두		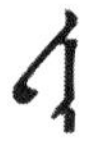		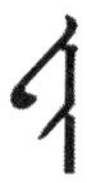	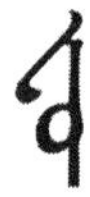		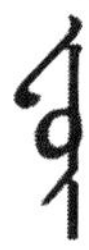	
어중	기본자	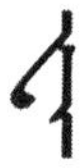		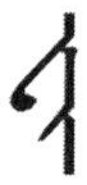	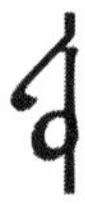			
	받침자	–						
어말	기본자	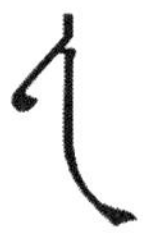		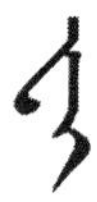	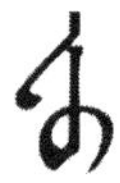			
	받침자	–						

▶ 자음 v 모음에 따른 변화 인쇄체 연습하기

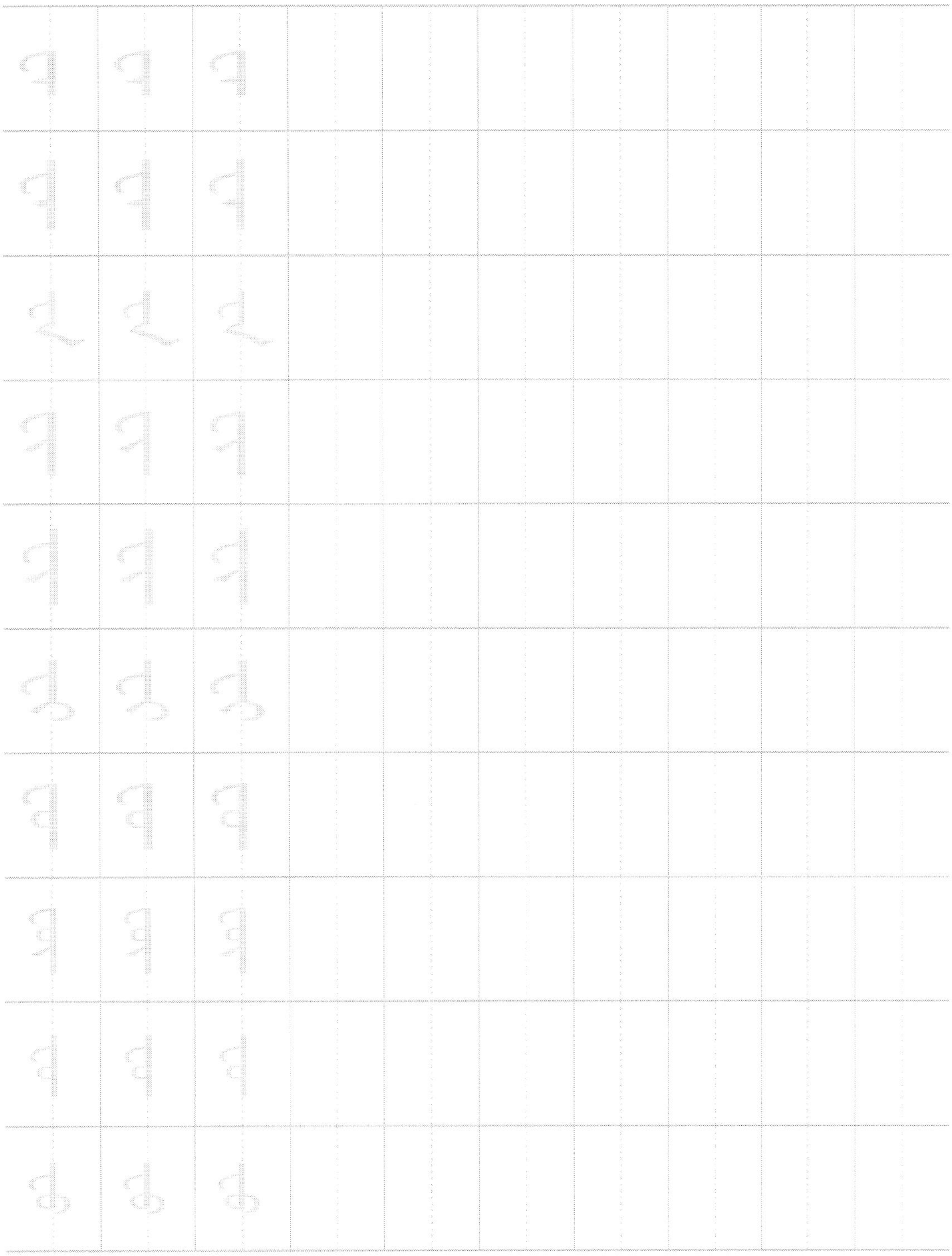

▶ 자음 v 모음에 따른 변화 필기체 연습하기

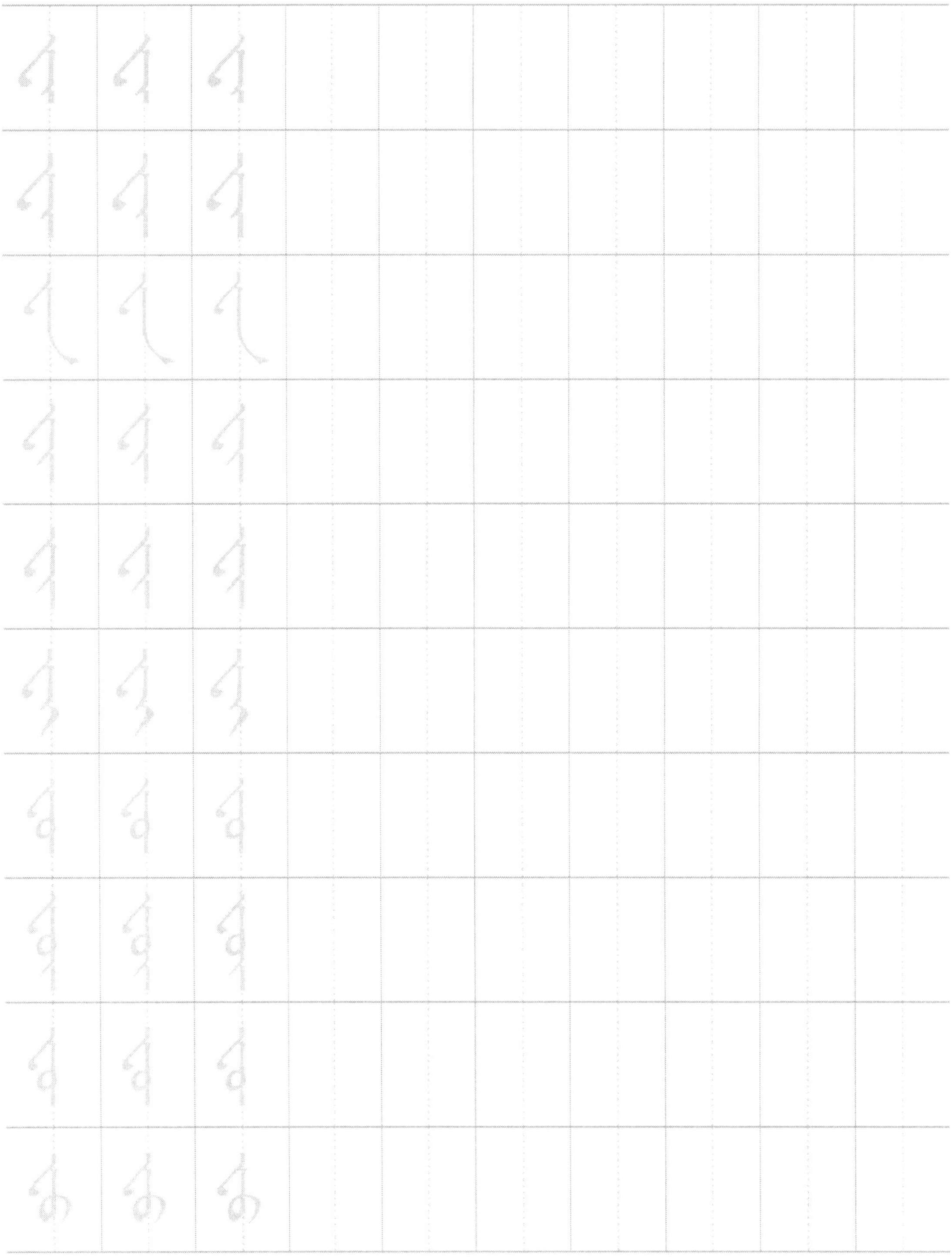

▶ 자음 v 새로운 단어

전통몽골문	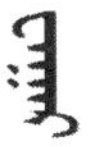	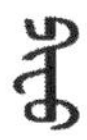
라틴전사	vaγar	pivo
키릴몽골문	ваар	пиво
한국어	기와	맥주

▶ 자음 v 새로운 단어 연습하기

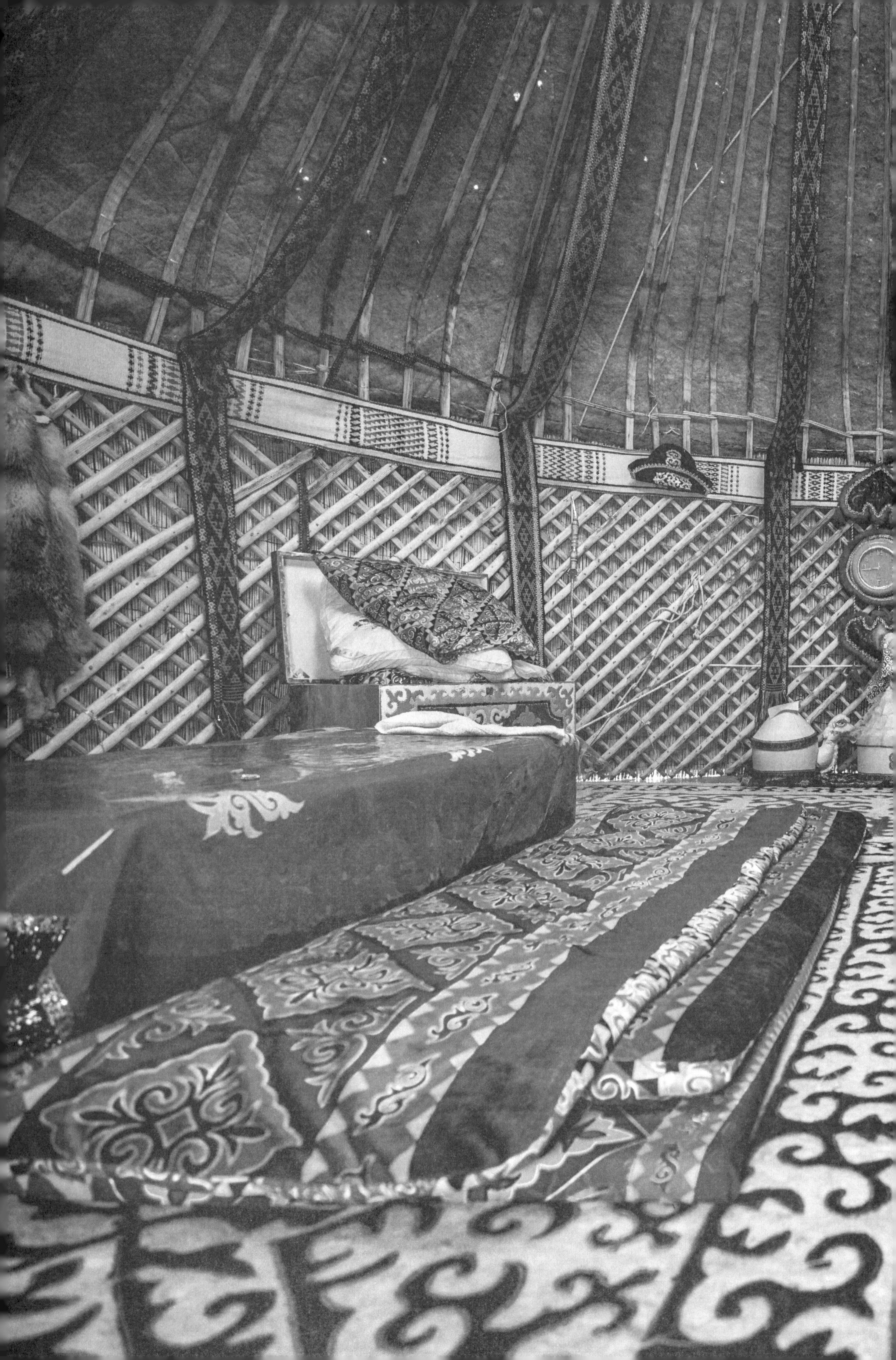

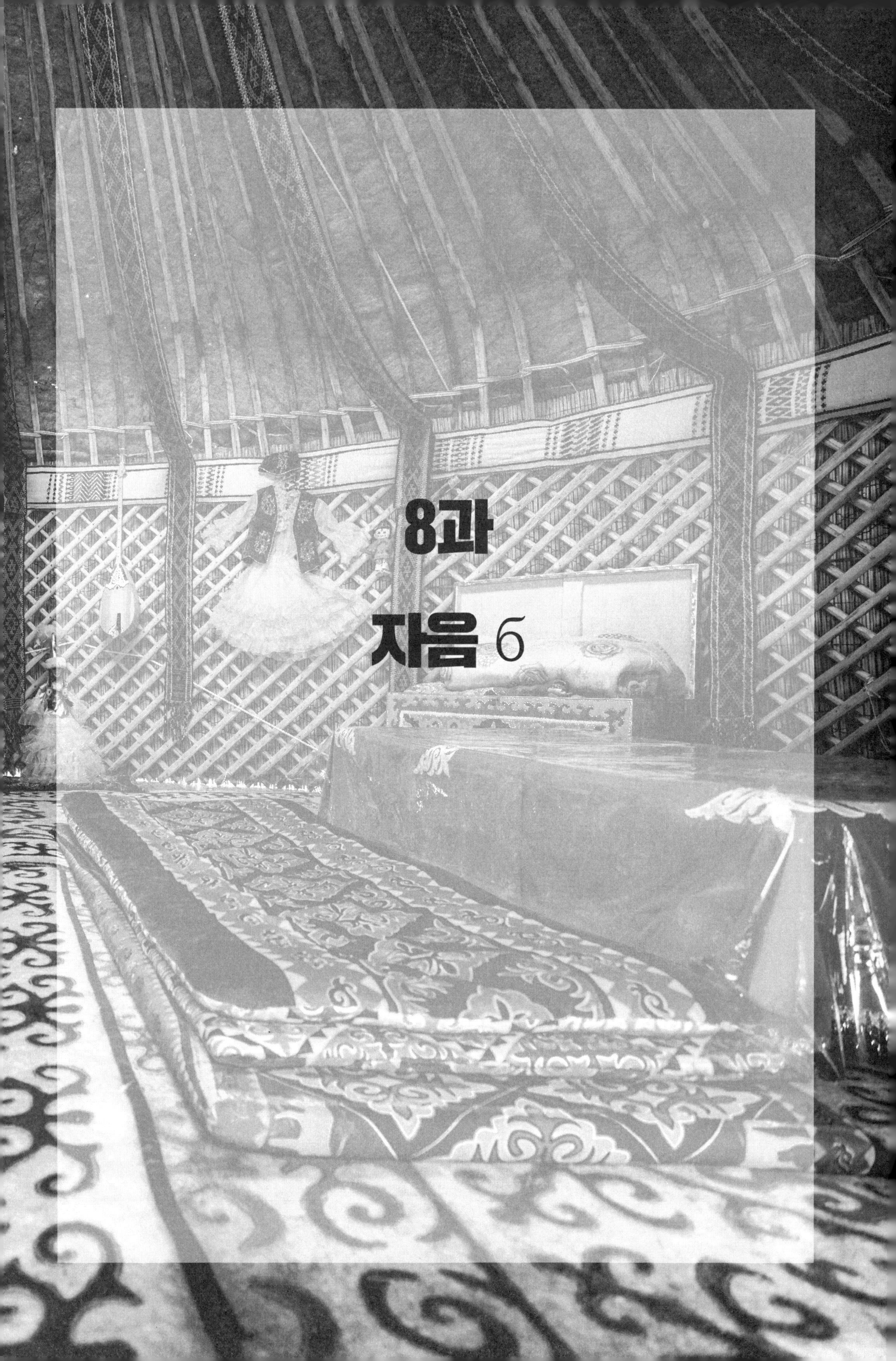

8과

자음 6

자음 b 전통몽골문 인쇄체

라틴전사	b
키릴몽골문	б
어두	
어중	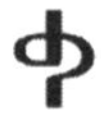
어말	

자음 b 전통몽골문 필기체

라틴전사	b
키릴몽골문	б
어두	
어중	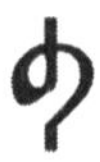
어말	

- 키릴몽골문 б는 전통몽골문 라틴전사 b에 해당된다.
- 전통몽골문 b는 어두·어중·어말 형태인  형태를 결합시켜 표기한다.
- 전통몽골문 b는 어중과 어말 형태에 받침 문자가 존재한다.

▶ 자음 b 인쇄체 연습하기

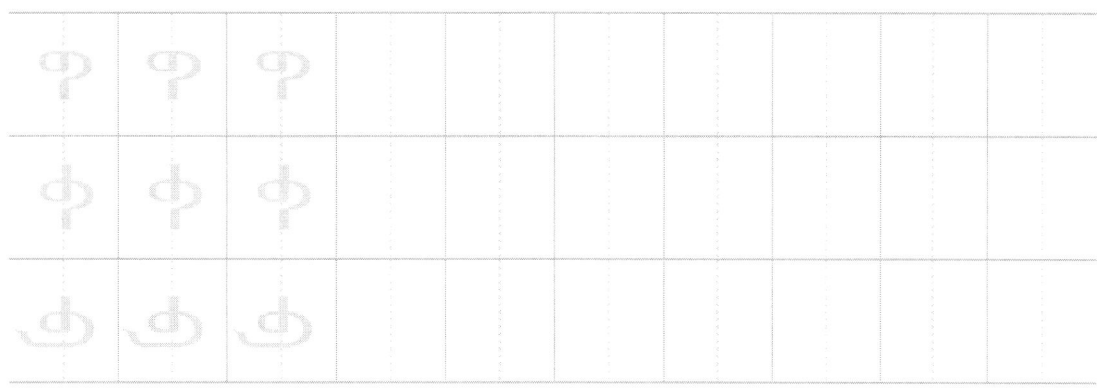

▶ 자음 b 필기체 연습하기

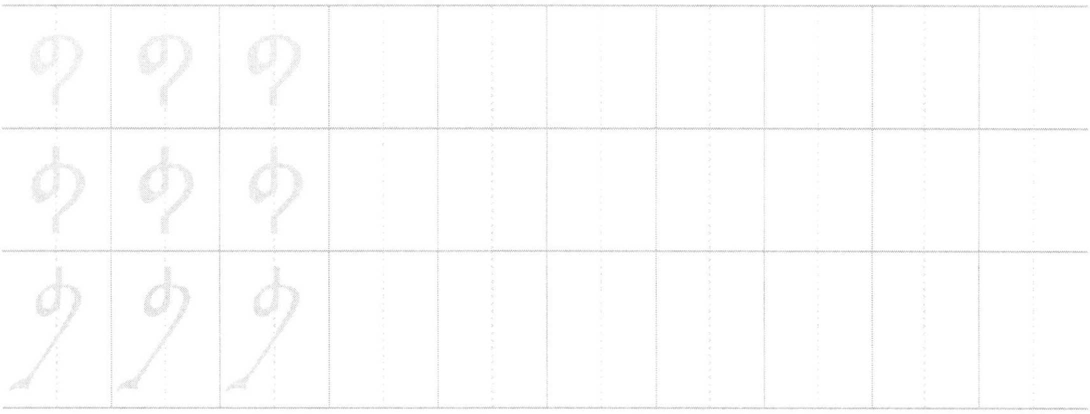

▶ 자음 b 모음에 따른 변화

라틴전사		ba	be	bi	bo	bu	bö	bü
키릴몽골문		ба	бэ	би	бо	бу	бө	бү
어두		ᠪᠠ		ᠪᠢ	ᠪᠣ		ᠪᠥ	
어중	기본자	‍ᠪᠠ‍		‍ᠪᠢ‍	‍ᠪᠣ‍			
	받침자	‍ᠪ‍						
어말	기본자	‍ᠪᠠ		‍ᠪᠢ	‍ᠪᠣ			
	받침자	‍ᠪ						

라틴전사		ba	be	bi	bo	bu	bö	bü
키릴몽골문		ба	бэ	би	бо	бу	бө	бү
어두		ᠪᠠ		ᠪᠢ	ᠪᠣ		ᠪᠥ	
어중	기본자	‍ᠪᠠ‍		‍ᠪᠢ‍	‍ᠪᠣ‍			
	받침자	‍ᠪ‍						
어말	기본자	‍ᠪᠠ		‍ᠪᠢ	‍ᠪᠣ			
	받침자	‍ᠪ						

▶ **자음 b 모음에 따른 변화 인쇄체 연습하기**

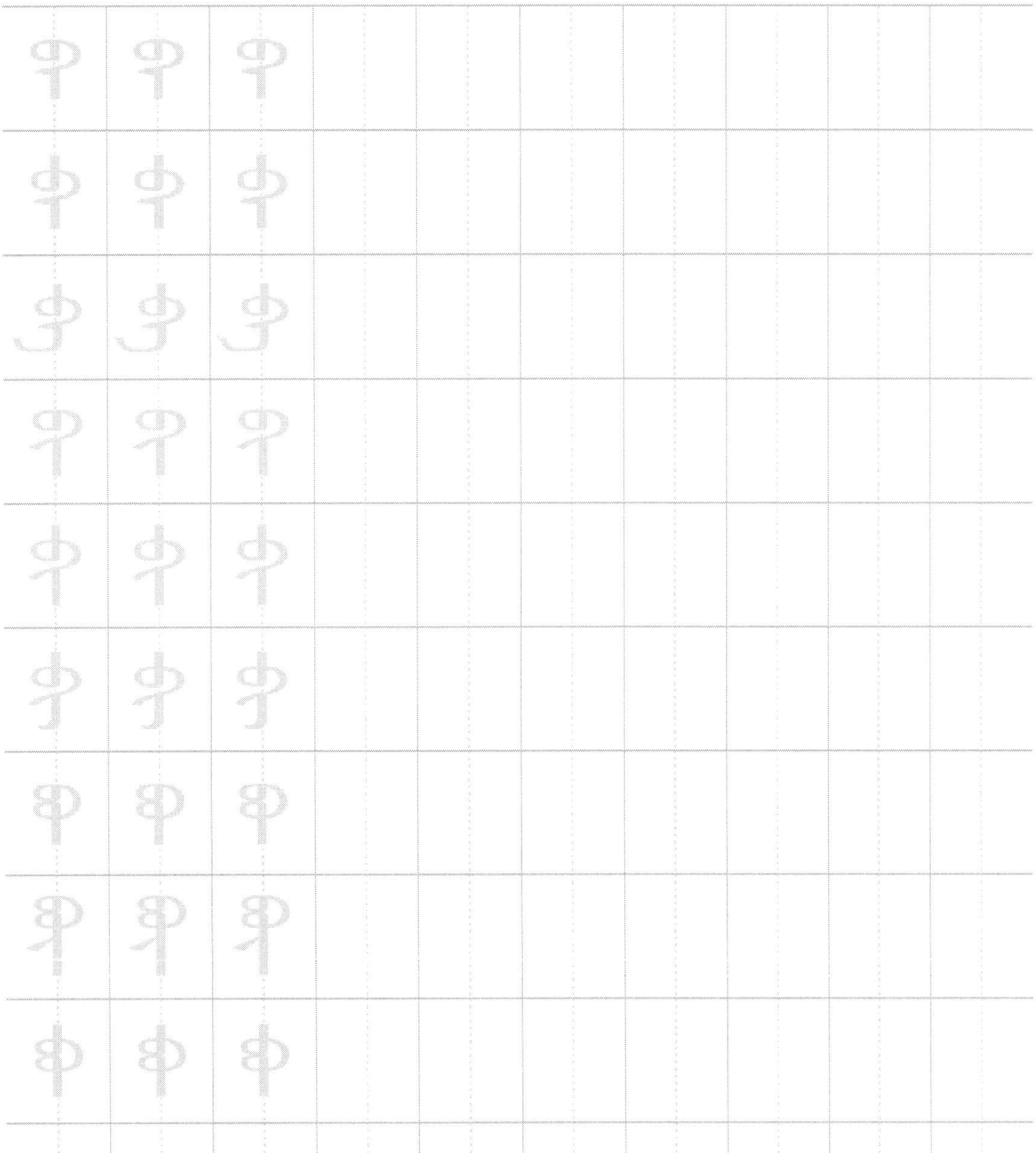

▶ **자음 b 모음에 따른 변화 필기체 연습하기**

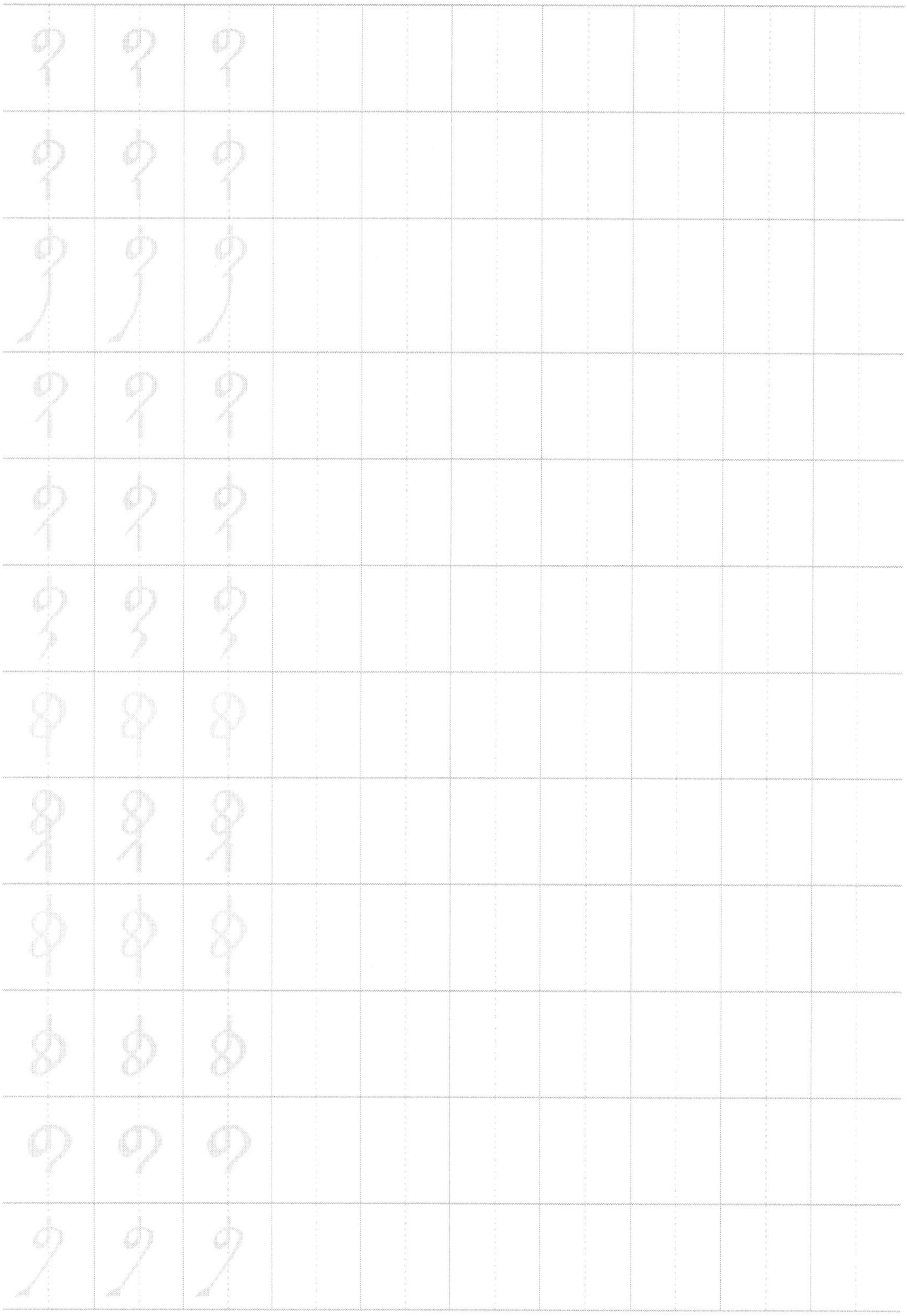

▶ **자음 b 새로운 단어**

전통몽골문	ᠪᠤᠢ	ᠠᠪᠤ	ᠪᠤᠤ	ᠪᠢ	ᠪᠠᠯ	ᠨᠢᠪᠣ	ᠥᠪ
라틴전사	bui	abu	buu	bi	bal	nibo	öb
키릴몽골문	буй	аав	буу	би	бал	нябо	өв
한국어	~있다	아버지	총	나	볼펜	경리	재산, 유산

전통몽골문	ᠪᠣᠣᠪᠤ	ᠪᠠᠢ	ᠪᠦᠦ	ᠪᠠᠷᠰ	ᠪᠡᠷᠢ	ᠪᠣᠷᠤ
라틴전사	boobu	bai	büü	bars	beri	boru
키릴몽골문	боов	бай	бүү	бар	бэр	бор
한국어	과자	과녁	~하지 마라	호랑이	며느리	갈색

▶ **자음 b 새로운 단어 연습하기**

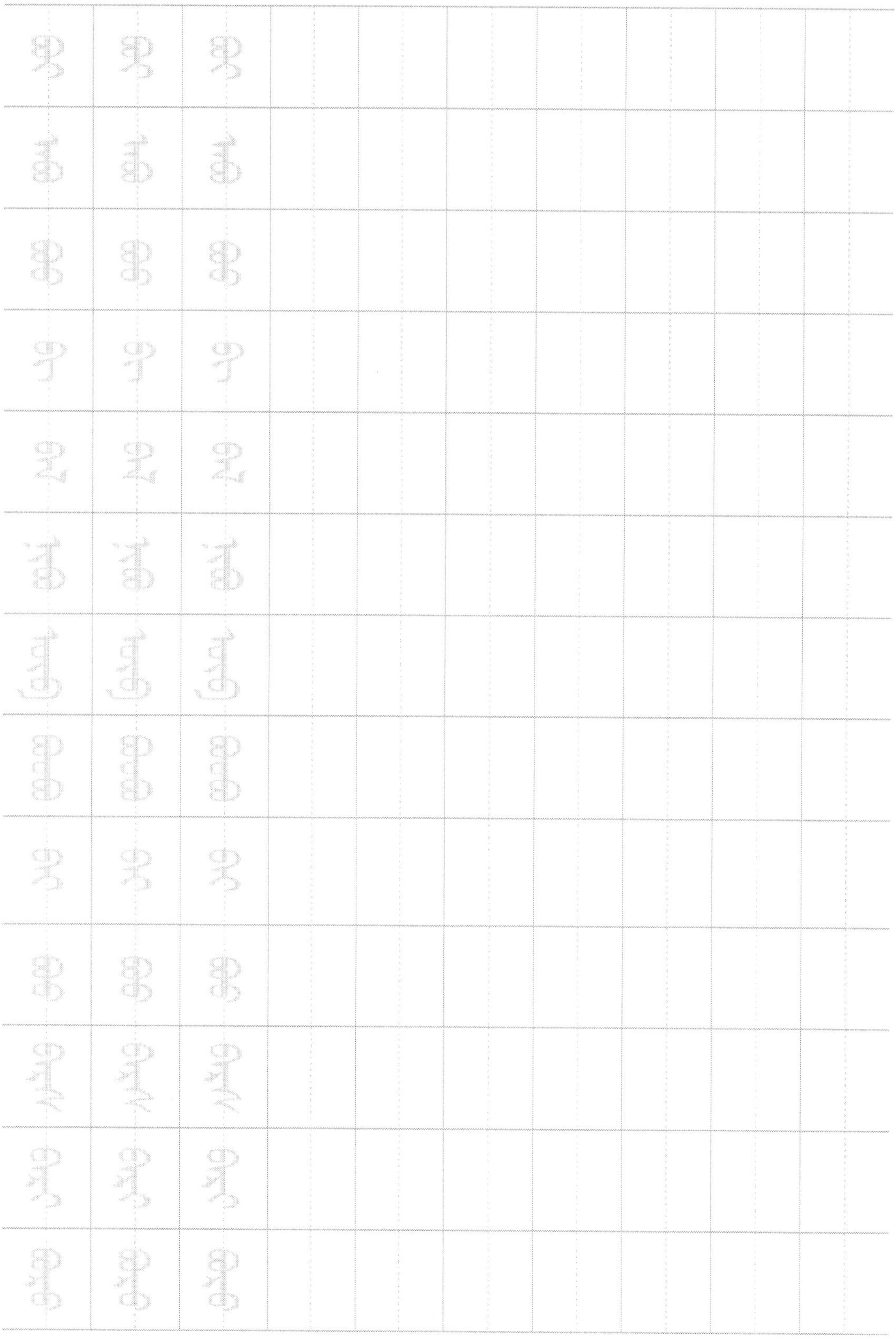

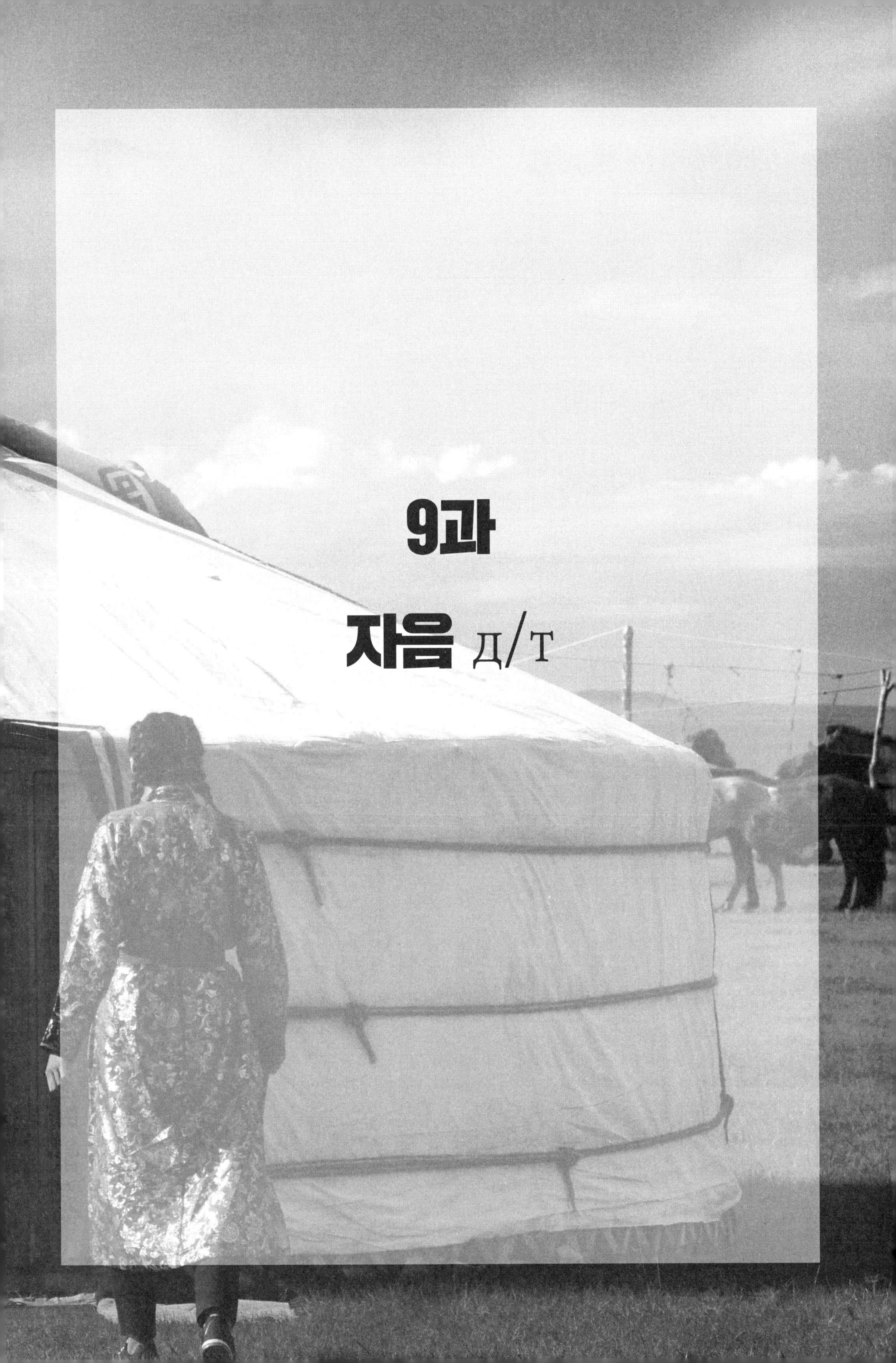

9과

자음 д/т

자음 d/t 전통몽골문 인쇄체

라틴전사	d	t
키릴몽골문	д/т	
어두	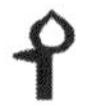	
어중	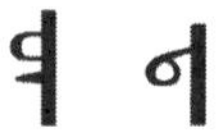	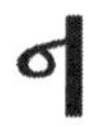
어말	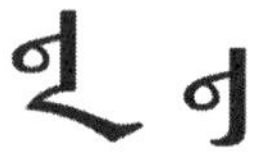	-

자음 d/t 전통몽골문 필기체

라틴전사	d	t
키릴몽골문	д/т	
어두	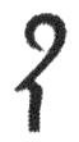	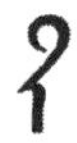
어중	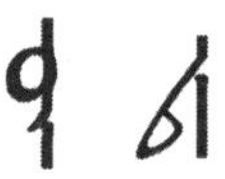	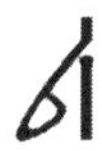
어말	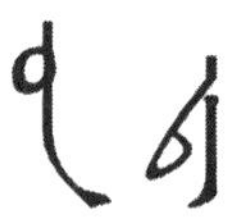	-

- 키릴몽골문 д/т는 전통몽골문 라틴전사로 d/t로 표기된다.
- 전통몽골문 d/t의 어두와 어중을 표기하는 문자 형태가 같다. 이 때문에 전통몽골문 d/t가 포함된 단어를 읽기 위해서는 해당 단어를 명확히 알아야 오류 없이 읽기가 가능하다.
- 전통몽골문 d/t의 어두 모양은 모두 콩나물이나 팽이버섯과 같이 머리 부분이 동그랗고 아래에 긴 줄기가 있는 듯한 형태이다.
- 전통몽골문 d/t의 어중 모양은 모두 나무줄기 중간에 열매가 달려 있는 듯한 형태이다.
- 전통몽골문 t의 어말 형태는 존재하지 않는다.

▶ **자음 d/t 인쇄체 연습하기**

▶ **자음 d/t 필기체 연습하기**

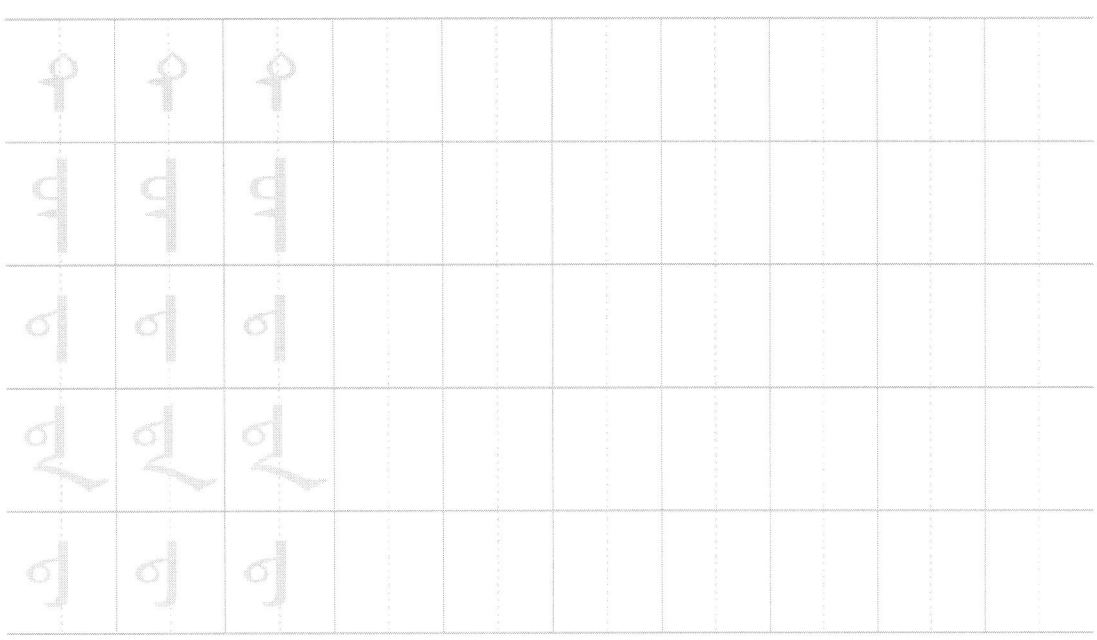

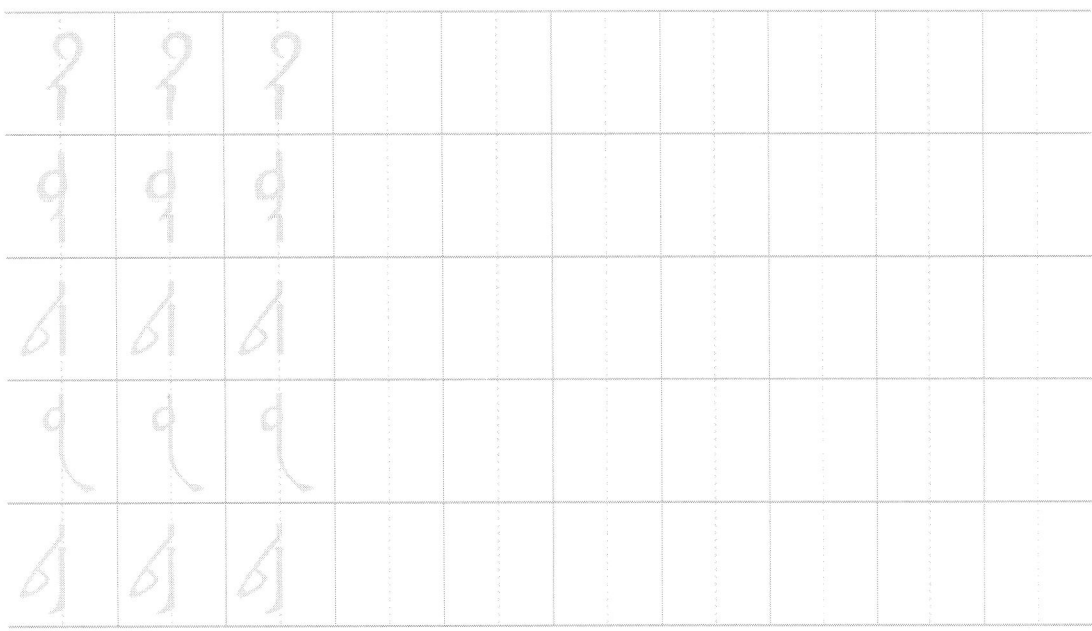

▶ **자음 d/t 모음에 따른 변화**

라틴전사		da/de	ta/te	di/ti	do/du	to/tu	dö/dü	tö/tü
키릴몽골문		да/дэ	та/тэ	ди/ти	до/ду	то/ту	дө/дү	тө/тү
어두		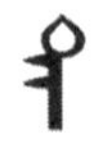			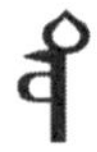		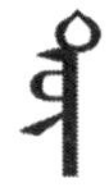	
어중	기본자	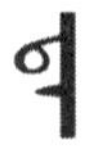		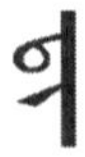	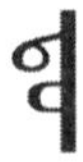			
어중	받침자	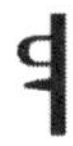 (자음 d만 받침자 존재)						
어말	기본자	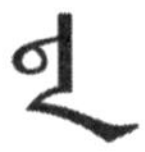		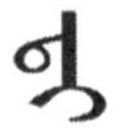	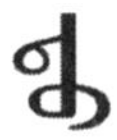			
어말	받침자	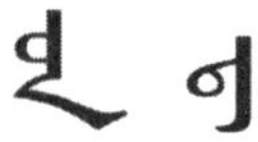 (자음 d만 받침자 존재)						

라틴전사		da/de	ta/te	di/ti	do/du	to/tu	dö/dü	tö/tü
키릴몽골문		да/дэ	та/тэ	ди/ти	до/ду	то/ту	дө/дү	тө/тү
어두		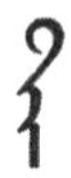		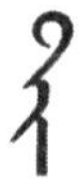	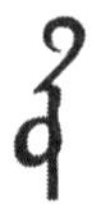		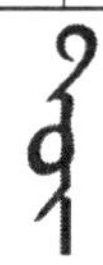	
어중	기본자	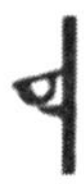		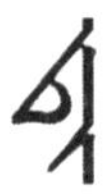	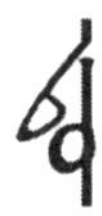			
어중	받침자	 (자음 d만 받침자 존재)						
어말	기본자	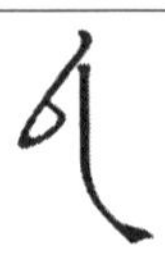		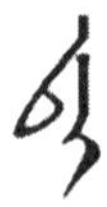	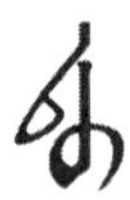			
어말	받침자	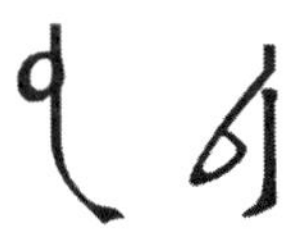 (자음 d만 받침자 존재)						

▶ **자음 d/t 모음에 따른 변화 인쇄체 연습하기**

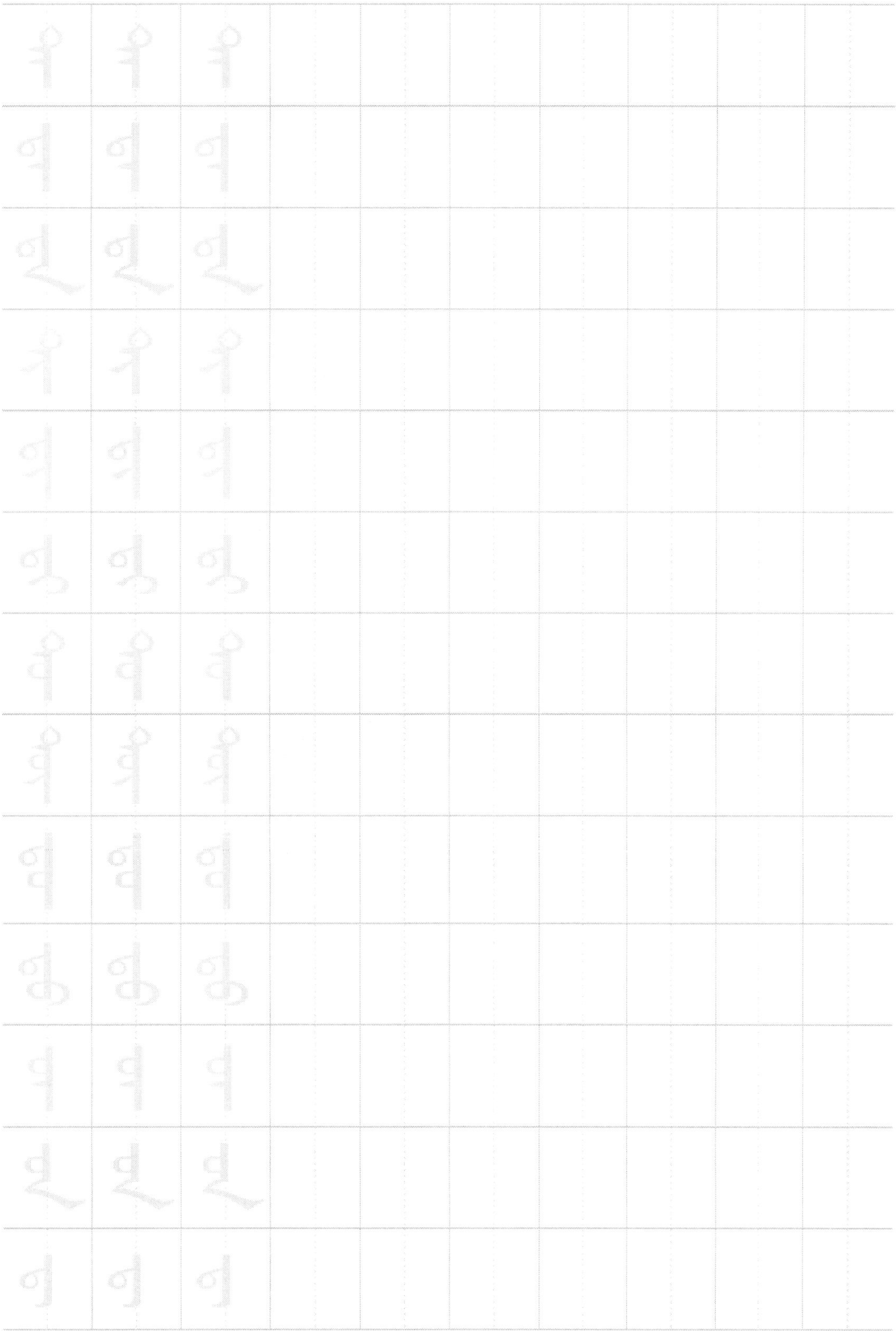

▶ 자음 d/t 모음에 따른 변화 필기체 연습하기

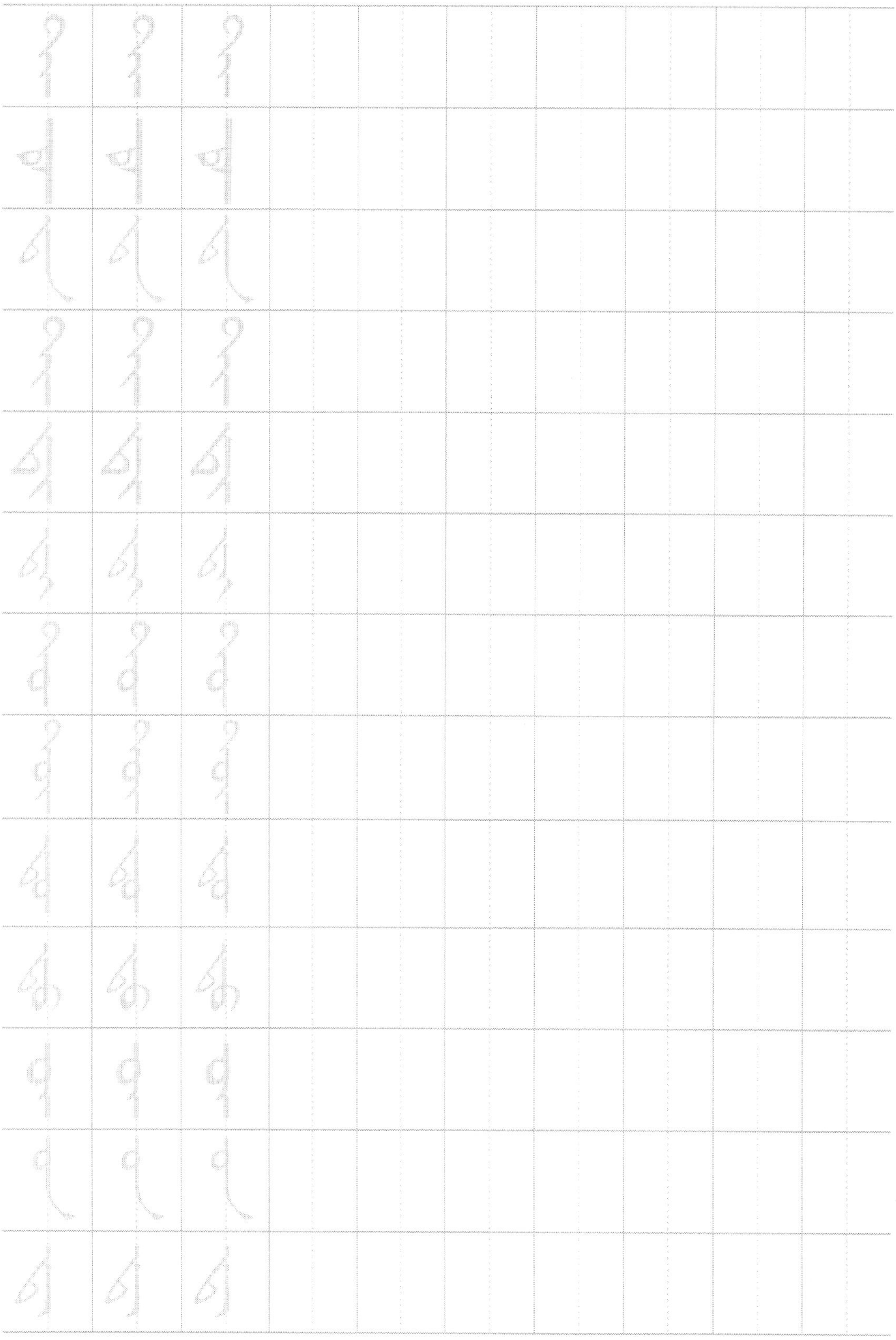

▶ 자음 d/t 새로운 단어

전통몽골문	ᠲᠥᠮᠦᠰᠦ	ᠲᠣᠯᠢ	ᠲᠠᠤᠯᠠᠢ	ᠲᠣᠣᠷ	ᠤᠲᠠᠰᠤ	ᠲᠠᠪᠢ	ᠲᠠᠪᠤ
라틴전사	tömüsü	toli	taulai	toor	utasu	tabi	tabu
키릴몽골문	төмс	толь	туулай	тоор	утас	тавь	тав
한국어	감자	거울	토끼	복숭아	전화	50(오십)	5(오)

전통몽골문	ᠪᠣᠲᠢ	ᠣᠶᠤᠲᠠᠨ	ᠲᠥᠪ	ᠲᠠ	ᠪᠠᠲᠤ	ᠡᠳ	ᠳᠡᠳ
라틴전사	boti	oyutan	töb	ta	batu	ed	ded
키릴몽골문	боть	оюутан	төв	та	Бат	эд	дэд
한국어	~권	대학생	중심	당신	바트(人名)	물건	제2의, 부

▶ 자음 d/t 새로운 단어 연습하기

10과

자음 х, 자음 г, 자음 нг

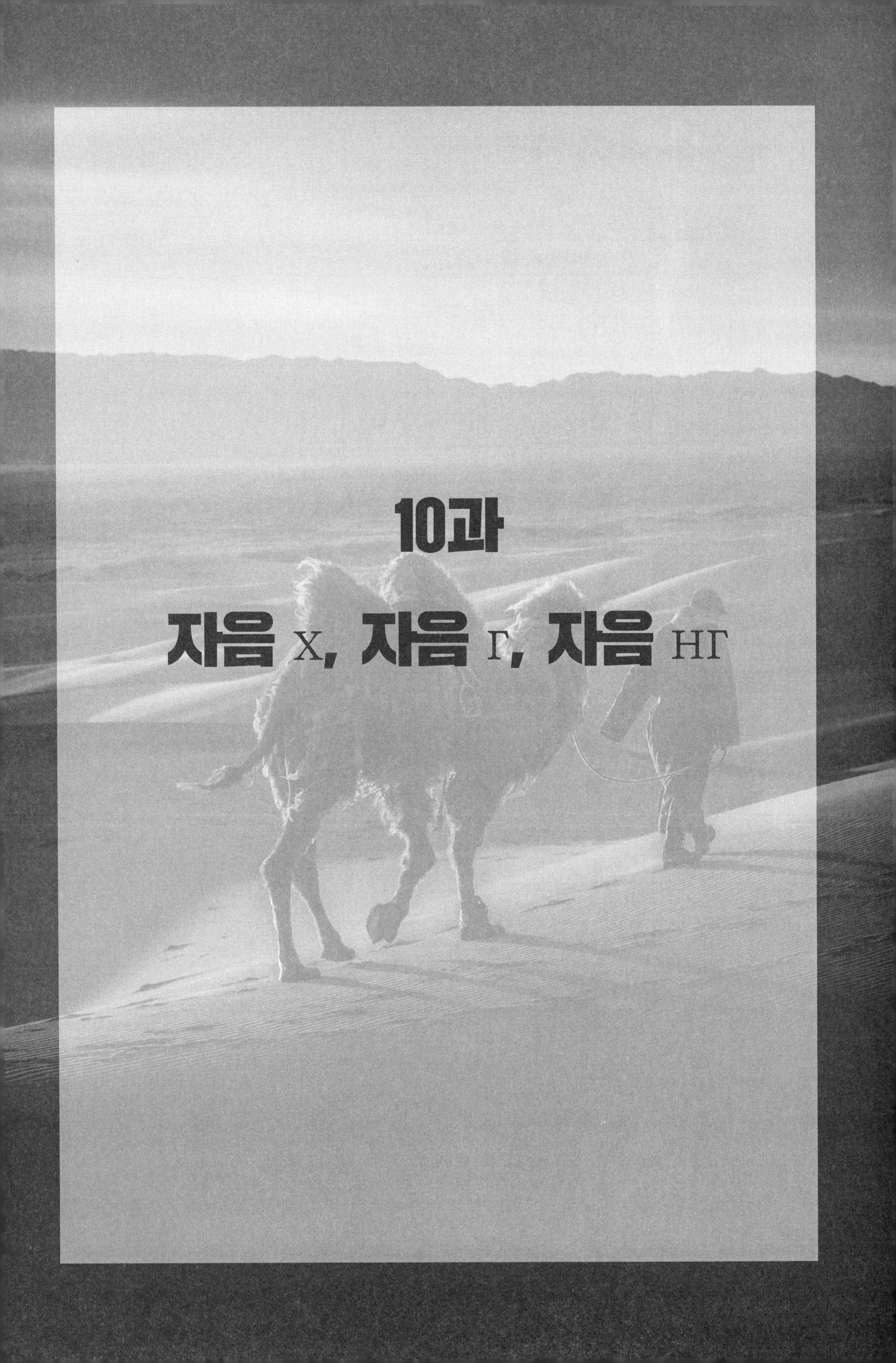

자음 q/k와 자음 γ/g 인쇄체

라틴전사	q	k	γ	g
키릴몽골문	x		г	
어두			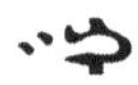	
어중	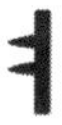	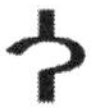	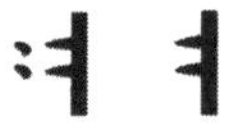	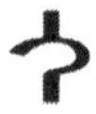
어말	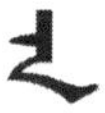	–	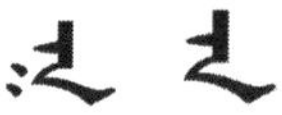	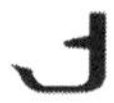

자음 q/k와 자음 γ/g 필기체

라틴전사	q	k	γ	g
키릴몽골문	x		г	
어두	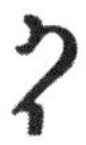	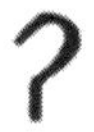	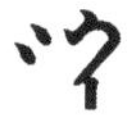	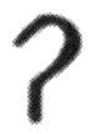
어중	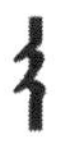	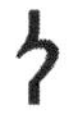	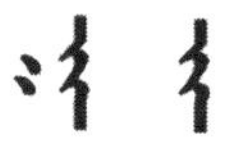	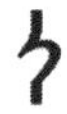
어말	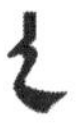	–	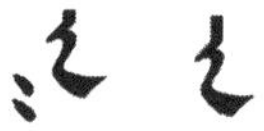	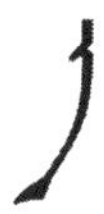

자음 q/k 전통몽골문 인쇄체

라틴전사	q	k
키릴몽골문	x	
어두		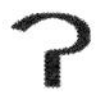
어중	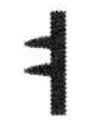	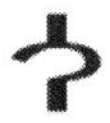
어말	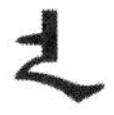	-

자음 q/k 전통몽골문 필기체

라틴전사	q	k
키릴몽골문	x	
어두	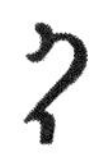	
어중	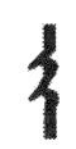	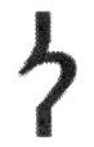
어말	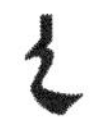	-

- 전통몽골문의 자음 k는 자음 g와 형태가 같다. 키릴몽골문에서는 x 또는 г로 표시되는데, k와 g는 어떤 단어의 의미로 쓰이는가에 따라 다르게 읽힌다. 이를 구분해서 판단하기 위해서는 해당 단어를 명확하게 알아야 한다.
- 전통몽골문 k는 e, i, ö, ü 음성모음에만 결합한다. ke, ki, kö, kü의 형태로, 키릴몽골문 xэ, xи, xө, xү에 해당한다.
- 전통몽골문 자음 k의 단독 어말 형태는 존재하지 않는다.
- 전통몽골문 q는 a, o, u 양성모음에서만 결합한다. qa, qo, qu의 형태로, 키릴몽골문 xa, xo, xy에 해당한다.
- 전통몽골문 qa의 어중 모양은 슈드가 연속해서 세 번 나오기 때문에 주의해야 한다.

▶ 자음 q/k 인쇄체 연습하기

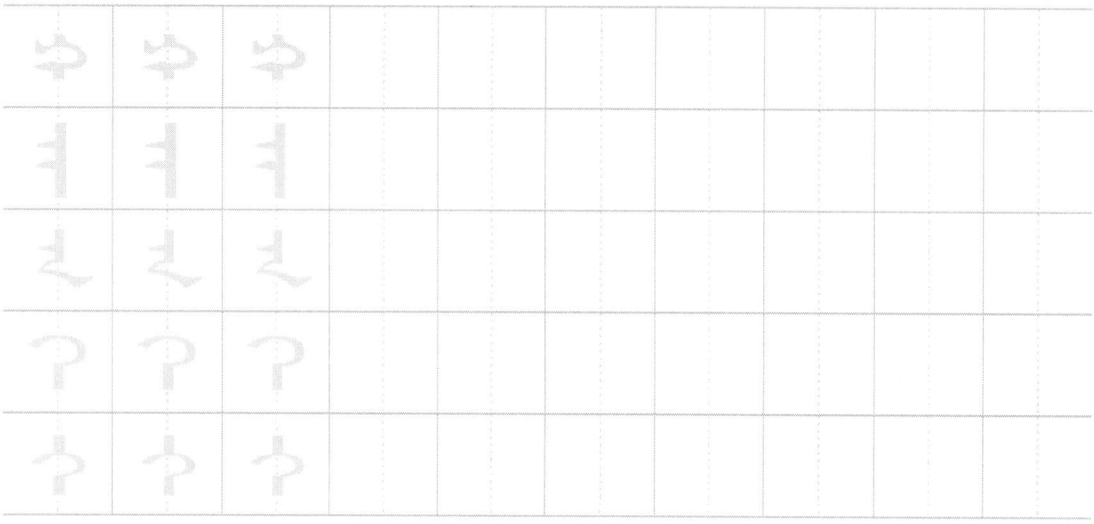

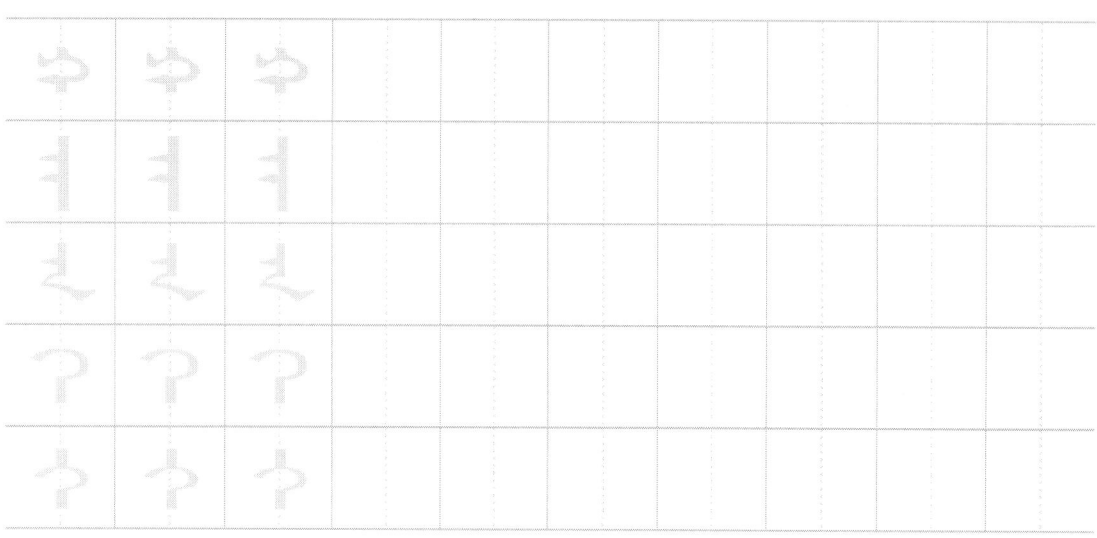

▶ 자음 q/k 필기체 연습하기

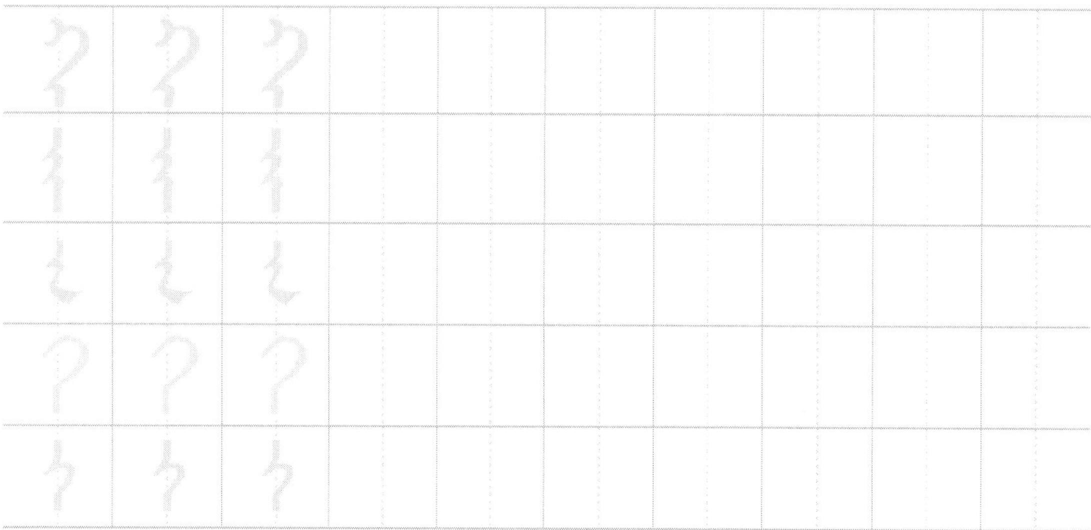

▶ 자음 q/k 모음에 따른 변화

라틴전사		qa	ke	ki	qo	qu	kö	kü
키릴몽골문		xa	xэ	xи	xo	xy	xө	xү
어두		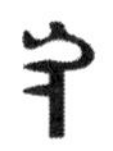	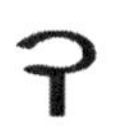	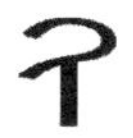	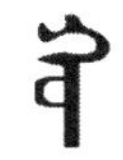		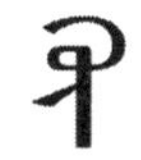	
어중	기본자	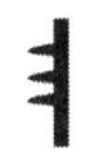	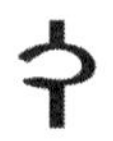	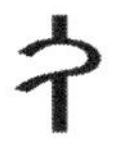	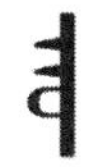		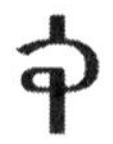	
	받침자				–			
어말	기본자	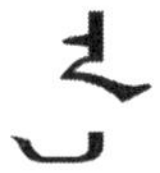	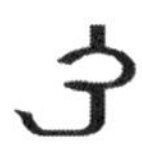	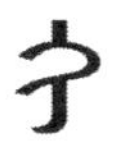	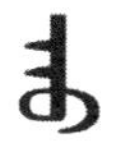		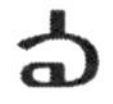	
	받침자				–			

라틴전사		qa	ke	ki	qo	qu	kö	kü
키릴몽골문		xa	xэ	xи	xo	xy	xө	xү
어두		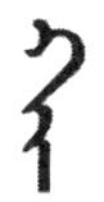	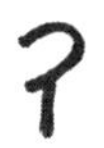	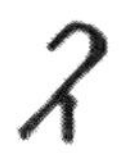	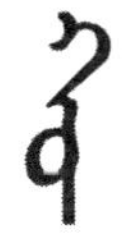		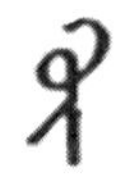	
어중	기본자	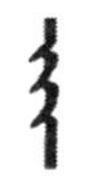	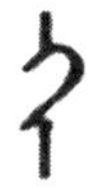	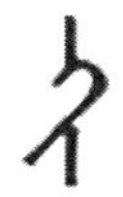	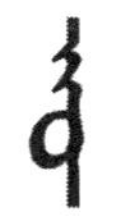		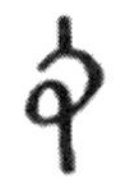	
	받침자				–			
어말	기본자	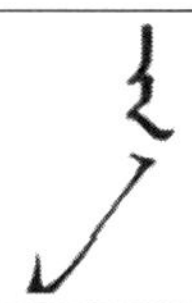	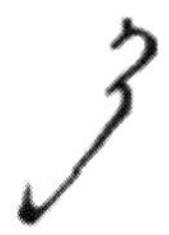	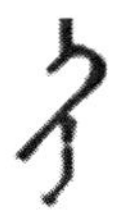	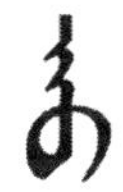		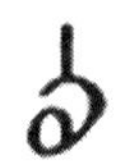	
	받침자				–			

▶ **자음 q/k 모음에 따른 변화 인쇄체 연습하기**

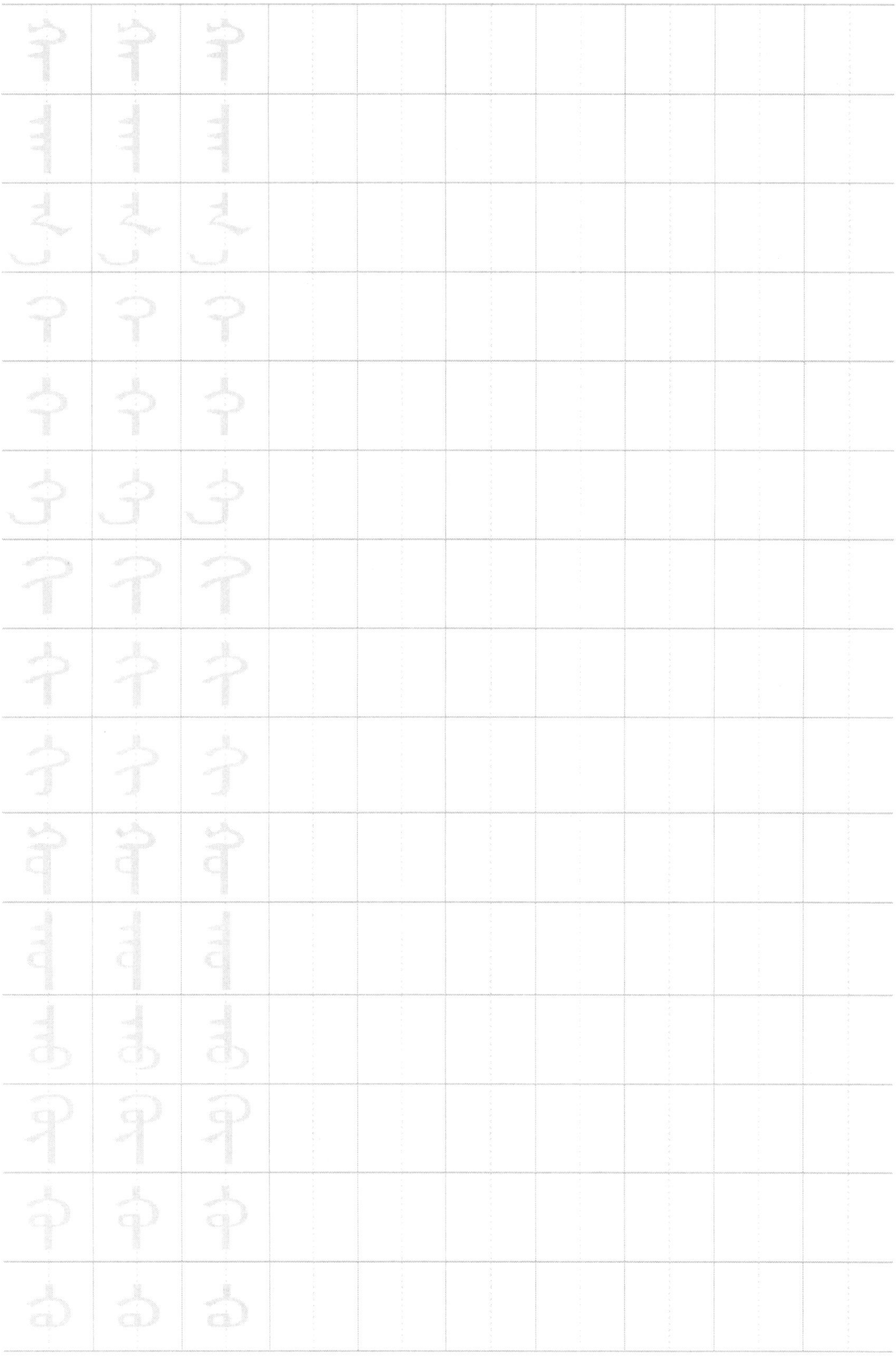

▶ 자음 q/k 모음에 따른 변화 필기체 연습하기

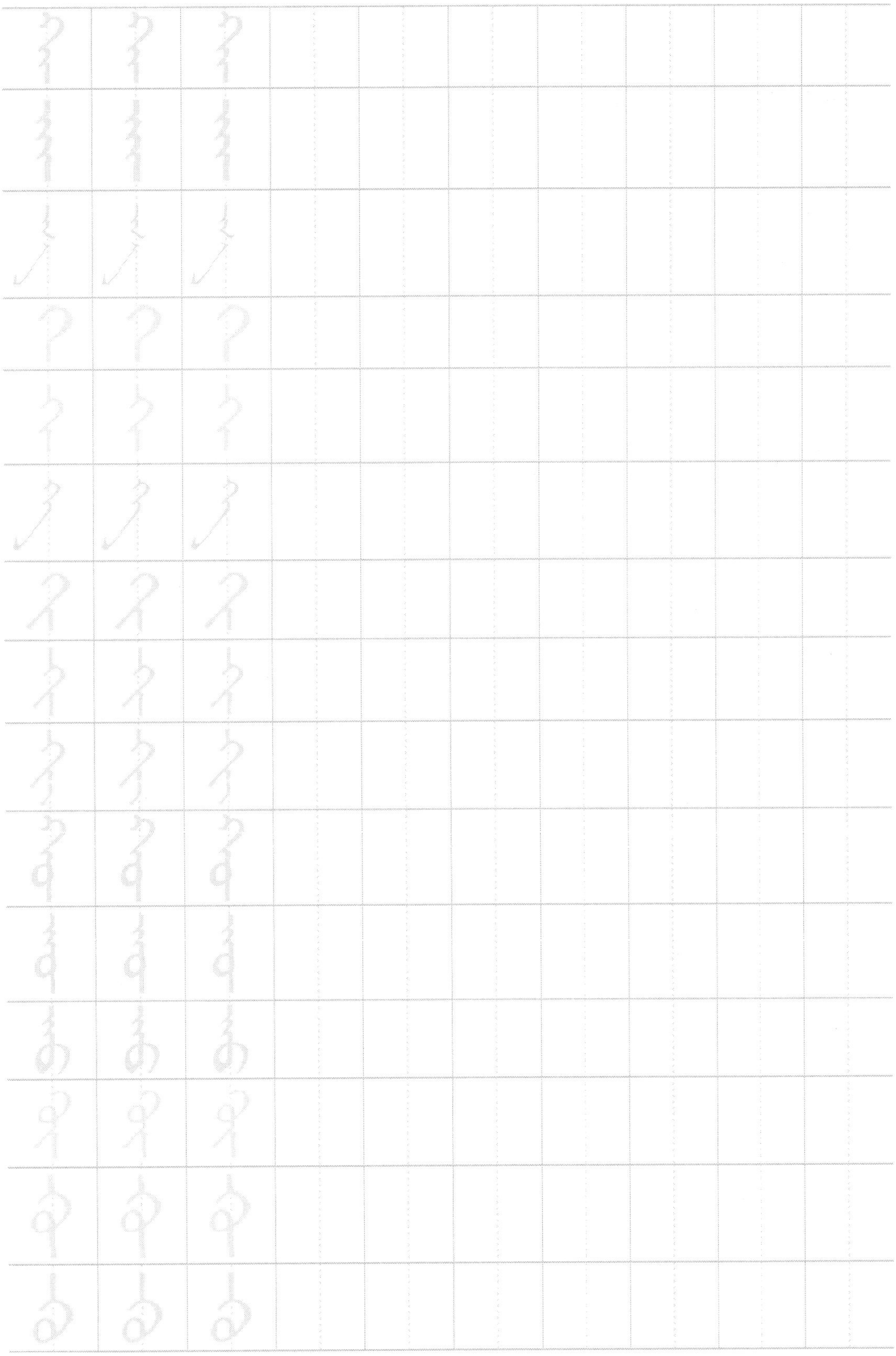

▶ 자음 q/k 새로운 단어

전통몽골문	ᠬᠡᠨ	ᠬᠥᠯ	ᠬᠥᠬᠡ	ᠨᠡᠮᠡᠬᠦ	ᠮᠡᠯᠡᠬᠡᠢ	ᠬᠡᠯᠡ	ᠬᠡ	ᠬᠢᠯᠢ
라틴전사	ken	köl	köke	nemekü	melekei	kele	ke	kili
키릴몽골문	хэн	хөл	хөх	нэмэх	мэлхий	хэл	хээ	хил
한국어	누구	발	푸른	더하다	개구리	혀	문양	경계, 국경

전통몽골문	ᠬᠠᠨᠢ	ᠠᠬ᠎ᠠ	ᠬᠣᠨᠢ	ᠮᠢᠬ᠎ᠠ	ᠢᠮᠠᠭ᠎ᠠ	ᠬᠤᠯᠤᠭᠠᠨ᠎ᠠ	ᠨᠠᠮᠬᠠᠨ	ᠬᠠᠤᠯᠢ
라틴전사	qani	aq-a	qoni	miq-a	imaγ-a	quluγan-a	namqan	qauli
키릴몽골문	хань	ах	хонь	мах	ямаа	хулгана	намхан	хууль
한국어	배우자	형, 오빠	양(羊)	고기	염소	쥐	낮은	법

전통몽골문	ᠨᠦᠬᠡ	ᠣᠬᠢ	ᠬᠠᠨ᠎ᠠ	ᠬᠦᠦ	ᠪᠥᠬᠡ	ᠦᠬᠦᠬᠦ	ᠬᠠᠷᠠᠬᠤ	ᠡᠬᠡ
라틴전사	nüke	oki	qan-a	küü	böke	ükükü	qaraqu	eke
키릴몽골문	нүх	охь	хана	хүү	бөх	үхэх	харах	эх
한국어	구멍	본질	벽	아들	씨름	죽다	보다	모친

▶ 자음 q/k 새로운 단어 연습하기 1

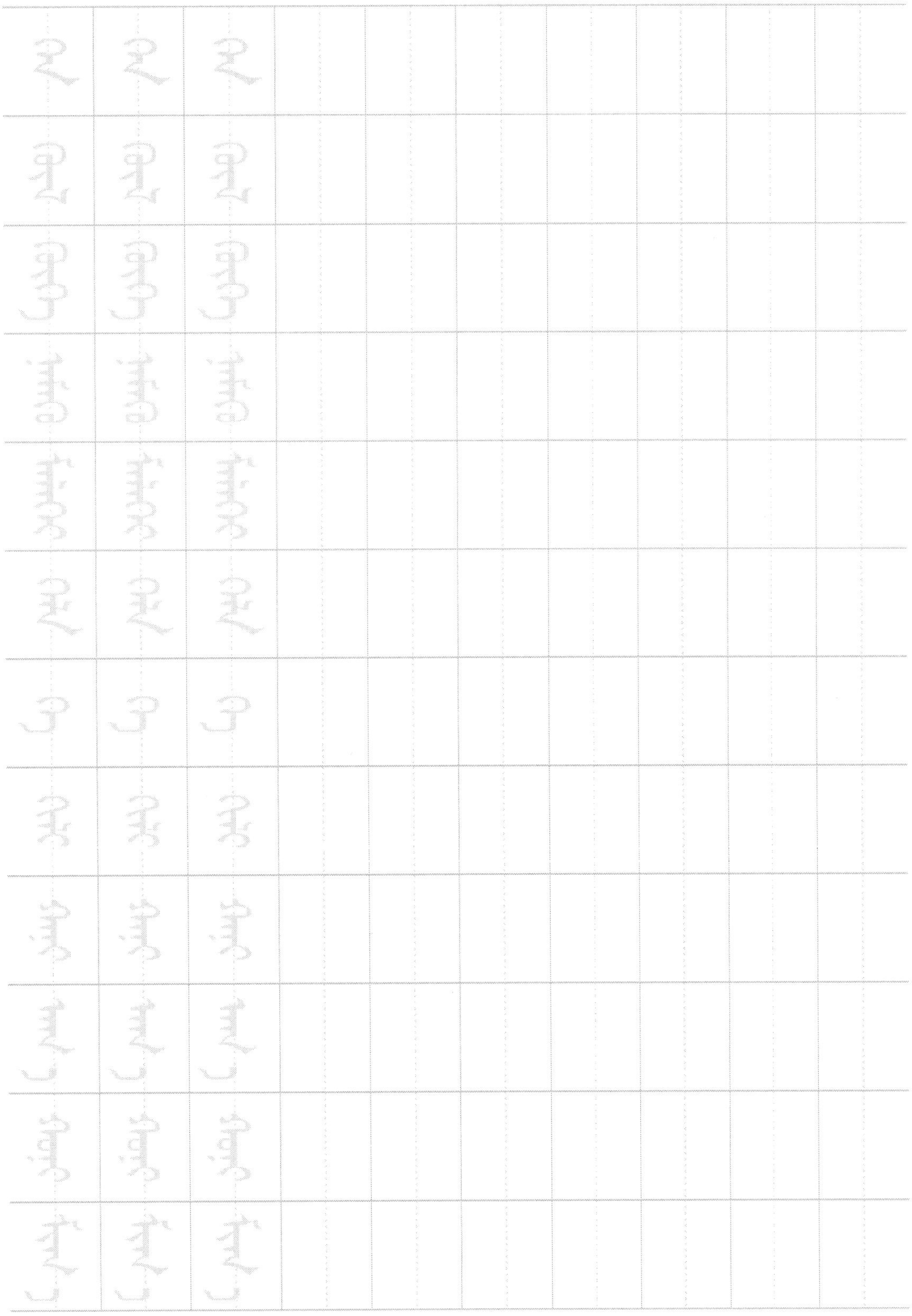

▶ 자음 q/k 새로운 단어 연습하기 2

자음 γ/g 전통몽골문 인쇄체

라틴전사	γ	g
키릴몽골문	г	
어두	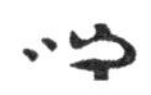	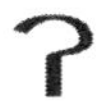
어중	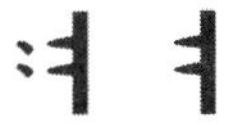	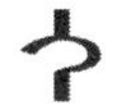
어말	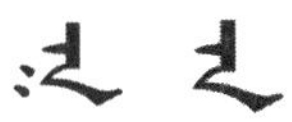	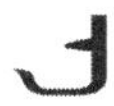

자음 γ/g 전통몽골문 필기체

라틴전사	γ	g
키릴몽골문	г	
어두	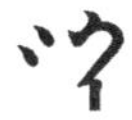	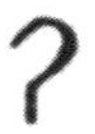
어중	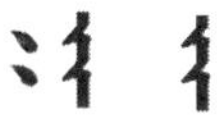	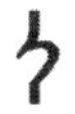
어말	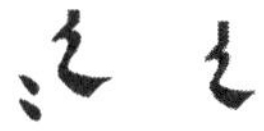	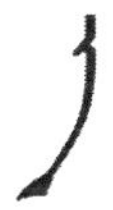

- 키릴몽골문 г는 현대몽골어에서는 г 하나로 표기하지만, 전통몽골문에서는 양성과 음성 두 개로 표기한다.
- 전통몽골문에서 양성의 단어에 결합될 때는 γ로, 음성의 단어에 결합될 때는 g로 표기한다.
- 양성의 단어에 결합될 때 γ는 어말에서 받침으로 사용되는데, 이때 슈드 왼쪽에 점 두 개를 찍어 표기하지만 그렇지 않은 경우도 있다. 음성의 단어에 결합되는 g는 점 없이 표기한다.

▶ **자음 γ/g 인쇄체 연습하기**

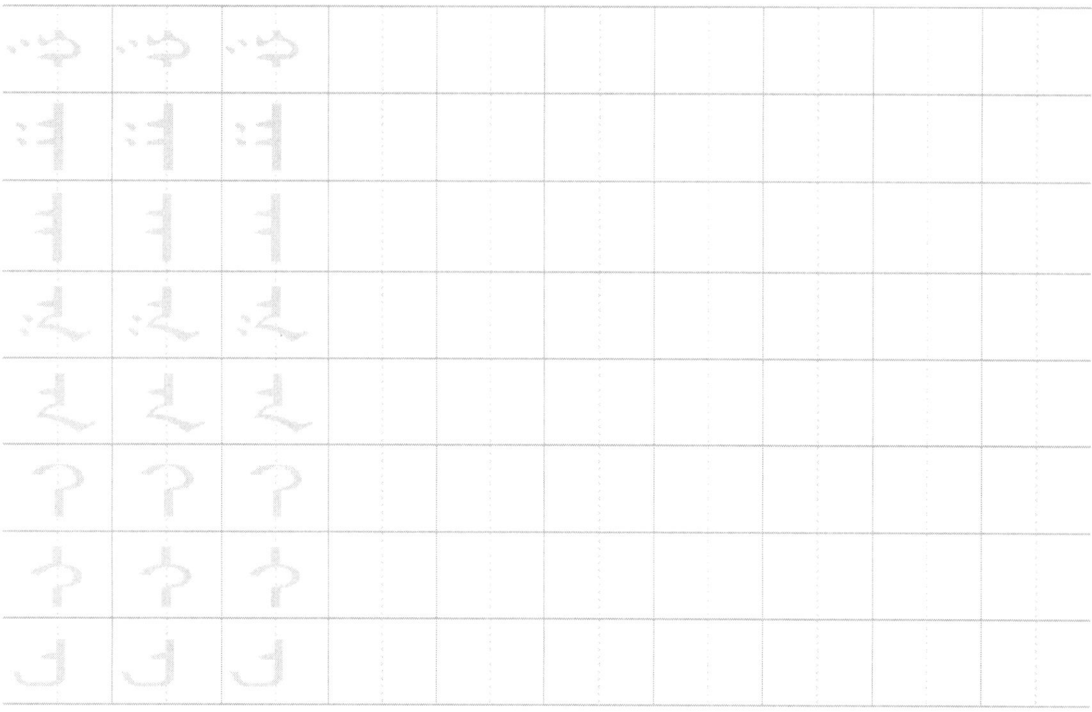

▶ **자음 γ/g 필기체 연습하기**

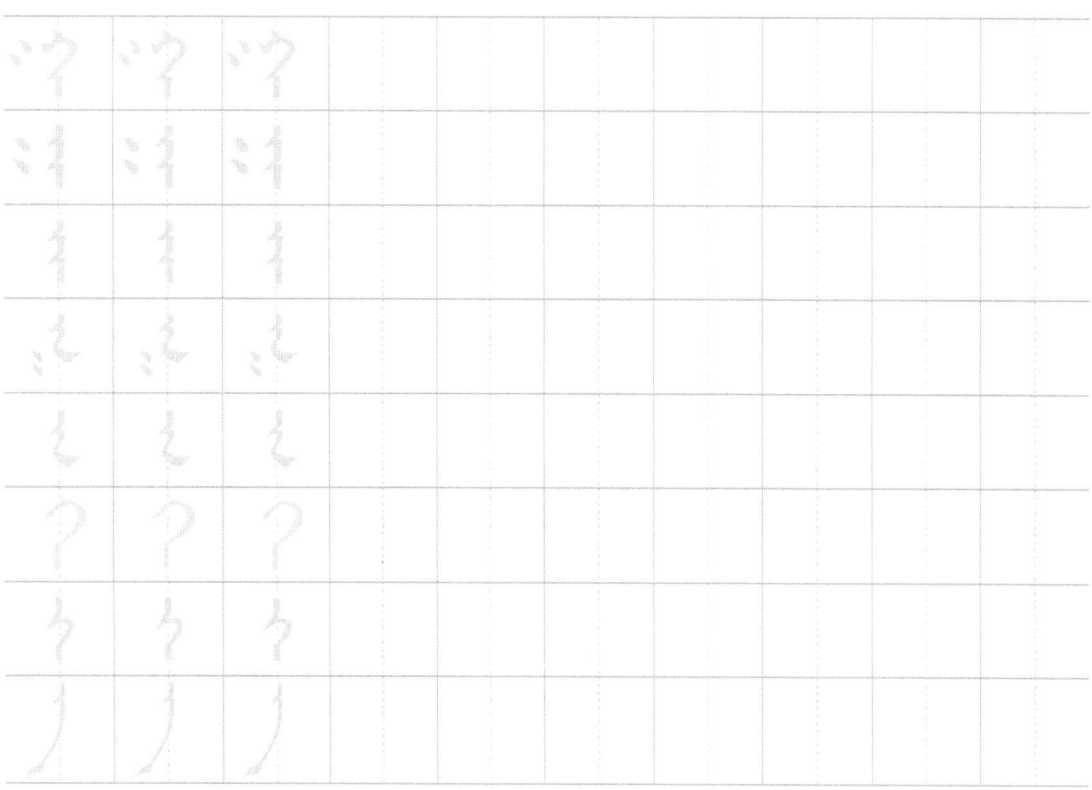

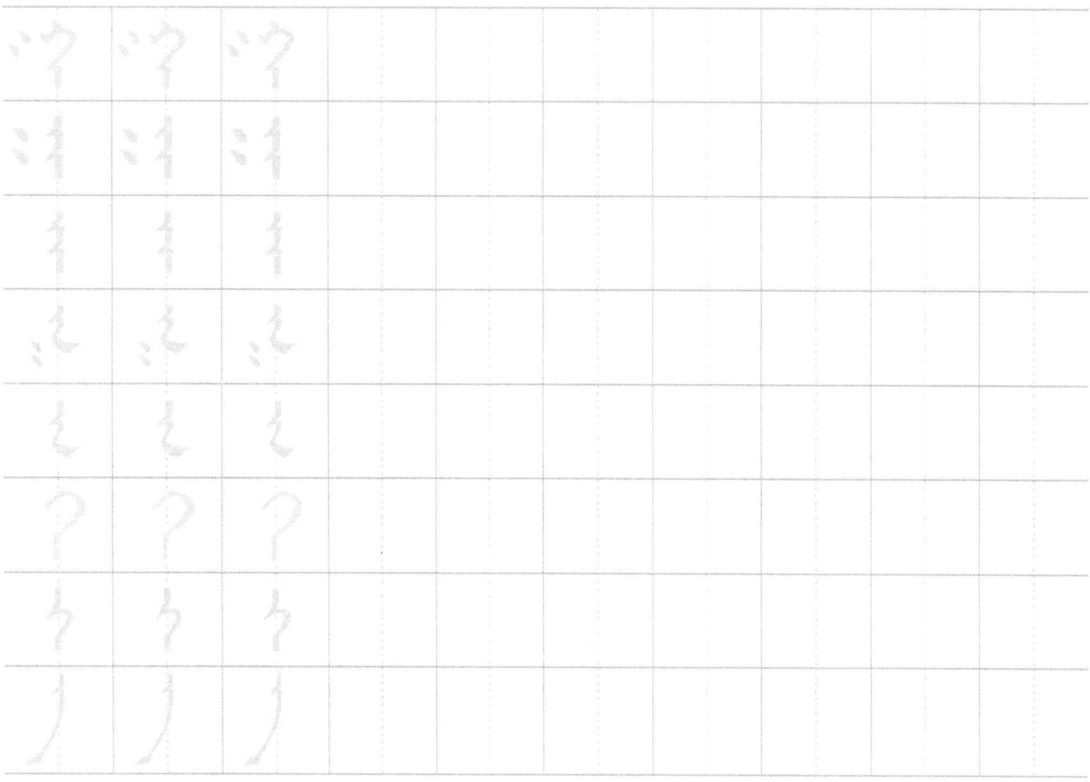

▶ 자음 γ/g 모음에 따른 변화

라틴전사		γa	ge	gi	γo	γu	gö	gü
키릴몽골문		га	гэ	ги	го	гу	гө	гү
어두		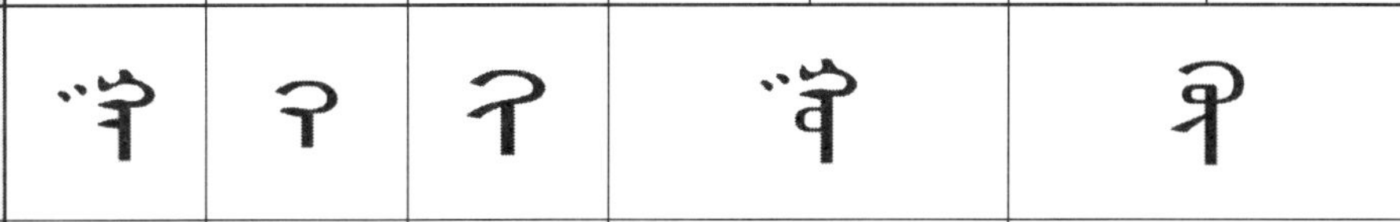						
어중	기본자	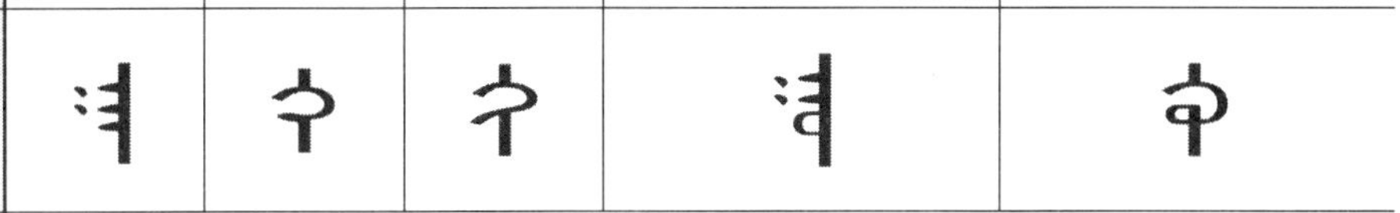						
	받침자	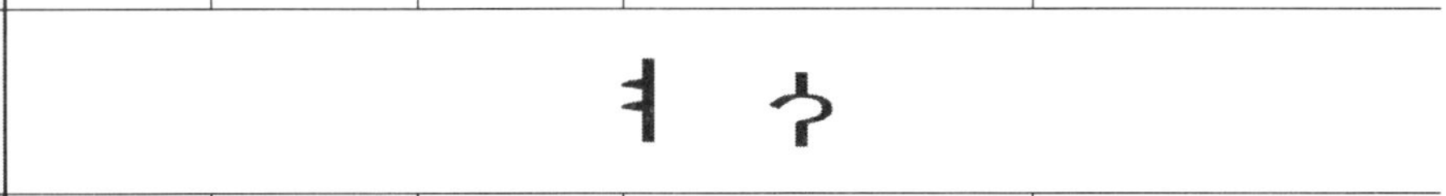						
어말	기본자	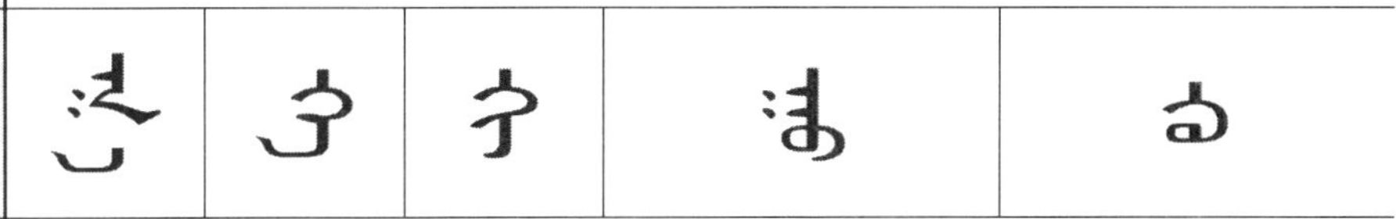						
	받침자	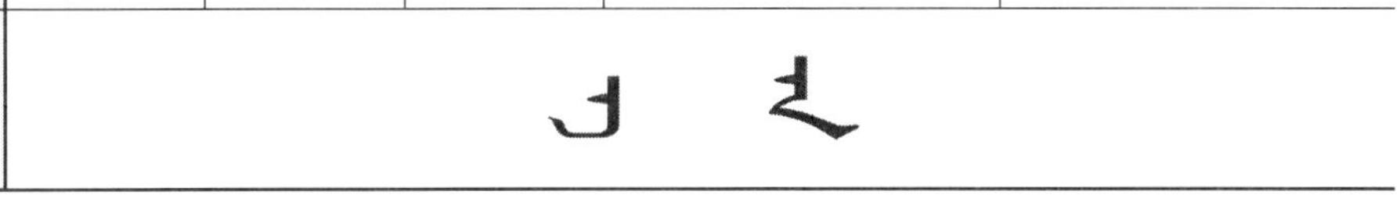						

라틴전사		γa	ge	gi	γo	γu	gö	gü
키릴몽골문		га	гэ	ги	го	гу	гө	гү
어두		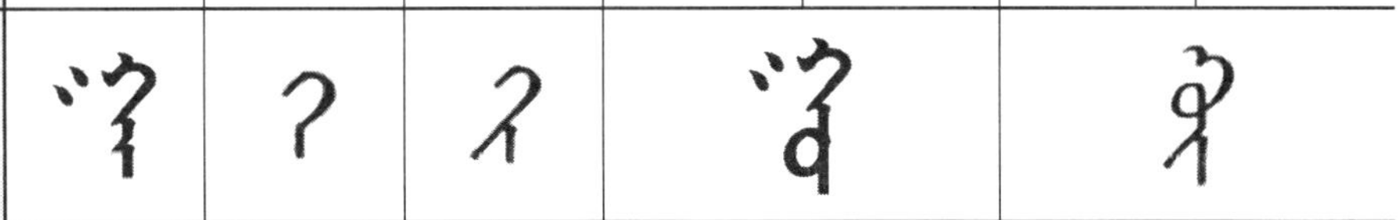						
어중	기본자	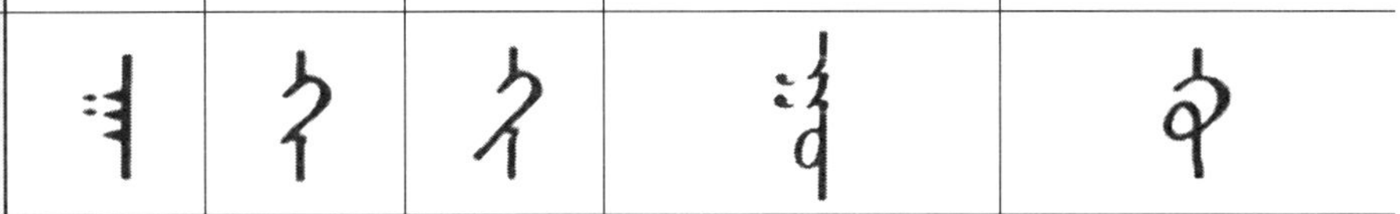						
	받침자	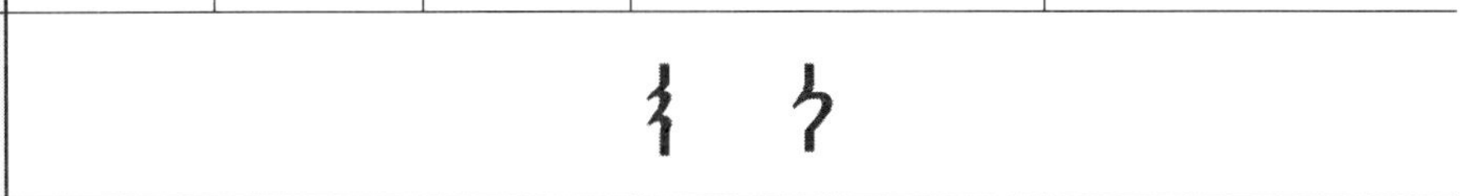						
어말	기본자	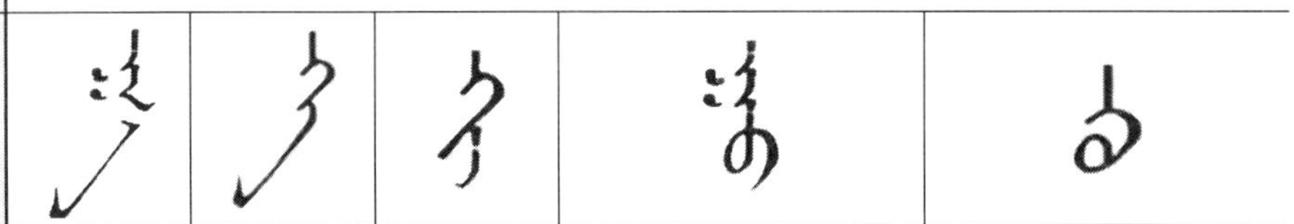						
	받침자	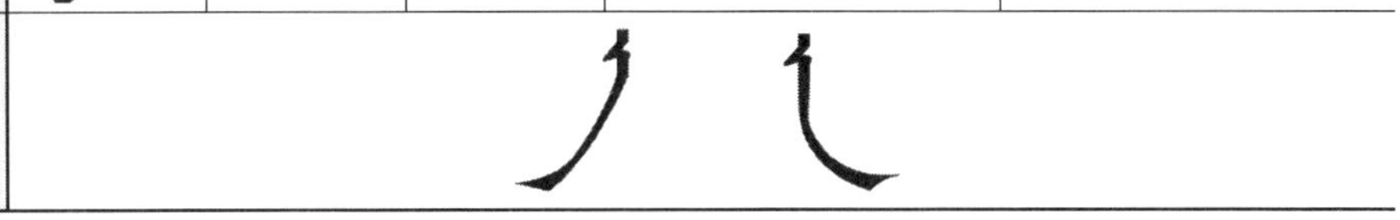						

▶ 자음 γ/g 모음에 따른 변화 인쇄체 연습하기 1

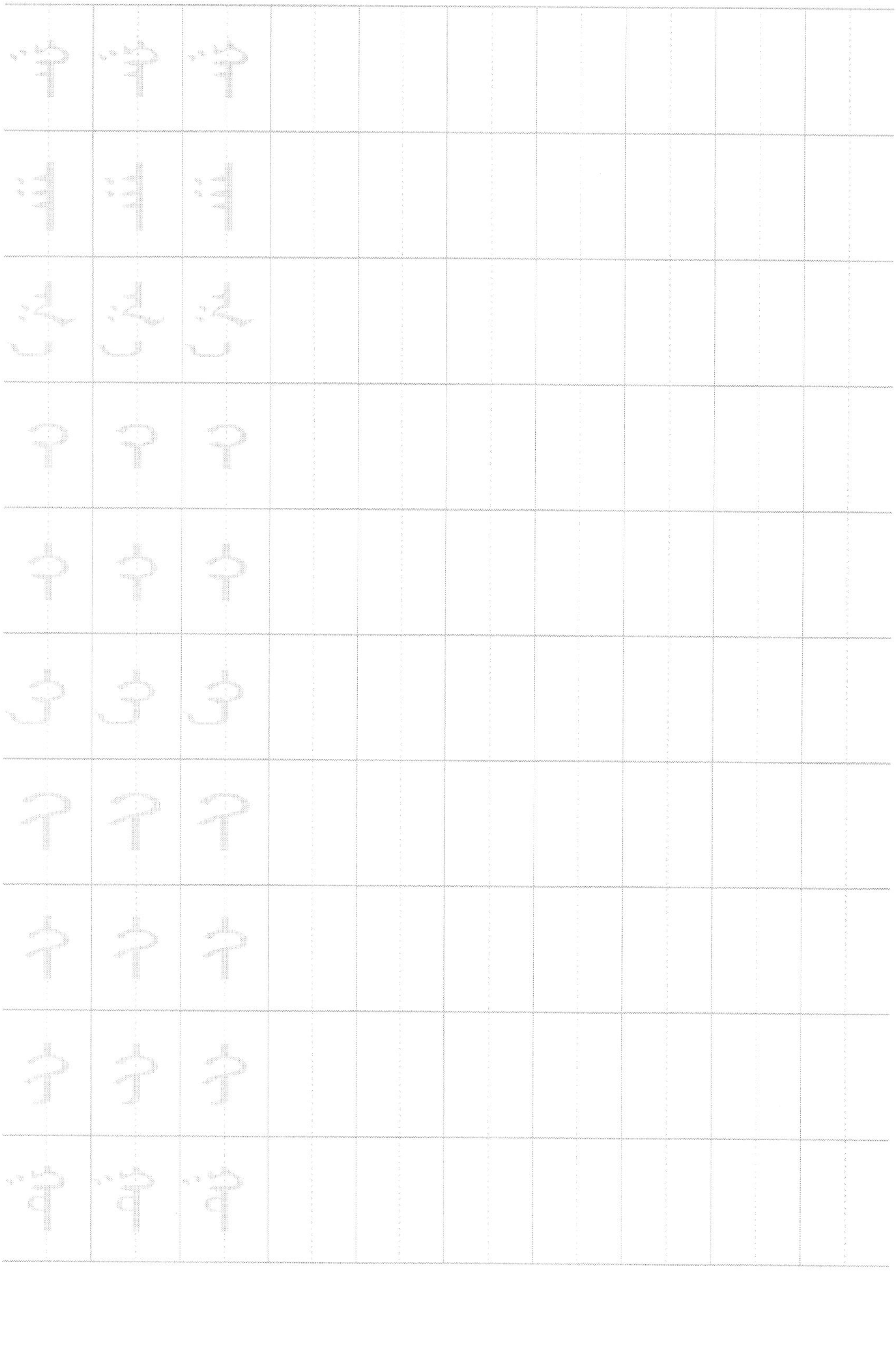

▶ 자음 γ/g 모음에 따른 변화 인쇄체 연습하기 2

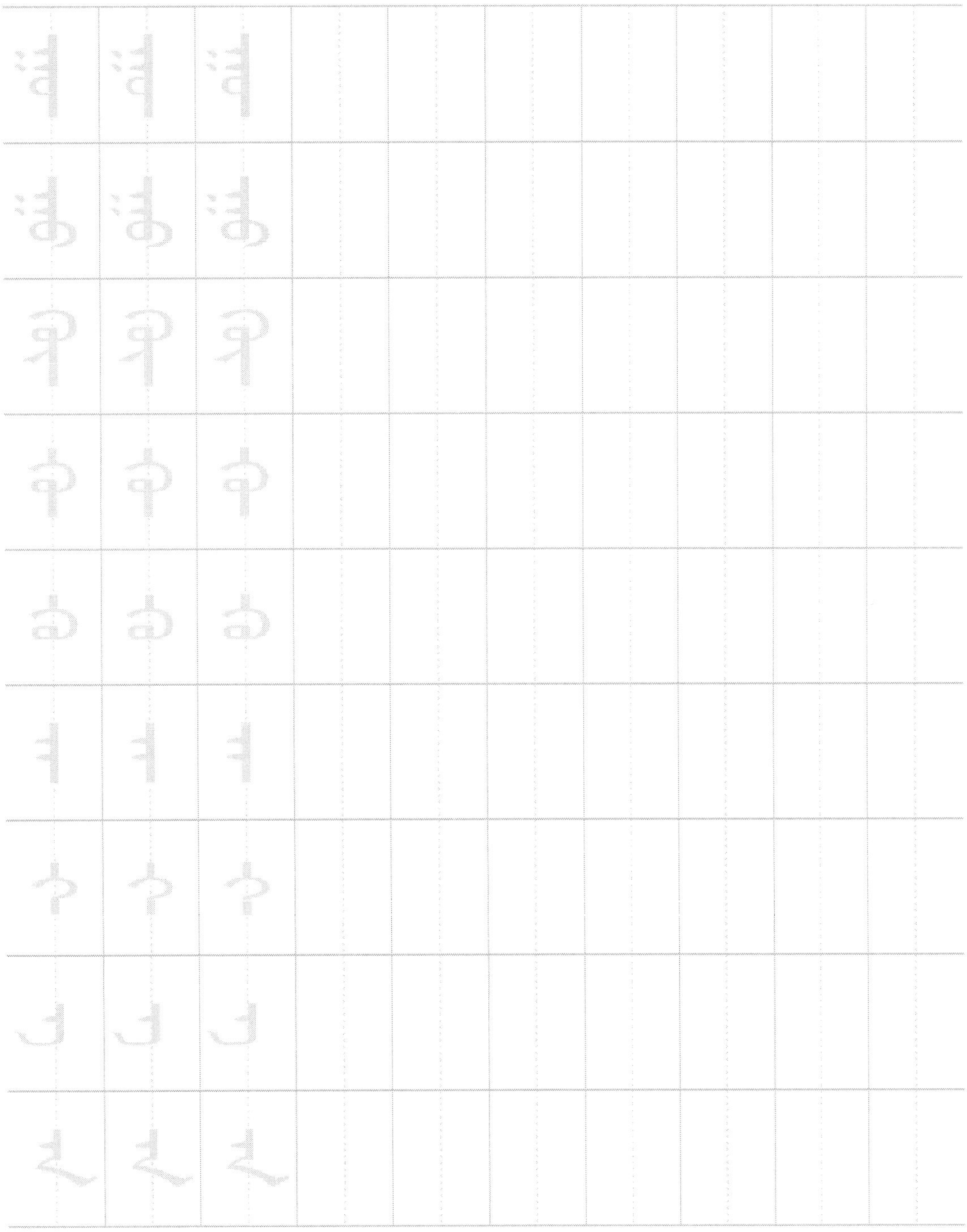

▶ **자음 γ/g 모음에 따른 변화 필기체 연습하기 1**

▶ **자음 γ/g 모음에 따른 변화 필기체 연습하기 2**

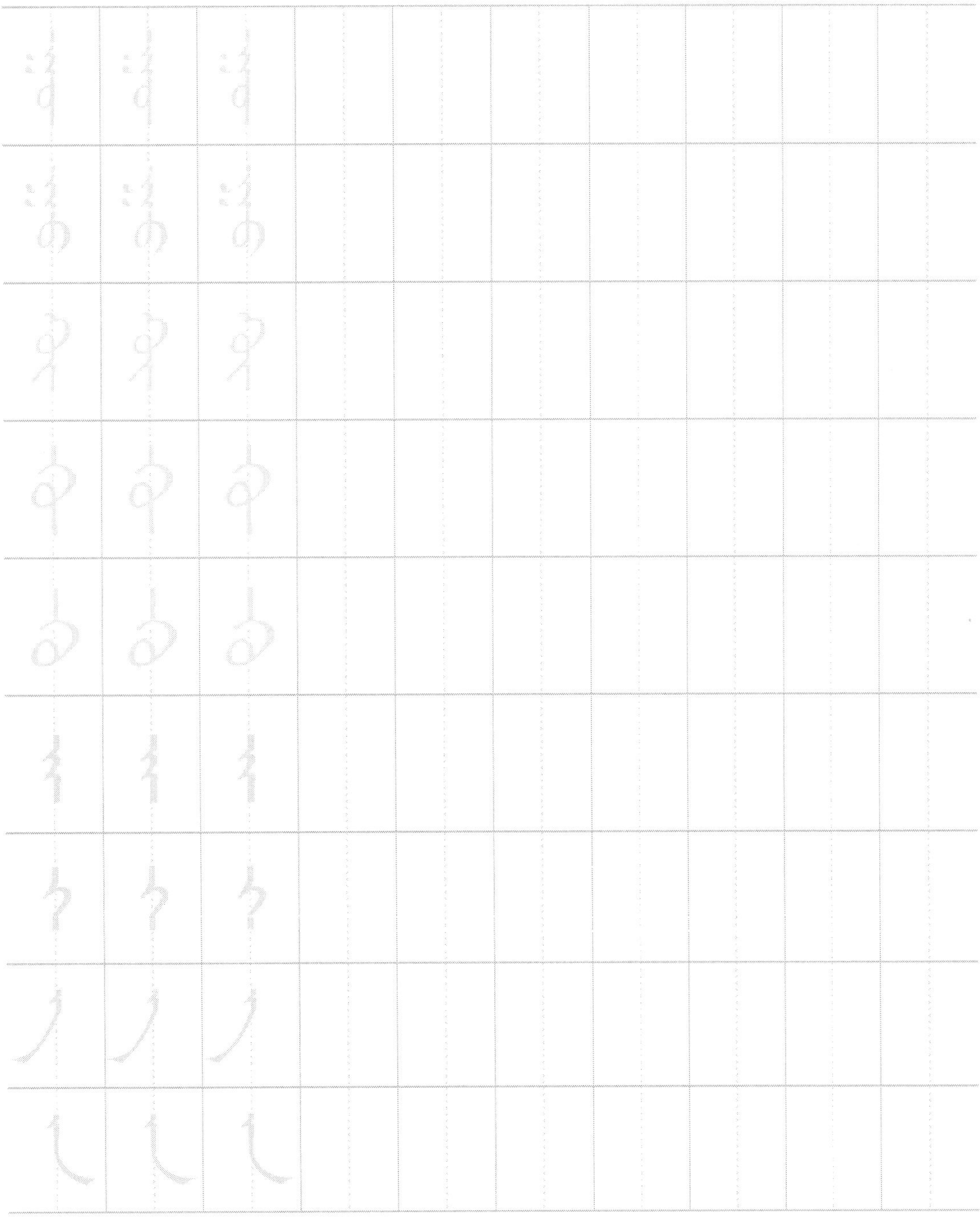

▶ 자음 γ/g 새로운 단어

전통몽골문	ᠭᠠᠯ	ᠭᠠᠬᠠᠢ	ᠭᠤᠲᠤᠯ	ᠭᠣᠶᠤ	ᠭᠥᠯᠦᠭᠡ	ᠬᠡᠦᠬᠡᠨ	ᠭᠠᠨ	ᠭᠤᠶ᠎ᠠ
라틴전사	γal	γaqai	γutul	γoγu	gölüge	keüken	γan	γuy-a
키릴몽골문	гал	гахай	гутал	гоё	гөлөг	хүүхэн	ган	гуя
한국어	불	돼지	신발	예쁜	강아지	소녀	강철	허벅지

전통몽골문	ᠪᠠᠭ᠎ᠠ	ᠤᠨᠠᠭ᠎ᠠ	ᠨᠣᠬᠠᠢ	ᠭᠣᠬ᠎ᠠ	ᠦᠨᠡᠭᠡ	ᠬᠥᠭᠡᠭᠡᠬᠦ	ᠪᠠᠭᠠᠬᠠᠨ
라틴전사	baγ-a	unaγ-a	noqai	γoq-a	ünege	kögegekü	baγaqan
키릴몽골문	бага	унага	нохой	гох	үнэг	хөөх	багахан
한국어	작은	송아지	개	갈고리	여우	쫓아가다	꽤 적은

전통몽골문	ᠪᠠᠭ	ᠨᠡᠭᠦᠬᠦ	ᠭᠣᠪᠢ	ᠬᠠᠪᠢ	ᠭᠤᠨᠢᠬᠤ	ᠭᠠᠢ	ᠭᠠᠢ ᠦᠭᠡᠢ
라틴전사	baγ	negükü	γobi	qabi	γuniqu	γai	γai ügei
키릴몽골문	баг	нүүх	говь	хавь	гуних	гай	гайгүй
한국어	팀	이동하다	고비사막	근처	슬퍼하다	불행	괜찮다

▶ **자음 γ/g 새로운 단어 연습하기 1**

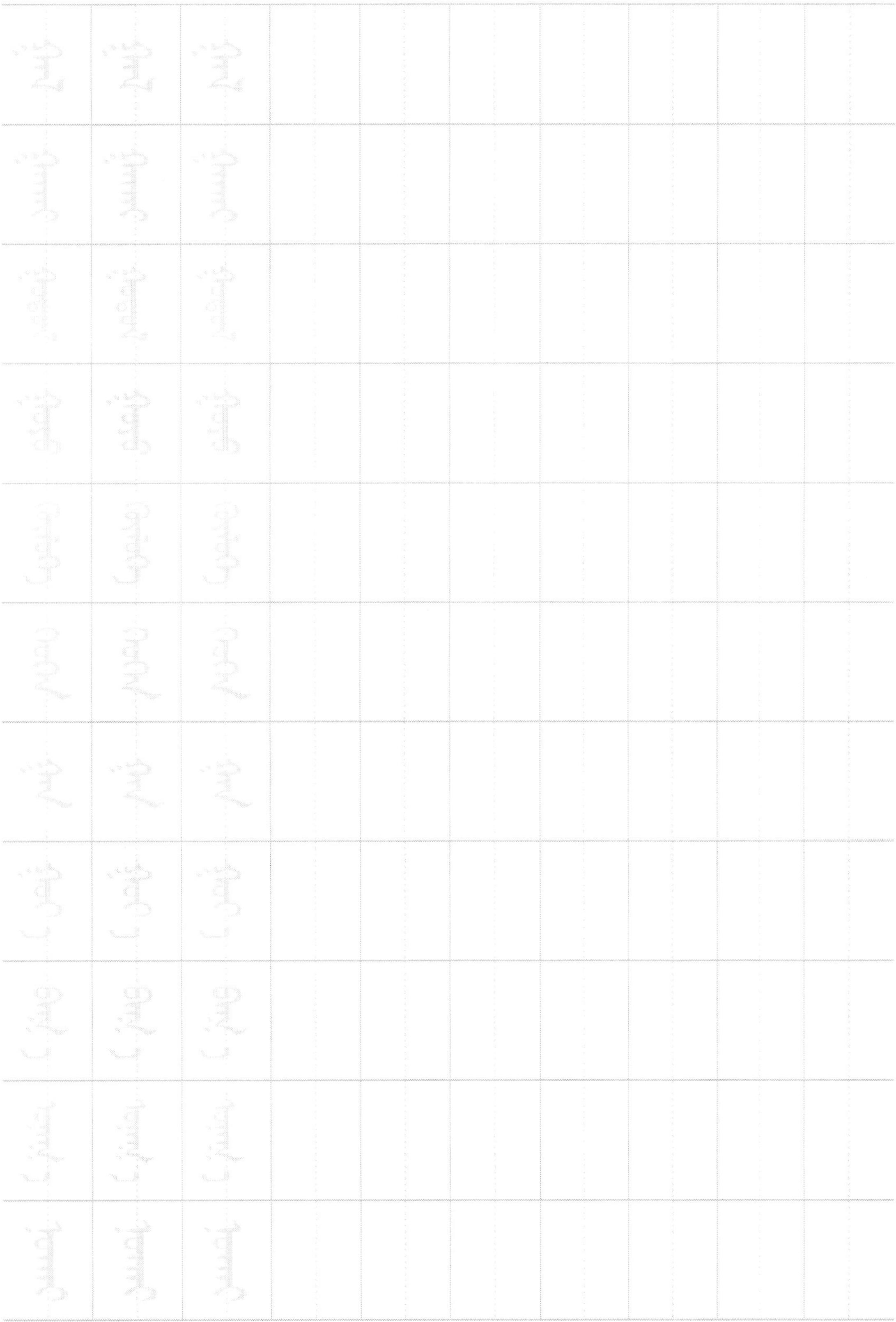

▶ **자음 γ/g 새로운 단어 연습하기 2**

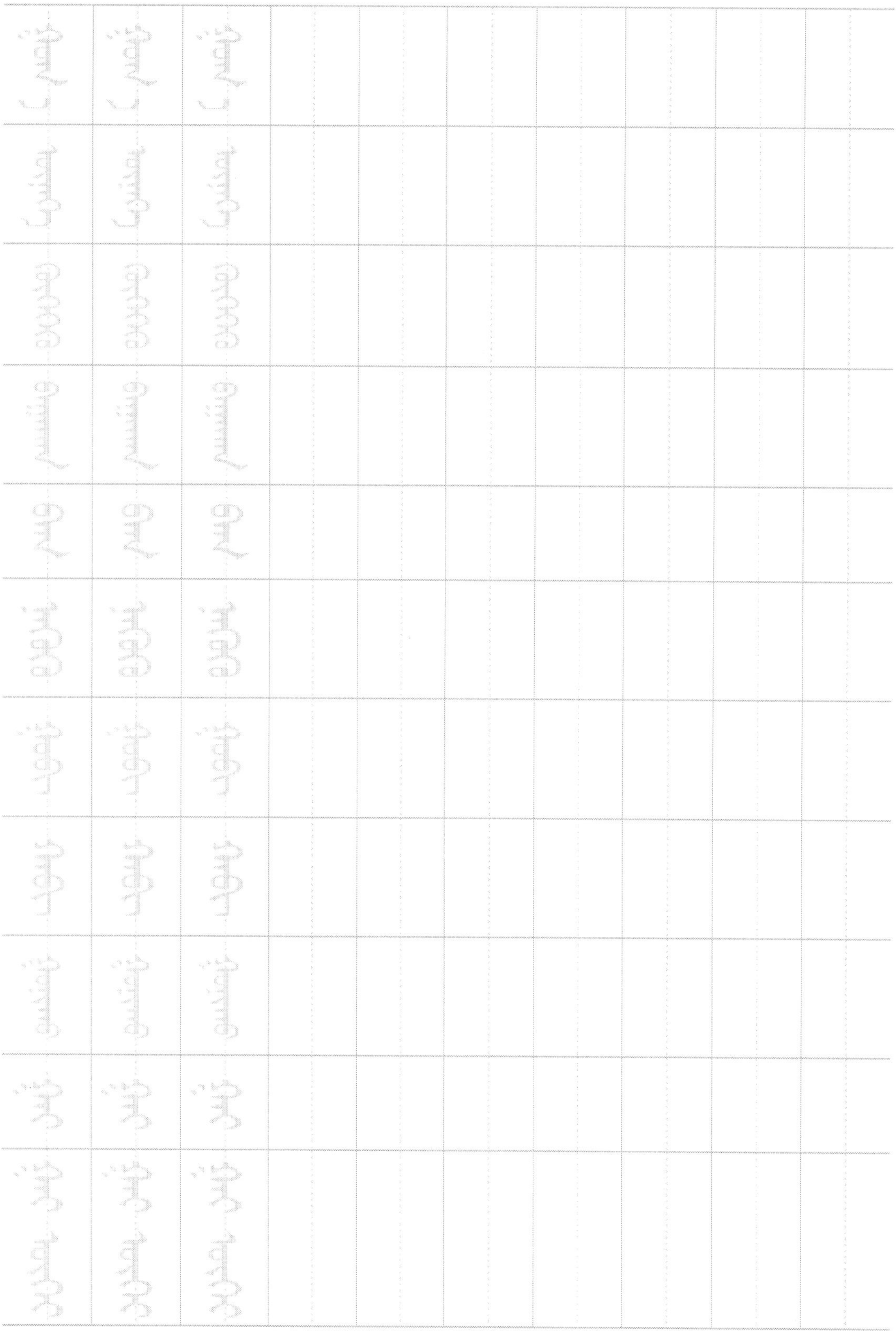

자음 ng 전통몽골문 인쇄체

라틴전사	ng
키릴몽골문	нг(н)
어두	–
어중	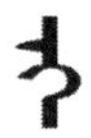
어말	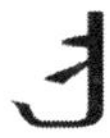

자음 ng 전통몽골문 필기체

라틴전사	ng
키릴몽골문	нг(н)
어두	–
어중	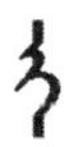
어말	

- 키릴몽골문 중 нг(н)는 라틴전사 ng로 표기한다.
- 전통몽골문 ng는 어두가 없고, 어중과 어말의 부분만이 존재한다.

▶ **자음 ng 인쇄체 연습하기**

▶ **자음 ng 필기체 연습하기**

▶ 자음 ng 새로운 단어

전통몽골문	ᠠᠩ	ᠠᠩᠨᠠᠬᠤ	ᠬᠠᠩᠭᠠᠢ	ᠶᠠᠩᠭᠠᠩ
라틴전사	ang	angnaqu	qangγai	yangγang
키릴몽골문	ан	агнах	хангай	ганган
한국어	사냥	사냥하다	항가이	멋진, 멋 부린

전통몽골문	ᠪᠠᠶᠢᠰᠢᠩ	ᠨᠣᠮ ᠤᠨ ᠰᠠᠩ	ᠵᠤᠰᠠᠯᠠᠩ	ᠬᠦᠷᠢᠶᠡᠯᠡᠩ
라틴전사	bayising	nom-un sang	ǰusalang	küriyeleng
키릴몽골문	байшин	номын сан	зуслан	хүрээлэн
한국어	건물	도서관	여름 별장	연구소

▶ 자음 ng 새로운 단어 연습하기

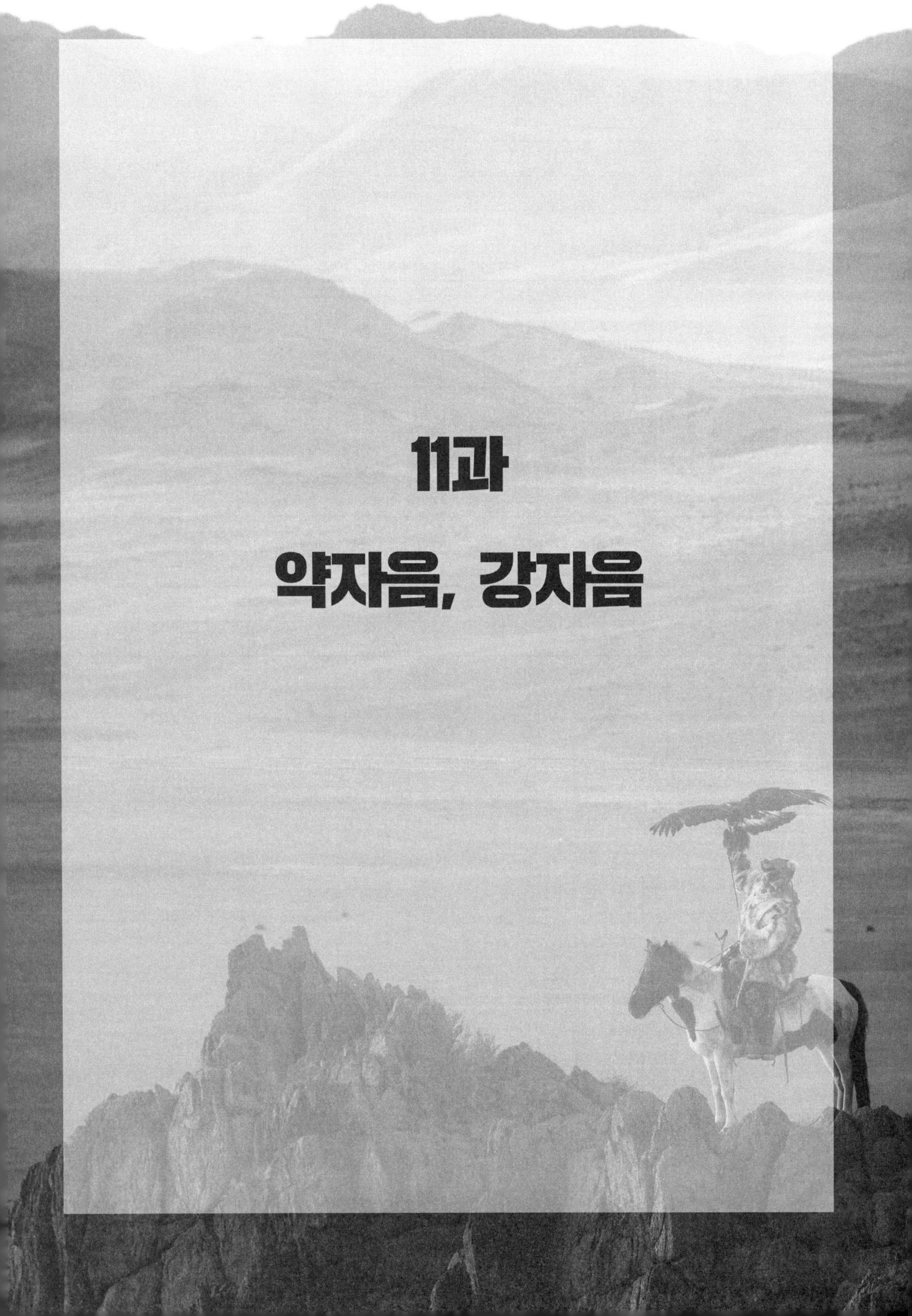

11과

약자음, 강자음

받침문자 약자음 n, m, l, ng 전통몽골문 인쇄체

라틴전사	n	m	l	ng
연상단어	namlang			
키릴몽골문	н	м	л	нг
연상단어	намланг			
전통몽골문				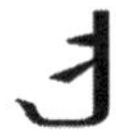

받침문자 약자음 n, m, l, ng 전통몽골문 필기체

라틴전사	n	m	l	ng
연상단어	namlang			
키릴몽골문	н	м	л	нг
연상단어	намланг			
전통몽골문	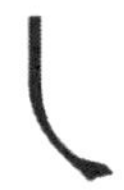	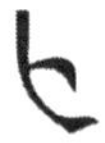	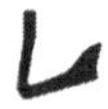	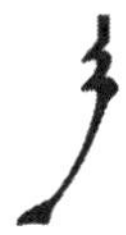

- 받침문자에는 **<u>약자음(弱받침; зөөлөн дэвсгэр)</u>**과 강자음(硬받침; хатуу дэвсгэр) 두 가지가 존재한다.
- 약자음(n, m, l, ng)에 해당되는 문자는 각각의 키릴몽골문 н, м, л, нг을 구성하는 기본 문자 중 어말에 해당하는 문자이다.
- 약자음은 키릴몽골문 н, м, л, нг이며, 키릴몽골문 н, м, л, нг은 전통몽골문 라틴전사 n, m, l, ng에 해당한다.
- 약자음은 n, m, l, ng(н, м, л, нг)로 구성되며, 이를 쉽게 암기하기 위해 몽골인들은 namlang(намланг)이라 부른다.
- 격어미 중 여처격(~에서/~에게/~에)이 결합될 때, 앞의 단어가 약자음(n, m, l, ng)으로 끝나는지 강자음으로 끝나는지에 따라 **<u>-du/dü(ᠳᠤ)</u>**, -tu/-tü(ᠲᠤ)가 결합된다.
- 앞의 단어가 모음이나 약자음(n, m, l, ng)으로 끝날 때 -du/dü(ᠳᠤ)를 결합시킨다.

▶ 받침문자 약자음 n, m, l, ng 인쇄체 연습하기

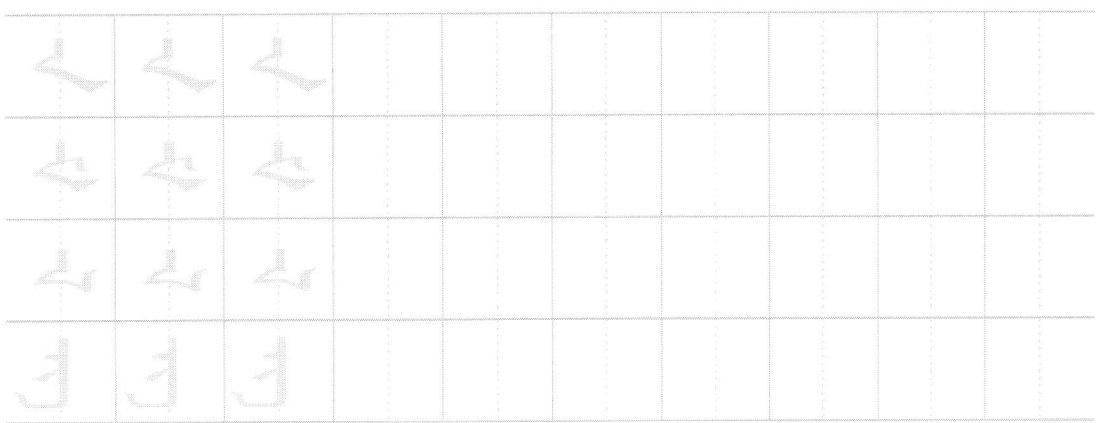

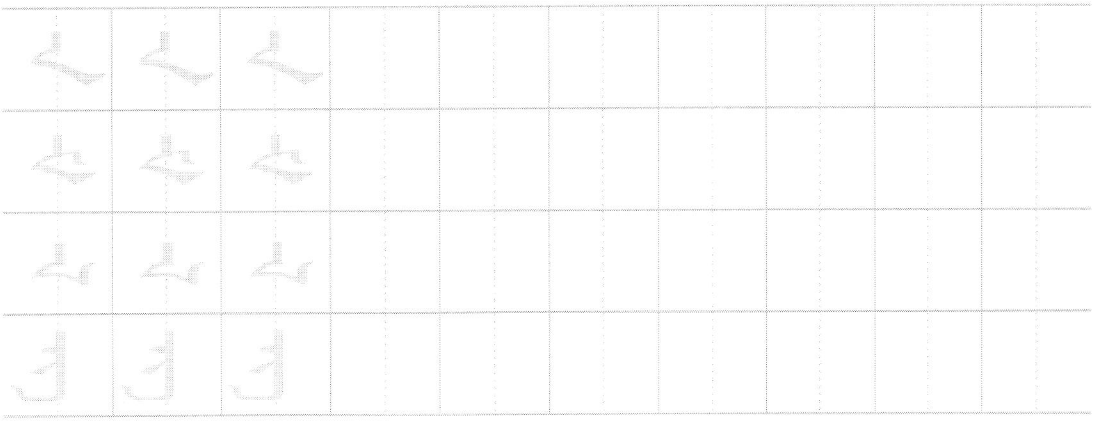

▶ 받침문자 약자음 n, m, l, ng 필기체 연습하기

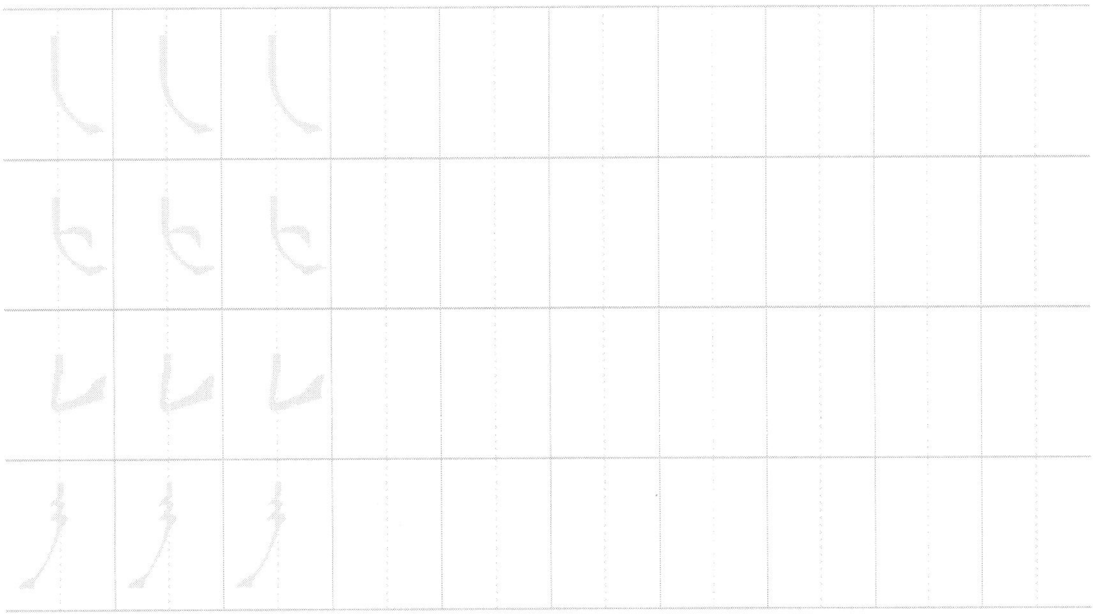

▶ 받침문자 약자음 n, m, l, ng 새로운 단어

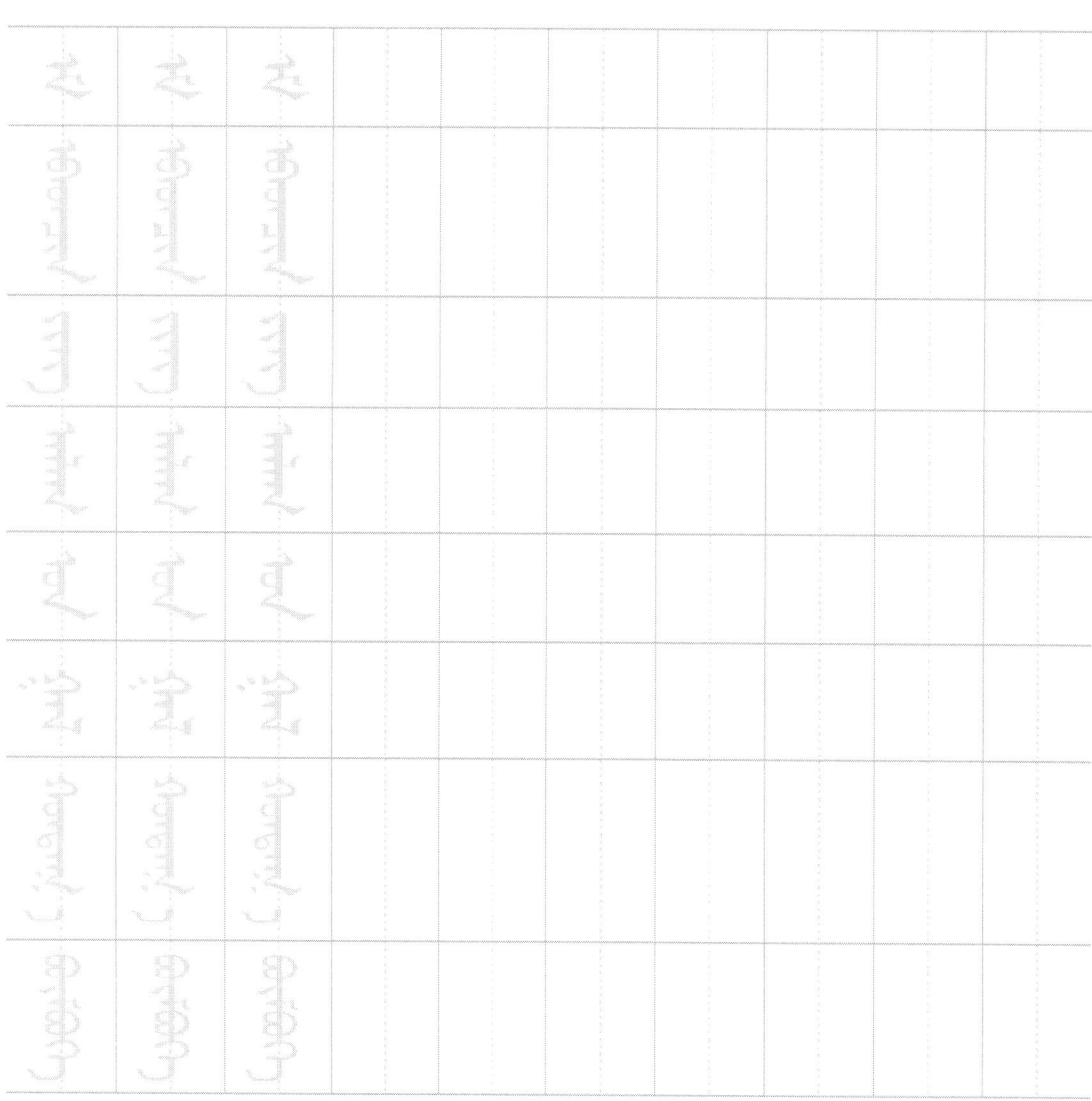

전통몽골문	ᠡᠮ	ᠡᠪᠡᠳᠴᠢᠨ	ᠵᠢᠩ	ᠠᠯᠠᠭ	ᠣᠨ	ᠭᠠᠯ	ᠬᠤᠨᠳᠠᠭ᠎ᠠ	ᠪᠥᠮᠪᠦᠭᠡ
라틴전사	em	ebedčin	ǰing	alaγ	on	γal	qundaγ-a	bömbüge
키릴몽골문	эм	өвчин	жин	алаг	он	гал	хундага	бөмбөг
한국어	약	환자	체중계	알록달록	년(年)	불	술잔	공

▶ 받침문자 약자음 n, m, l, ng 새로운 단어 연습하기

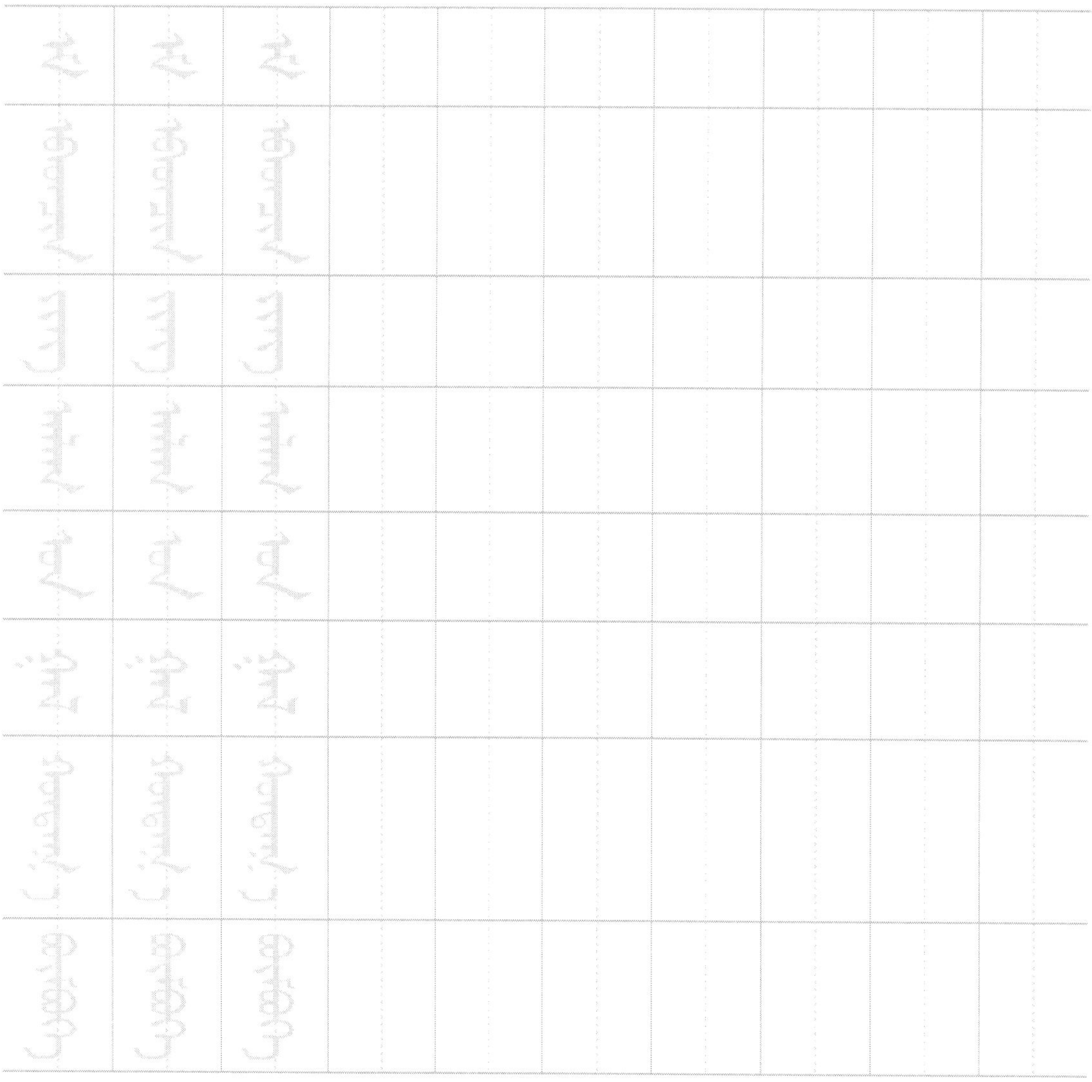

받침문자 강자음 b, g, γ, r, s, d 전통몽골문 인쇄체

라틴전사	b	g	γ	r	s	d
연상단어	bagγarsad					
키릴몽골문	б	г		р	с	д
연상단어	баггарсад					
전통몽골문	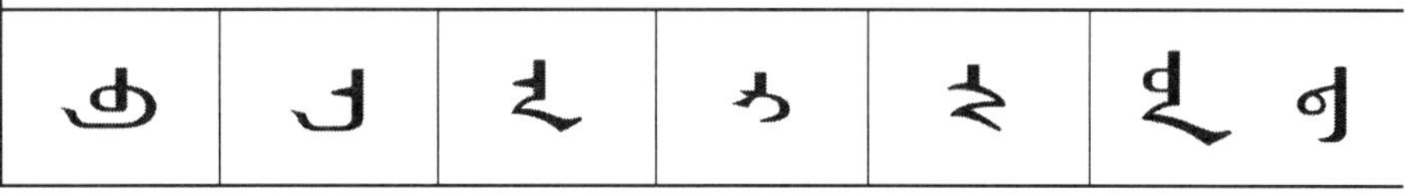					

받침문자 강자음 b, g, γ, r, s, d 전통몽골문 필기체

라틴전사	b	g	γ	r	s	d
연상단어	bagγarsad					
키릴몽골문	б	г		р	с	д
연상단어	баггарсад					
전통몽골문	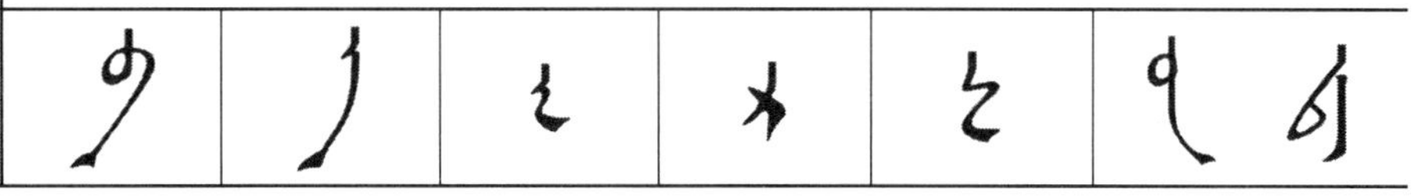					

- 받침문자에는 약자음(弱받침; зөөлөн дэвсгэр)과 **강자음(硬받침; хатуу дэвсгэр)** 두 가지가 존재한다.
- 강사음(b, g, γ, r, s, d)에 해당되는 문자는 각각의 키릴몽골문 б, г, р, с, д를 구성하는 기본 문자 중 어말에 해당하는 문자이다.
- 강자음은 키릴몽골문 б, г, р, с, д에 해당되며, 키릴몽골문 б, г, р, с, д는 전통몽골문 라티전사 b, g, γ, r, s, d에 해당한다.
- 강자음은 b, g, γ, r, s, d(б, г, р, с, д)로 구성된다. 이 자음들을 묶어 bagγarsad(баггарсад)라고 부른다.
- 강자음(b, g, γ, r, s, d) 중 g, γ는 키릴몽골문에서 г로 표기하며 하나의 문자로 나타내고 있다. 그러나 전통몽골문에서는 이에 해당하는 단어들을 양성 단어와 음성 단어로 나누어서 표기하고 있다. 전통몽골문 중 양성 단어에 해당될 때는 단어 중에 존재하는 г를 γ로 라틴전사하며 표기해야 하며, 음성 단어에 해당될 때는 단어 중에 존재하는 г를 g로 라틴전사하며 표기해야 한다.
- 격어미 중 여처격(~에서/~에게/~에)이 결합될 때, 앞의 단어가 약자음(n, m, l, ng)으로 끝나는지 강자음으로 끝나는지에 따라 -du/dü(ᠳᠤ), **-tu/-tü(ᠲᠤ)**가 결합된다.
- 앞의 단어가 자음이나 강자음(b, g, γ, r, s, d)로 끝날 때 -tu/-tü(ᠲᠤ)를 결합시킨다.

▶ **받침문자 강자음 b, g, γ, r, s, d 인쇄체 연습하기**

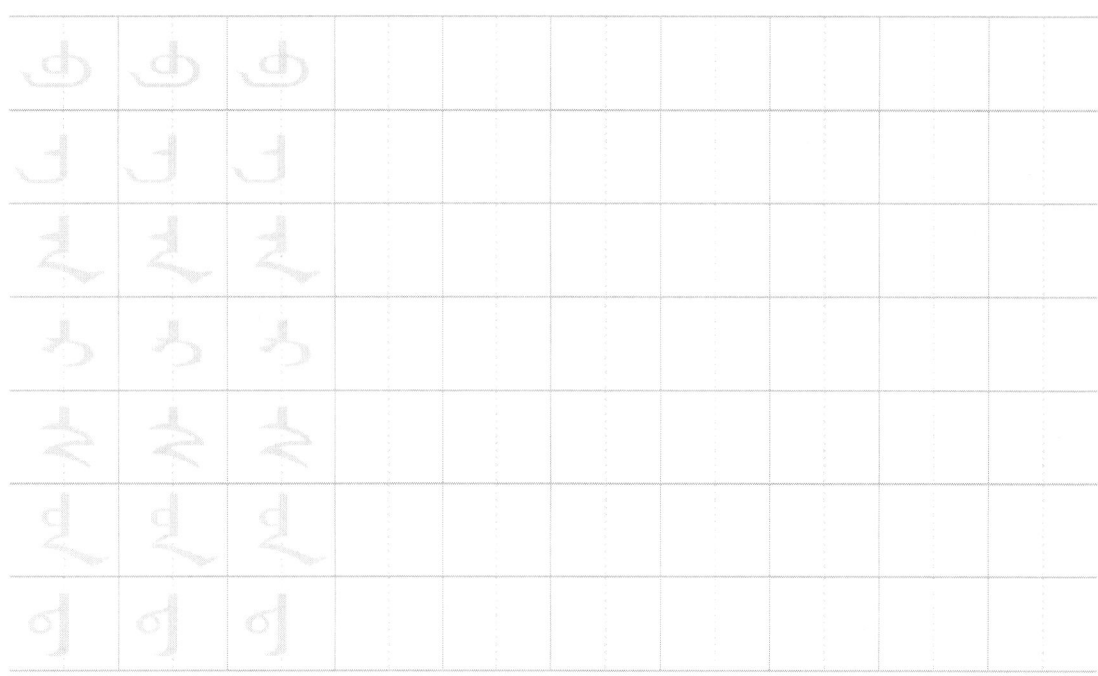

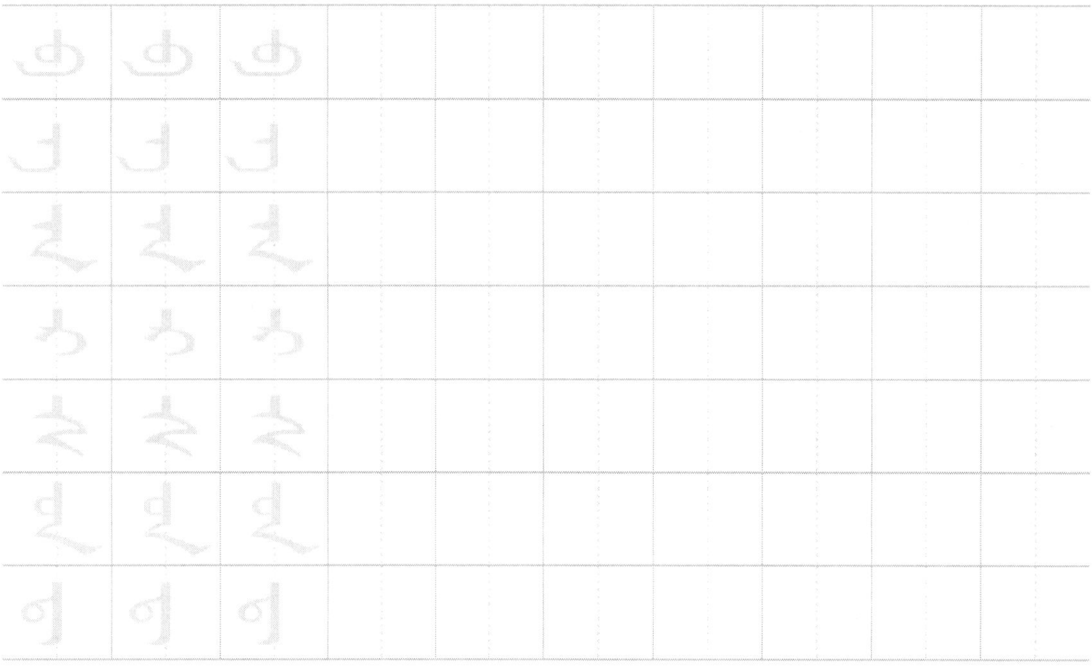

▶ **받침문자 강자음 b, g, γ, r, s, d 필기체 연습하기**

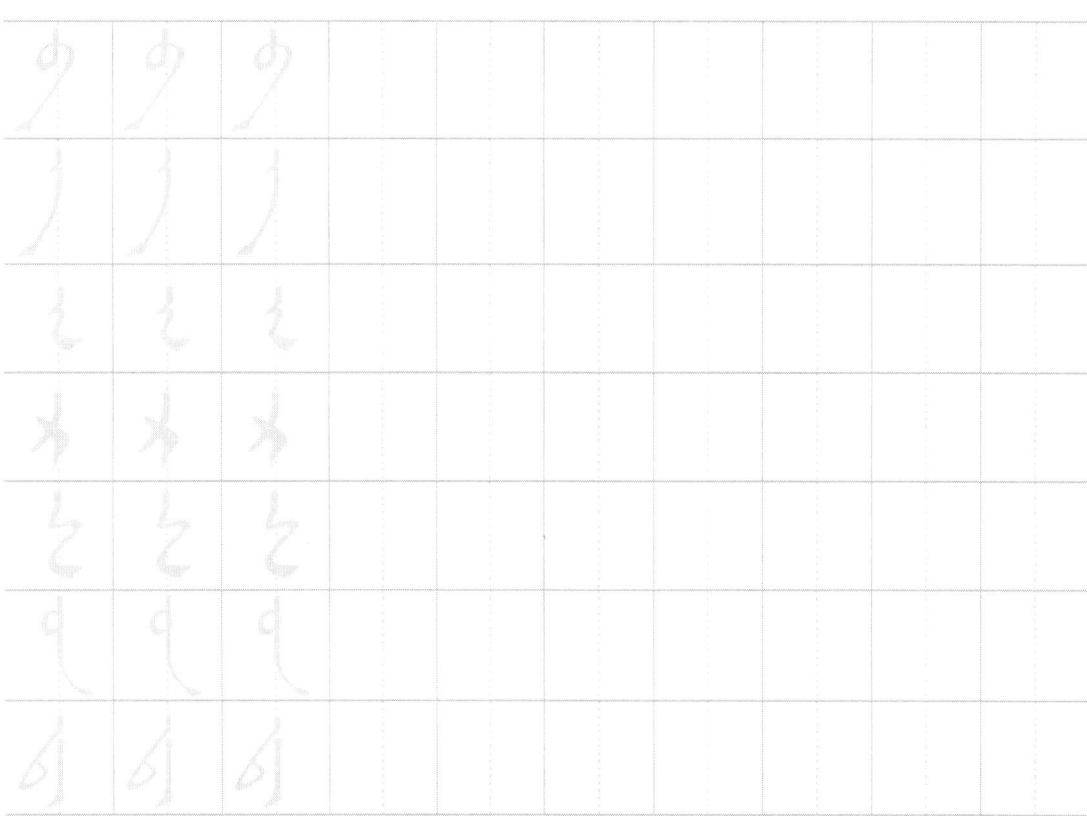

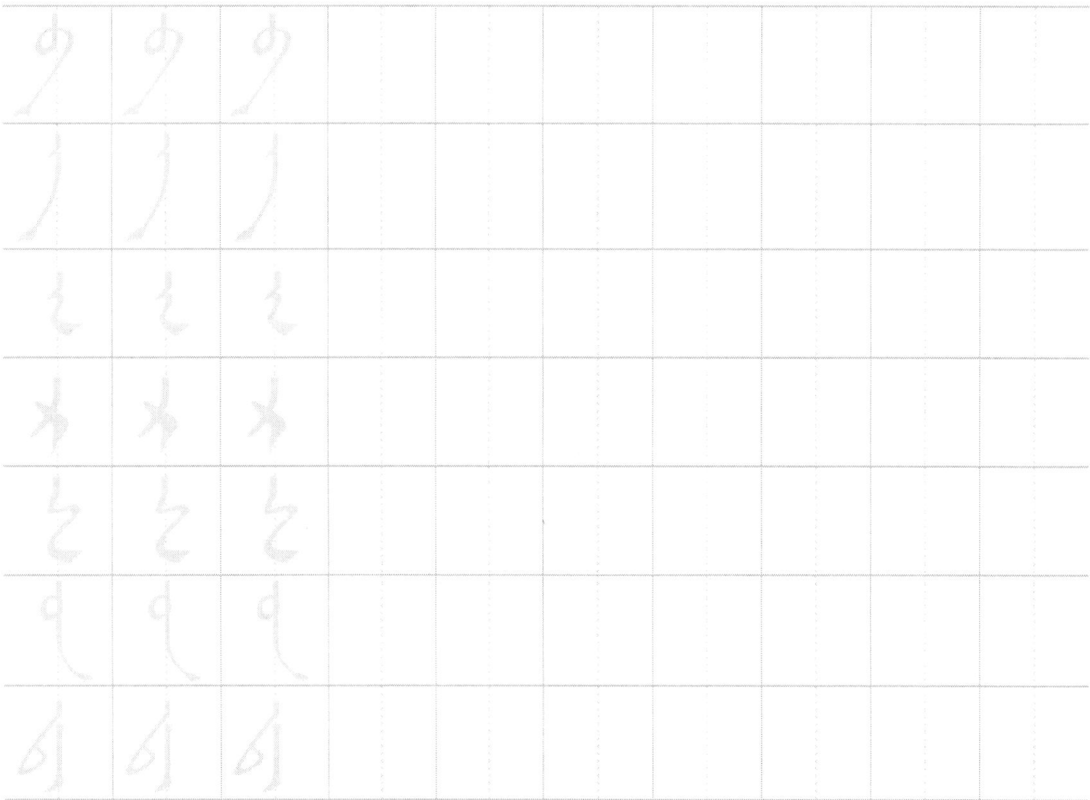

▶ 받침문자 강자음 b, g, γ, r, s, d 새로운 단어

전통몽골문	ᠠᠪ	ᠥᠭ	ᠨᠢᠰ	ᠠᠯᠴᠢᠭᠤᠷ	ᠨᠠᠪᠴᠢ	ᠰᠠᠭᠰᠤ	ᠰᠡᠳᠬᠦᠯ	ᠨᠢᠰᠬᠡᠯ
라틴전사	ab	ög	nis	alčiγur	nabči	saγsu	sedkül	niskel
키릴몽골문	ав	өг	нис	алчуур	навч	сагс	сэтгүүл	нисгэл
한국어	사냥해라	줘라	날아라	수건	나뭇잎	바구니	잡지	비행기

▶ 받침문자 강자음 b, g, γ, r, s, d 새로운 단어 연습하기

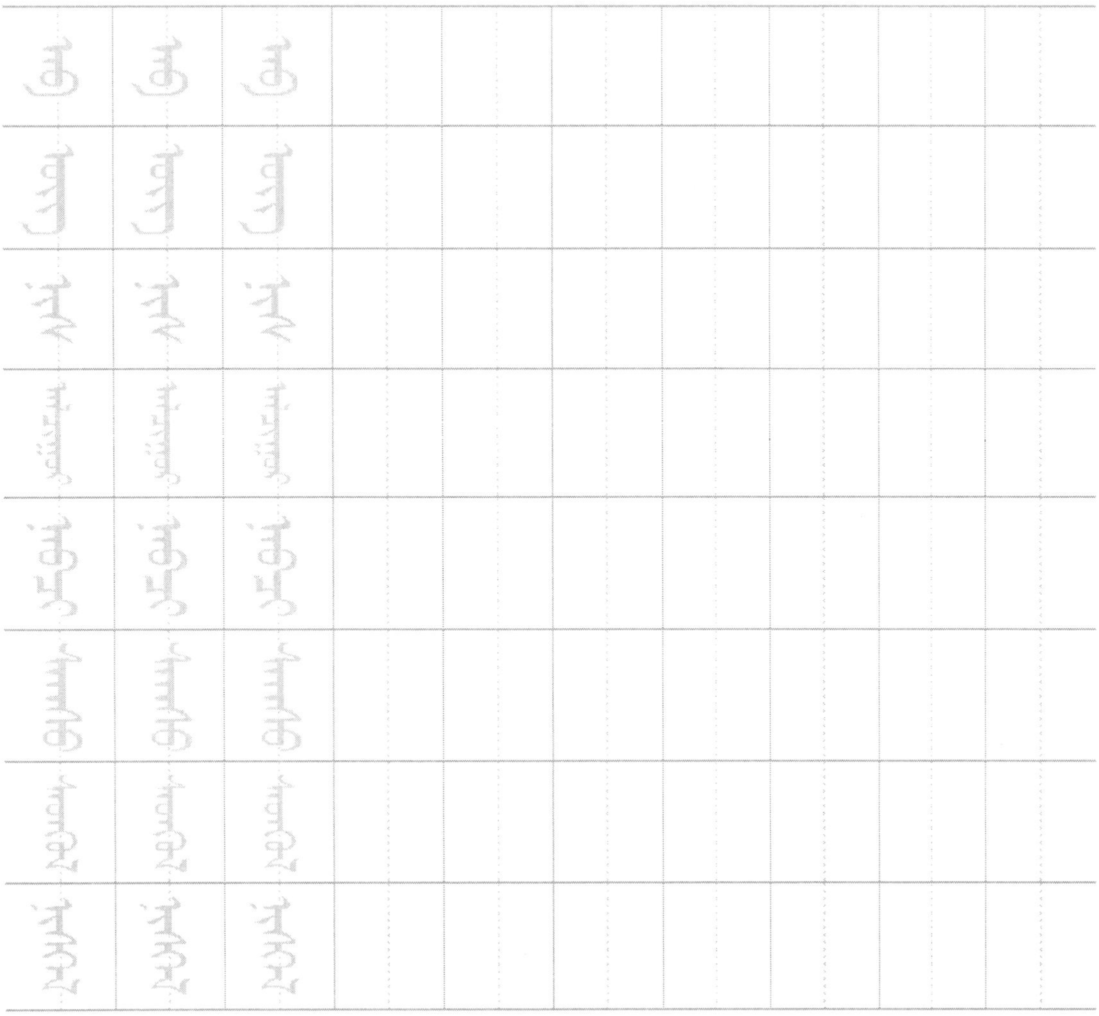

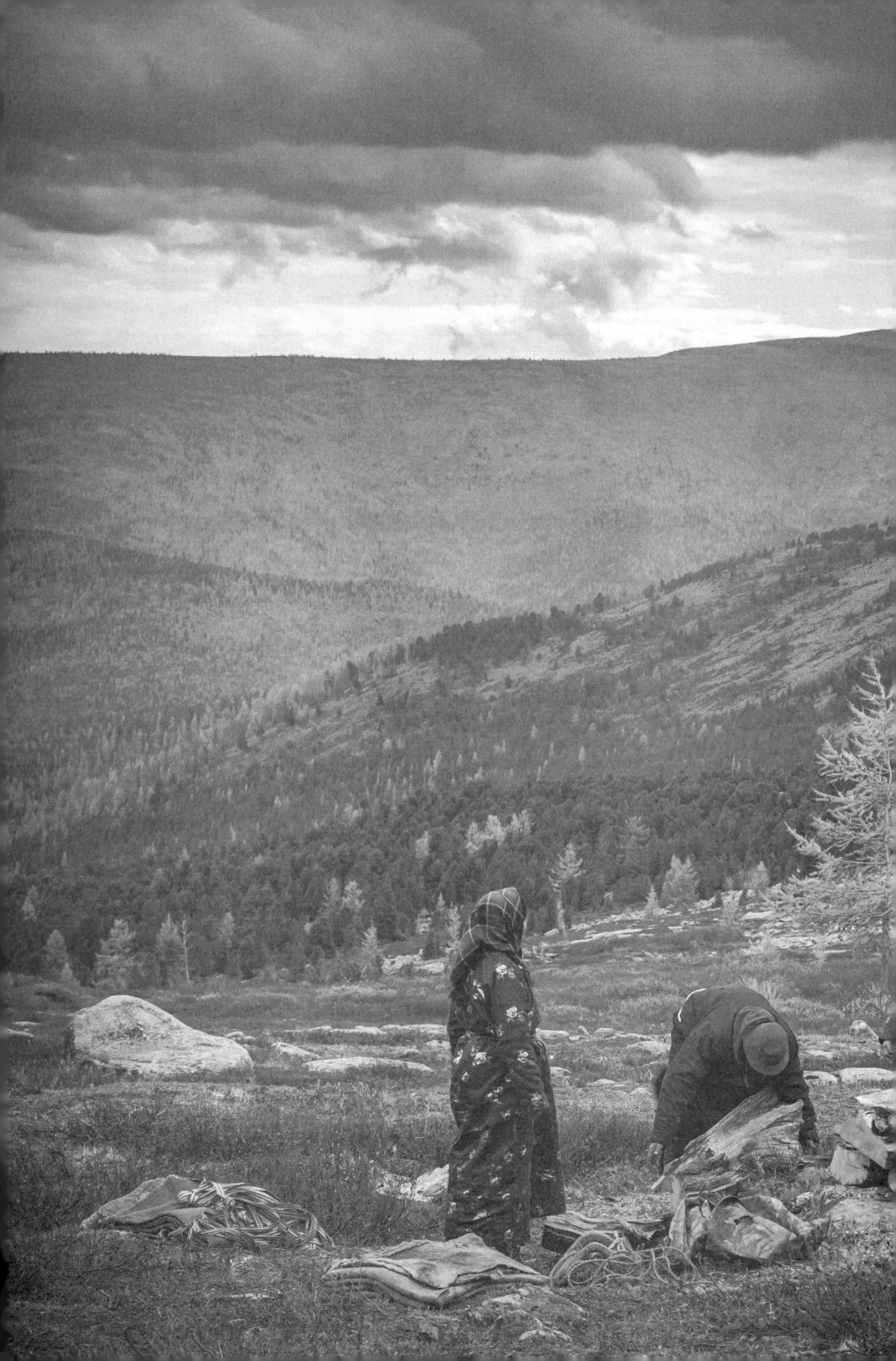

12과

외래어 자음

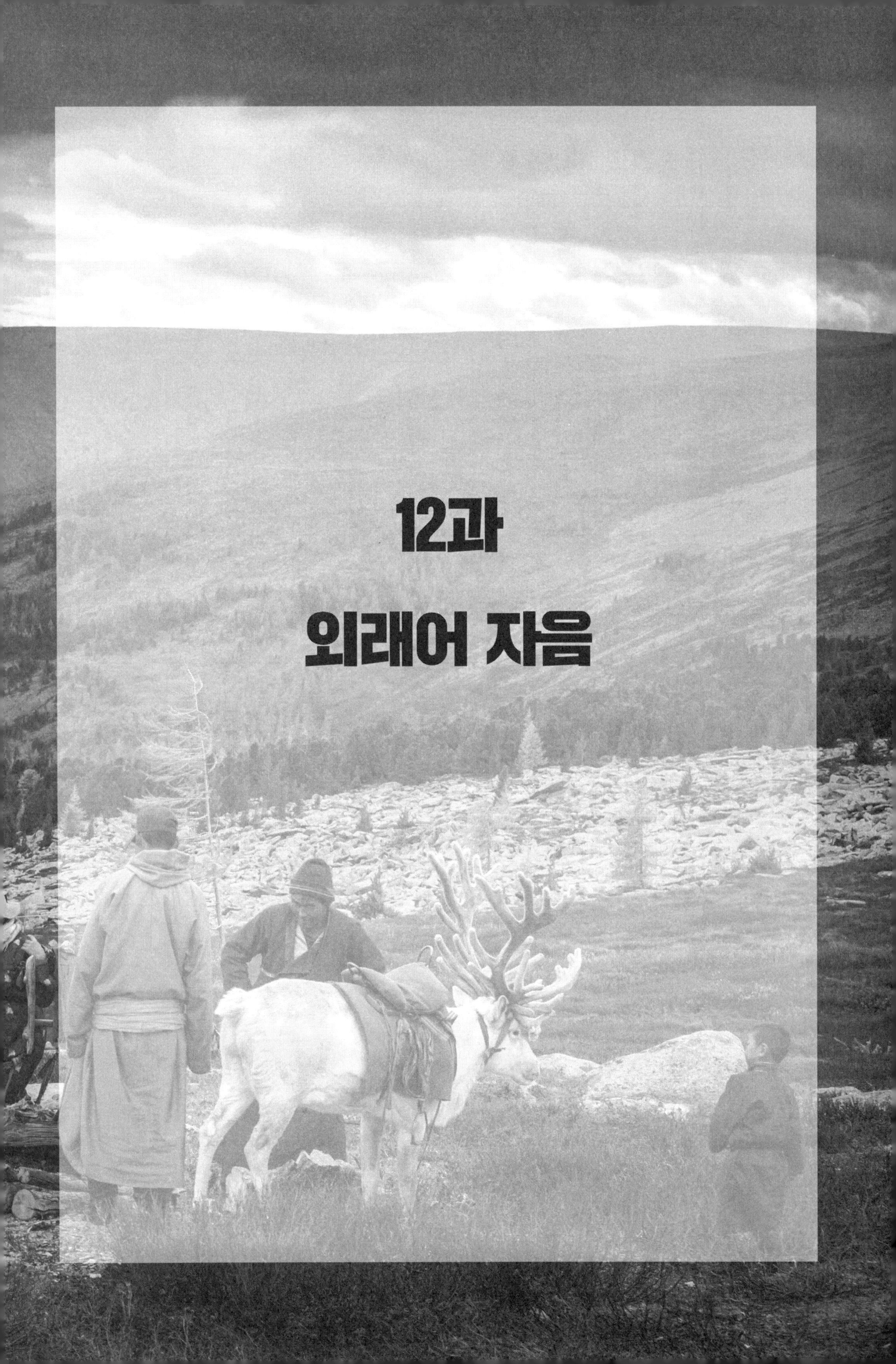

외래어 c, ė, f, h, lh, ḱ[5], p, z, ž 전통몽골문 인쇄체[6]

라틴전사	c	ė	f	h	lh	ḱ	p	z	ž
키릴몽골문	ц	е	ф	х	лх	к	п	з	ж
어두									
어중									
어말					–				

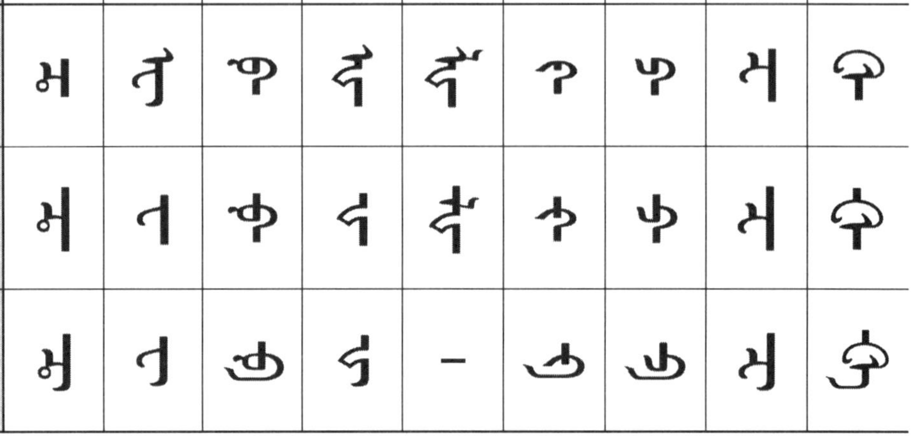

외래어 c, ė, f, h, lh, ḱ, p, z, ž 전통몽골문 필기체

라틴전사	c	ė	f	h	lh	ḱ	p	z	ž
키릴몽골문	ц	е	ф	х	лх	к	п	з	ж
어두									
어중									
어말					–				

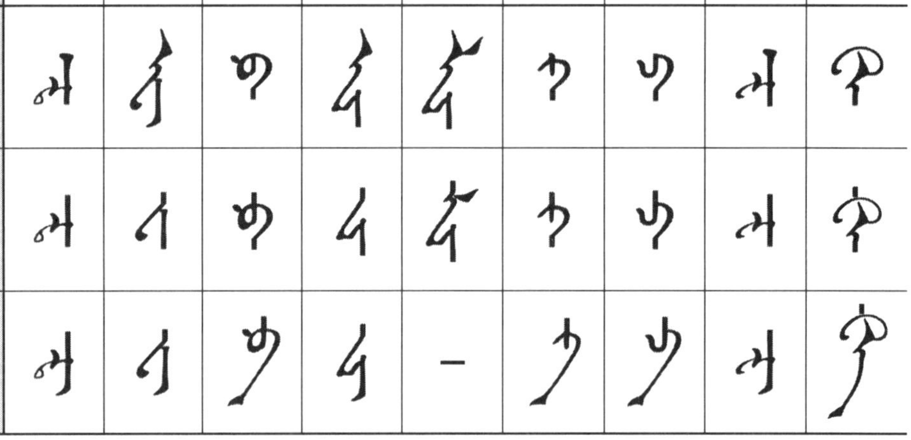

- 키릴몽골문 ц/е/ф/х/лх/к/п/з/ж는 전통몽골문 라틴전사 c/ė/f/h/lh/ḱ/p/z/ž에 해당된다.
- 전통몽골문 c/ė/f/h/lh/ḱ/p/z/ž는 주로 차용한 외래어 단어에 사용된다.
- 외래어 단어에서는 키릴몽골문의 ө의 음가는 존재하지 않는다.

---

5 "к" 위에 점을 표기하는 것이 맞으나, 물리적인 입력 한계로 "ḱ"처럼 표기하였다.

6 현재 전통몽골문의 외래어 표기에 대해서는 학자들 사이에서도 다양한 견해가 공존하고 있으며, 아직 합의된 기준은 마련되지 않았다. 향후 학계의 논의가 축적되어 하나의 표준안이 제정될 경우, 그에 따라 개정판을 마련하여 반영하고자 한다.

외래어 c 전통몽골문 인쇄체

라틴전사	c
키릴몽골문	ц
어두	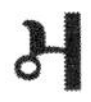
어중	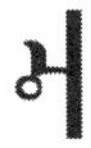
어말	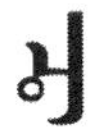

외래어 c 전통몽골문 필기체

라틴전사	c
키릴몽골문	ц
어두	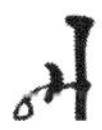
어중	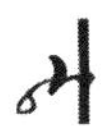
어말	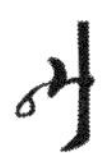

- 외래어 차용어에 사용하는 키릴몽골문 ц는 전통몽골문 라틴전사 c에 해당된다.
- 전통몽골문 c는 어두·어중·어말 형태 모두 한글 ㄴ의 모서리에 형태에 실밥이 왼쪽으로 튀어나온 듯한 모양을 결합시켜 표기한다.
- 전통몽골문 c는 받침 문자가 존재하지 않는다.

▶ **외래어 c 인쇄체 연습하기**

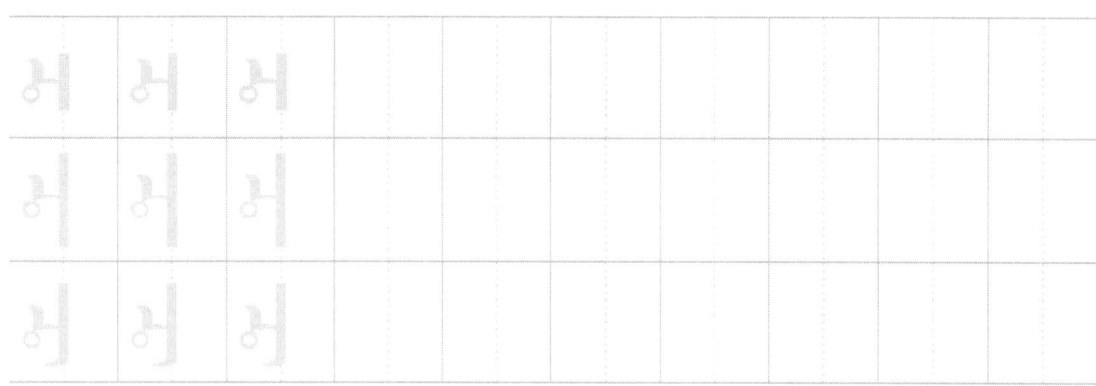

▶ **외래어 c 필기체 연습하기**

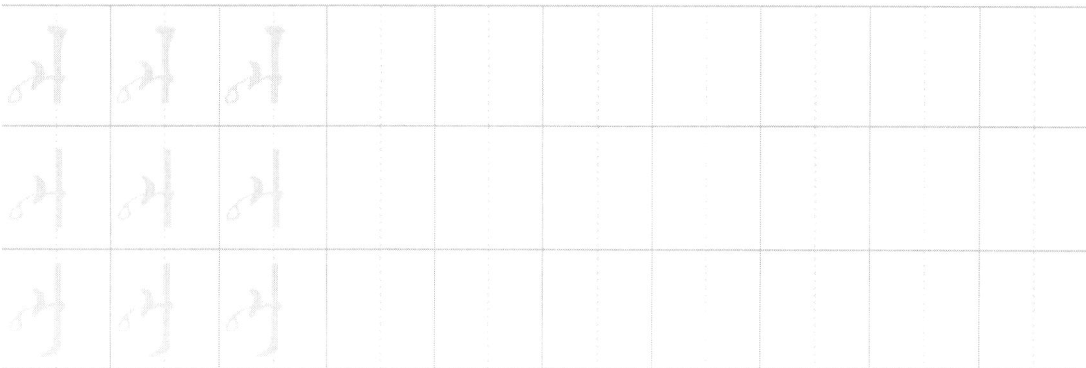

▶ 외래어 c 모음에 따른 변화

라틴전사	ca	ce	ci	co	cu	cü
키릴몽골문	ца	цэ	ци	цо	цу	цү
어두	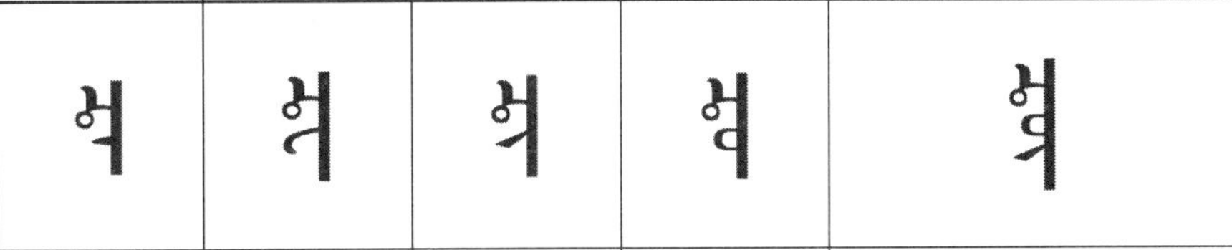					
어중	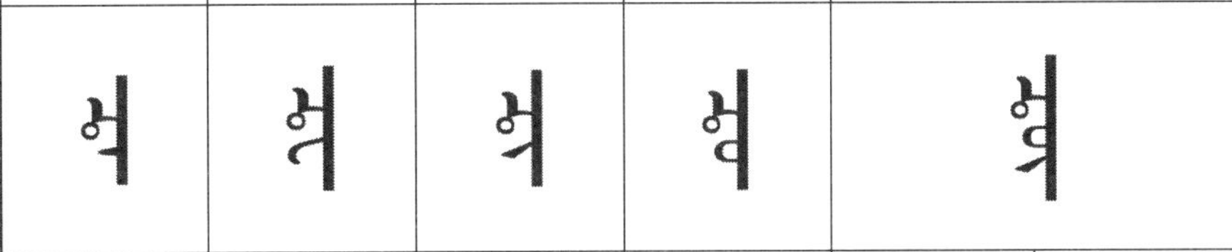					
어말	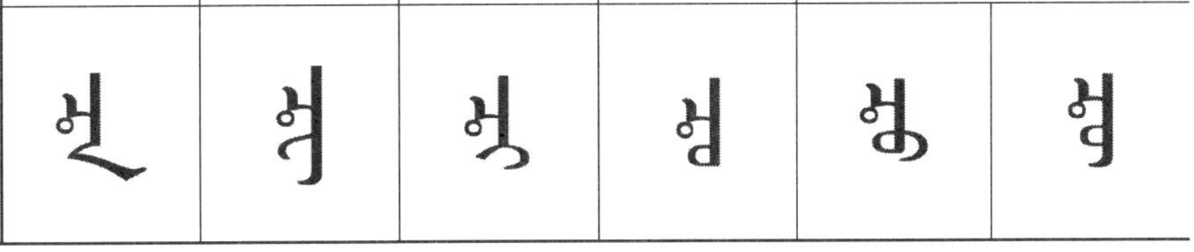					

라틴전사	ca	ce	ci	co	cu	cü
키릴몽골문	ца	цэ	ци	цо	цу	цү
어두	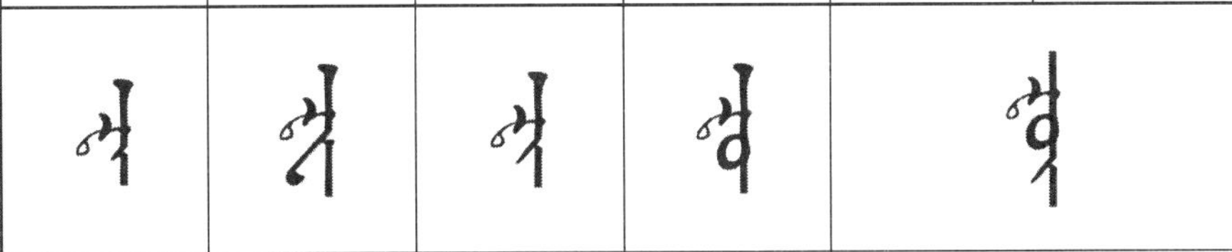					
어중	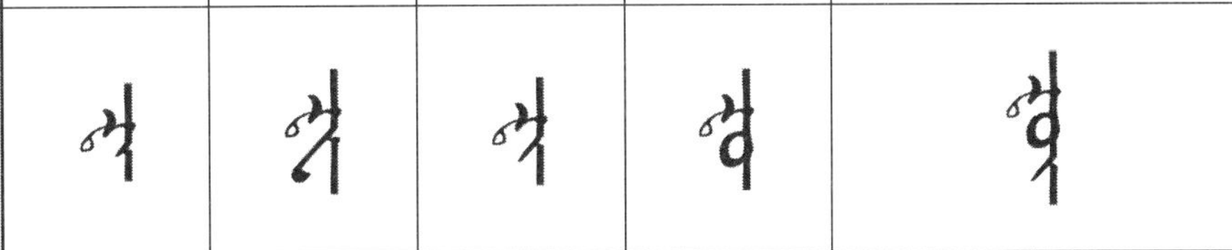					
어말	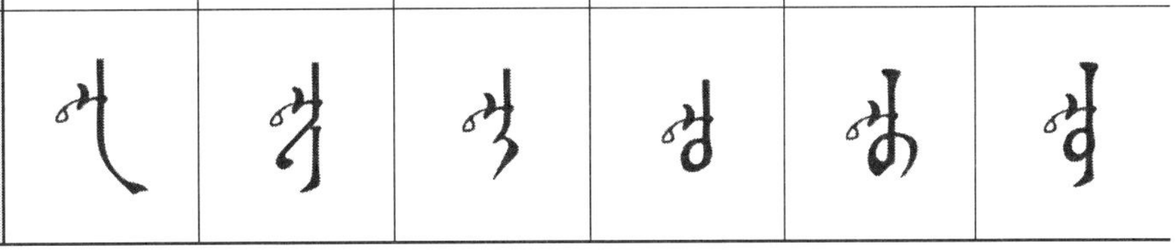					

▶ 외래어 c 새로운 단어

전통몽골문	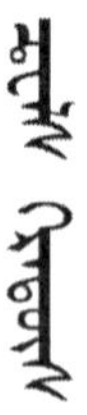	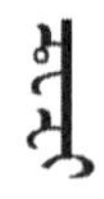	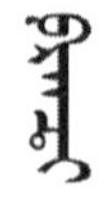	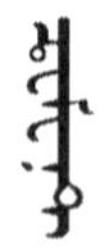	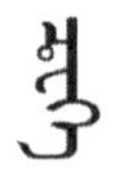	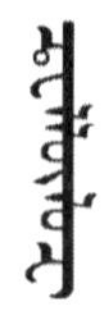	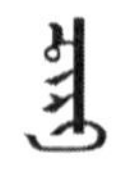
라틴전사	cėls graḋüs	cėzi	franci	cėmėnṫ	cėke	cėllüloz	cirḱ
키릴몽골문	цельс градус	цезий	франц	цемент	цех	целлюлоз	цирк
한국어	섭씨 온도	세슘	프랑스	시멘트	작업장	섬유소	서커스

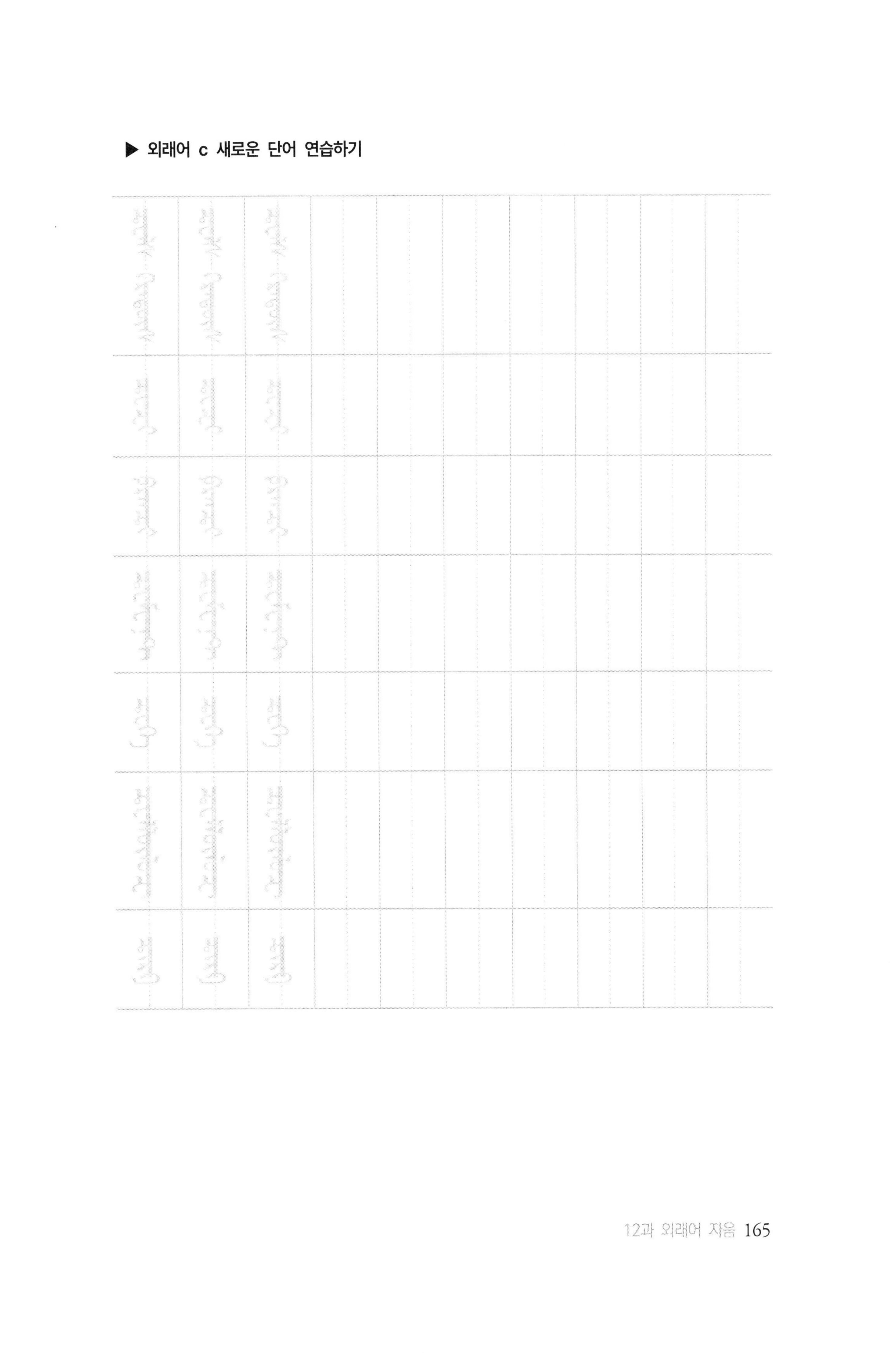

▶ 외래어 c 새로운 단어 연습하기

외래어 ė 전통몽골문 인쇄체

라틴전사	ė
키릴몽골문	e
어두	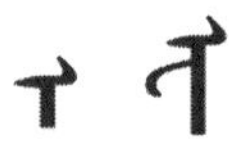
어중	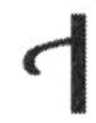
어말	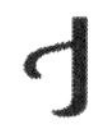

외래어 ė 전통몽골문 필기체

라틴전사	ė
키릴몽골문	e
어두	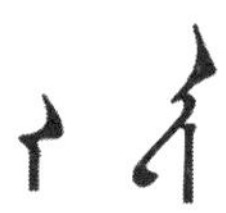
어중	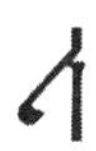
어말	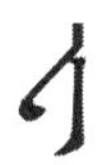

- 외래어 차용어에 사용하는 키릴몽골문 e는 전통몽골문 라틴전사 ė에 해당된다.
- 전통몽골문 ė는 어두·어중·어말 형태 모두 전통몽골문 y의 갈고리 형태를 결합시켜 표기한다.
- 전통몽골문 ė는 전통몽골문 v와 어두·어중·어말 형태가 거의 유사하다.
- 전통몽골문 ė는 받침 문자가 존재하지 않는다.

▶ 외래어 ė 인쇄체 연습하기

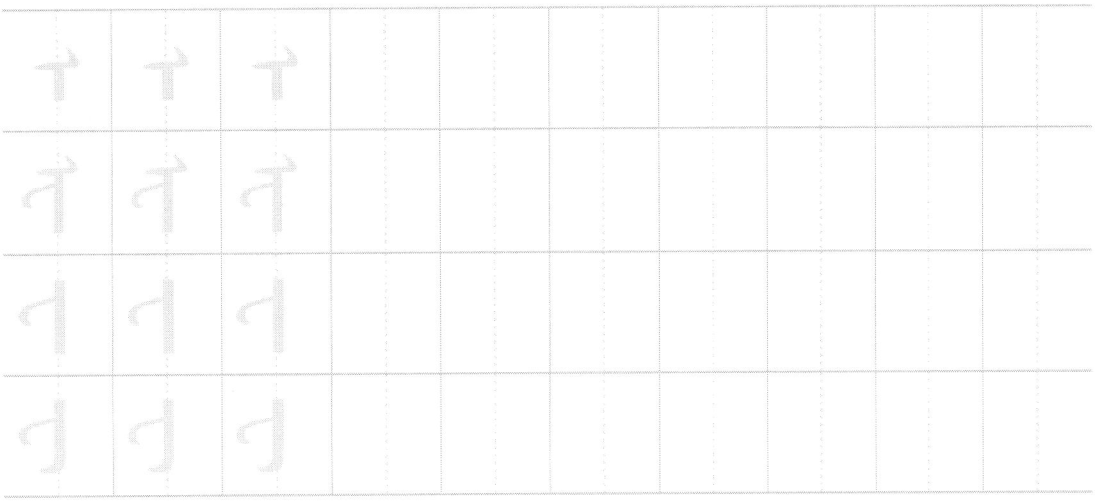

▶ 외래어 ė 필기체 연습하기

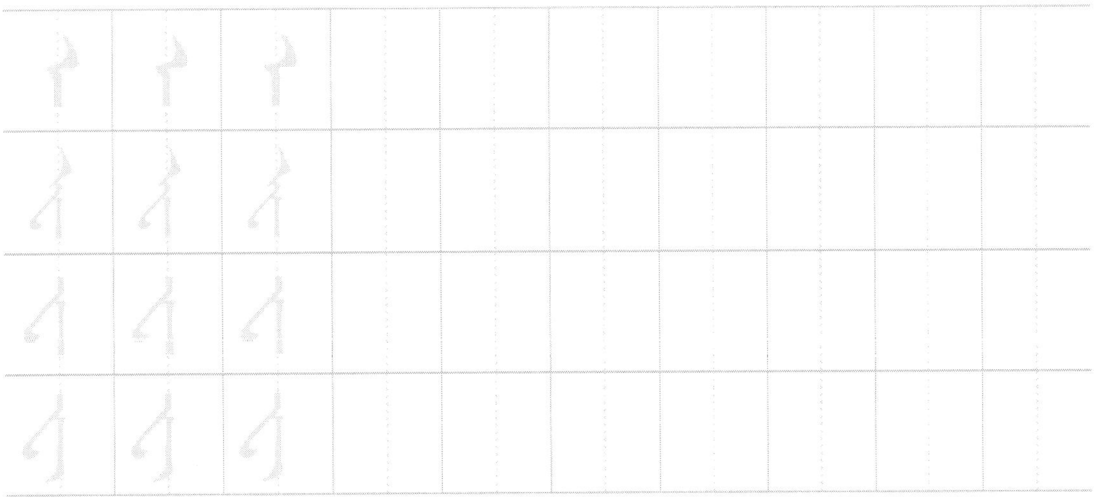

▶ 외래어 ė 새로운 단어

전통몽골문	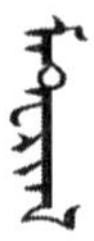	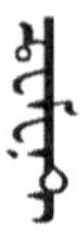	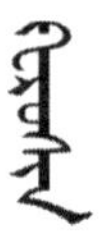	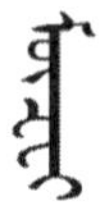	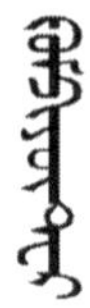
라틴전사	matėrial	cėmėnṫ	ḱėrosin	müzėi	ḱompiyütėr
키릴몽골문	материал	цемент	керосин	музей	компьютер
한국어	재료	시멘트	등유	박물관	컴퓨터

▶ 외래어 ė 새로운 단어 연습하기

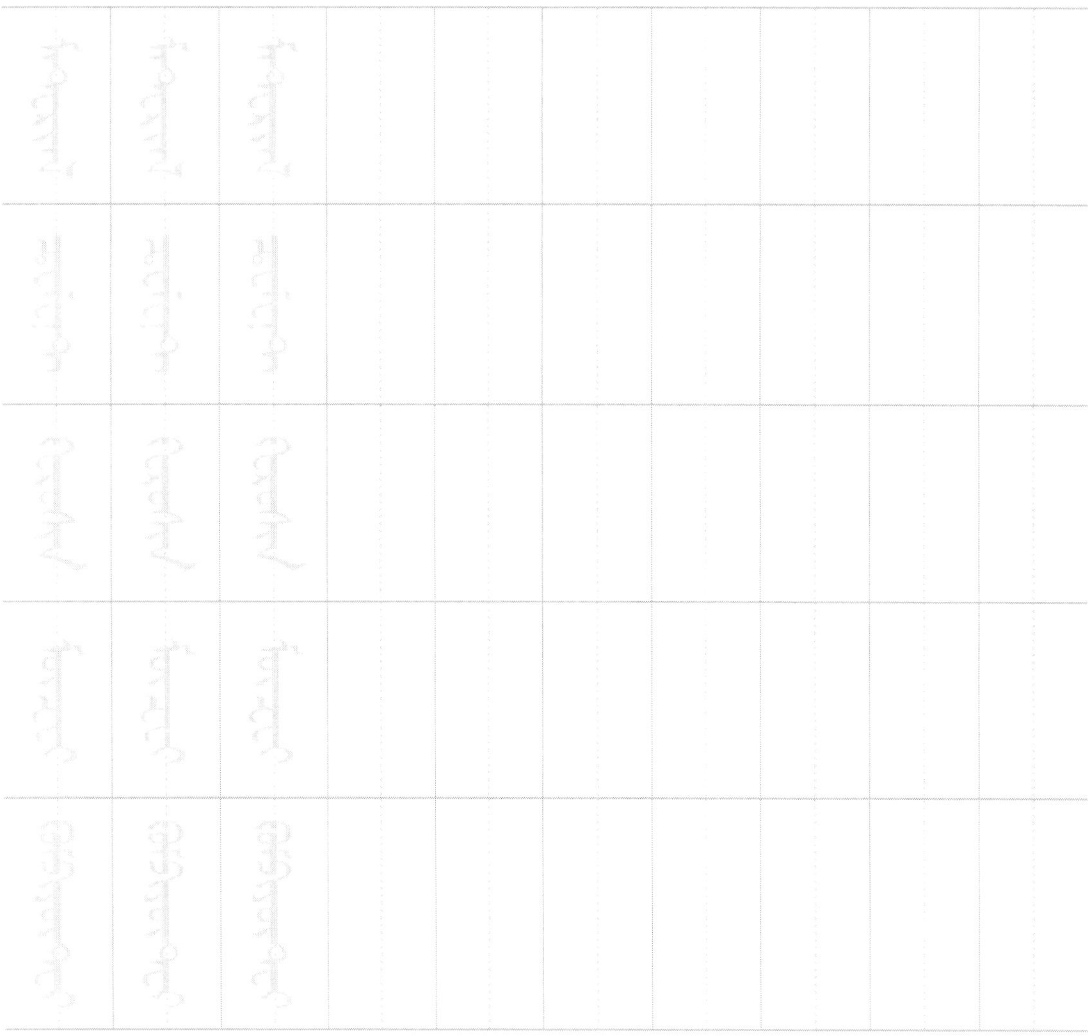

외래어 f 전통몽골문 인쇄체

라틴전사	f
키릴몽골문	ф
어두	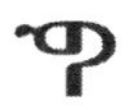
어중	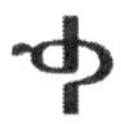
어말	

외래어 f 전통몽골문 필기체

라틴전사	f
키릴몽골문	ф
어두	
어중	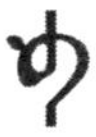
어말	

- 외래어 차용어에 해당하는 키릴몽골문 ф는 전통몽골문 라틴전사 f에 해당된다.
- 전통몽골문 f는 어두·어중·어말 형태 모두 전통몽골문 b에 왼쪽 위에 점이 붙어 있는 듯한 형태를 결합시켜 표기한다.
- 전통몽골문 f는 받침 문자가 존재하지 않는다.

▶ 외래어 f 인쇄체 연습하기

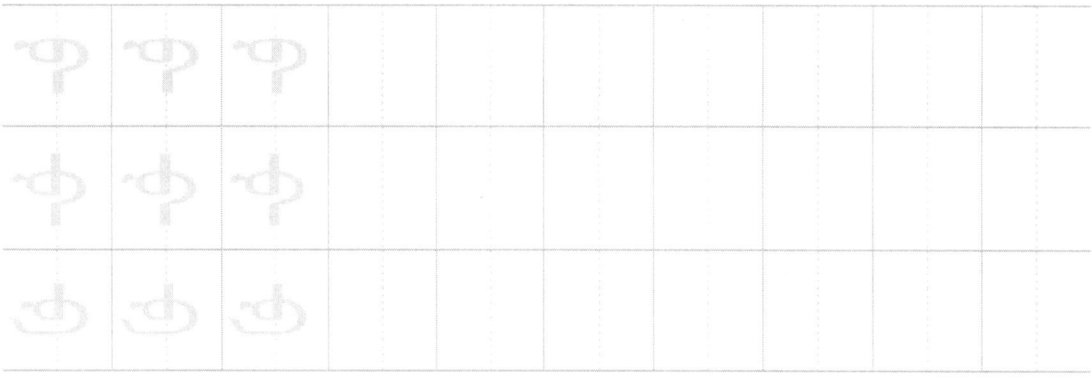

▶ 외래어 f 필기체 연습하기

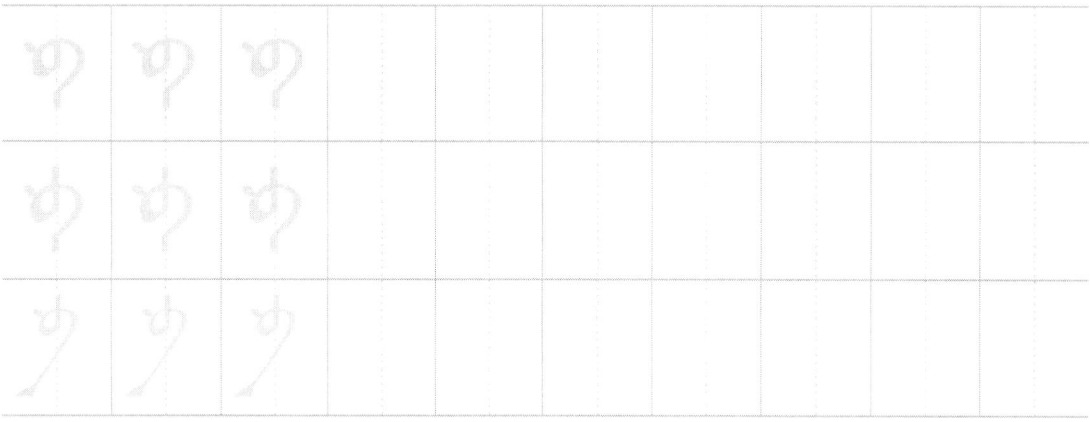

▶ 외래어 f 모음에 따른 변화

라틴전사	fa	fe	fi	fo	fu	fü
키릴몽골문	фа	фэ	фи	фо	фу	фү
어두	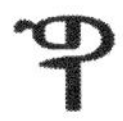	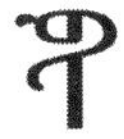	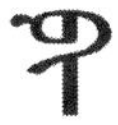	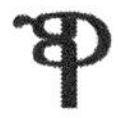	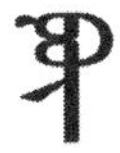	
어중	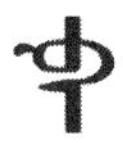	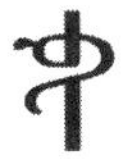	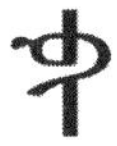	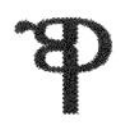	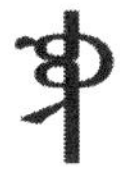	
어말	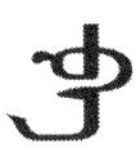	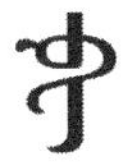	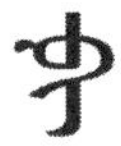	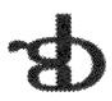	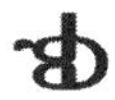	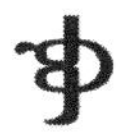

라틴전사	fa	fe	fi	fo	fu	fü
키릴몽골문	фа	фэ	фи	фо	фу	фү
어두	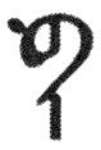	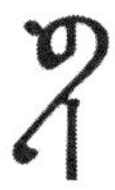	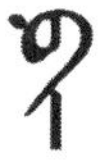	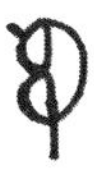	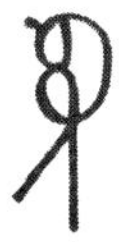	
어중	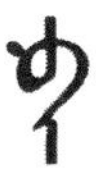	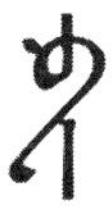	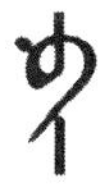	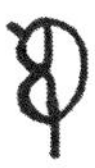	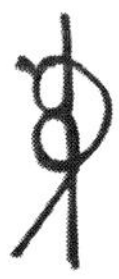	
어말	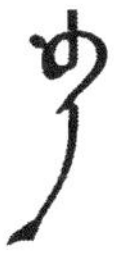	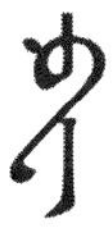	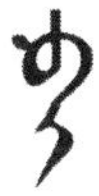	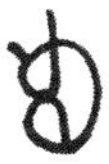	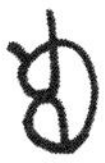	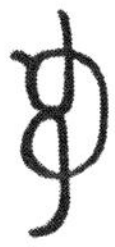

▶ 외래어 f 새로운 단어

전통몽골문	ᠹᠢᠯᠢᠮ	ᠹᠦᠰᠹᠦᠷ
라틴전사	filim	füsfür
키릴몽골문	плёнк	phosphorus
한국어	필름	인(화학원소)

▶ 외래어 f 새로운 단어 연습하기

외래어 h 전통몽골문 인쇄체

라틴전사	h
키릴몽골문	x
어두	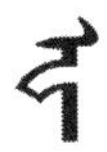
어중	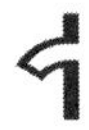
어말	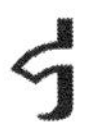

외래어 h 전통몽골문 필기체

라틴전사	h
키릴몽골문	x
어두	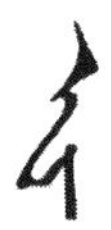
어중	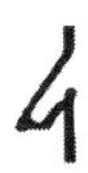
어말	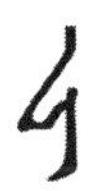

- 외래어 차용어에 해당하는 키릴몽골문 x는 전통몽골문 라틴전사 h에 해당된다.
- 전통몽골문 h는 어두·어중·어말 형태 모두 나무줄기에서 나뭇가지가 튀어나온 모습을 결합시켜 표기한다.
- 전통몽골문 h를 표기할 때는 왼쪽을 기준으로 문자를 써 내려간다.
- 전통몽골문 h는 받침 문자가 존재하지 않는다.

▶ 외래어 h 인쇄체 연습하기

▶ 외래어 h 필기체 연습하기

▶ 외래어 h 모음에 따른 변화

라틴전사	ha	he	hi	ho	hu	hü
키릴몽골문	xa	xэ	xи	xo	xy	xү
어두	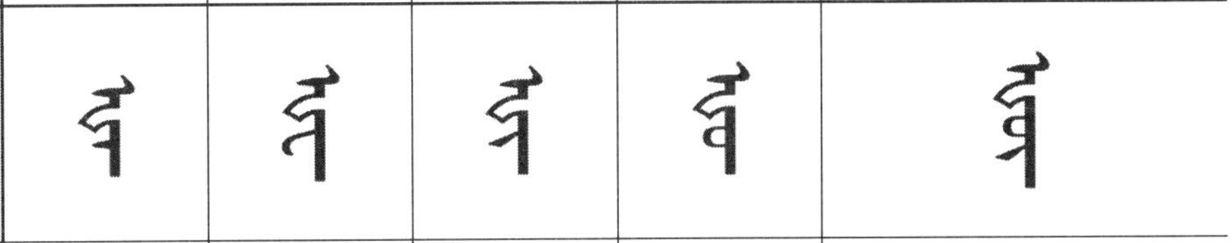					
어중	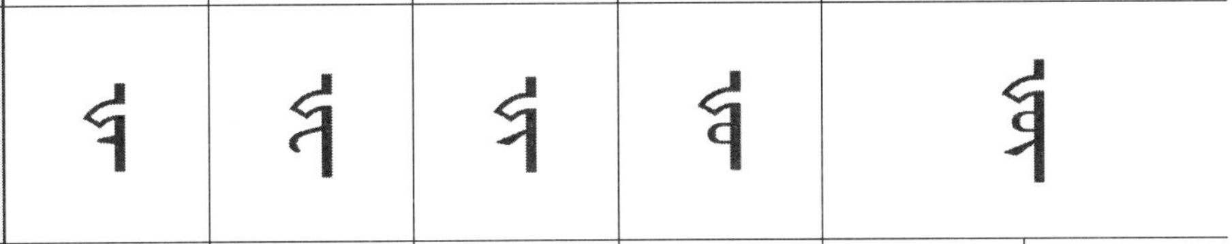					
어말	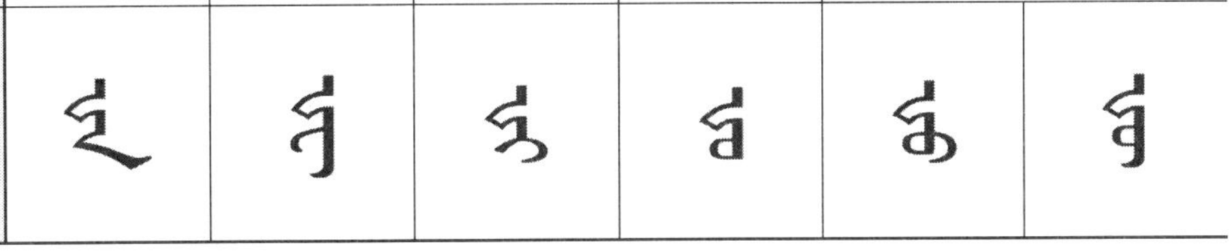					

라틴전사	ha	he	hi	ho	hu	hü
키릴몽골문	xa	xэ	xи	xo	xy	xү
어두	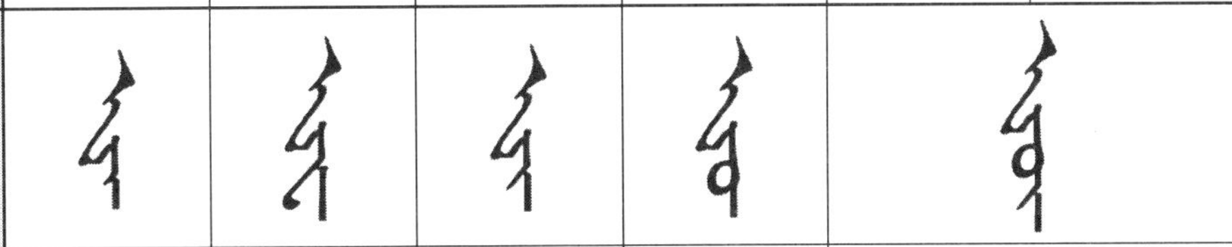					
어중	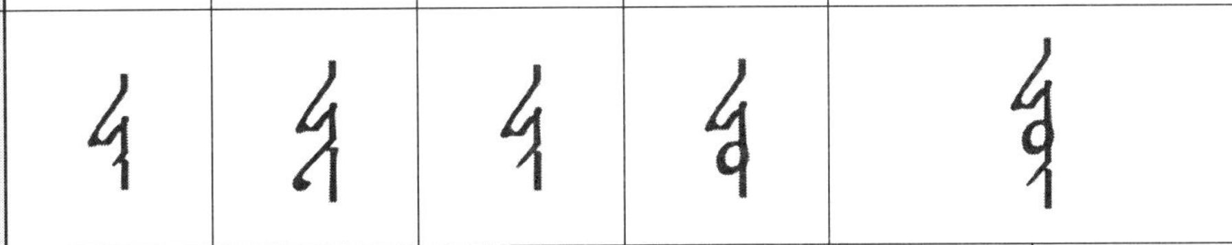					
어말	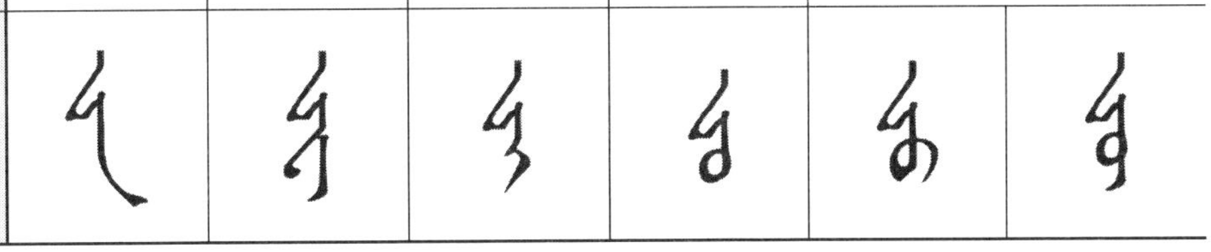					

▶ 외래어 h 새로운 단어

전통몽골문	ᠾᠢᠮᠠᠯᠠᠶ᠎ᠠ	ᠾᠦᠩᠨᠦ	ᠾᠧᠪᠧᠢ	ᠾᠧᠲᠦᠩ
라틴전사	himalay-a	hüngnü	hėbėi	hėtüng[7]
키릴몽골문	гималай	хүннү	Хэбэй	гэрээ
한국어	히말라야	흉노	허베이[8]	계약

전통몽골문	ᠾᠧᠵᠧ ᠦᠨᠳᠦᠰᠦᠲᠡᠨ	ᠾᠦᠸᠧᠵᠢᠶᠠᠨ ᠫᠤᠤ	ᠾᠯᠣᠷ	ᠪᠠᠾᠠᠮᠠ
라틴전사	hėǰė ündüsüten	hüvėǰiyan puu	hlor	bahama
키릴몽골문	Нанайцы	пуу	хлор	Бахам
한국어	허저족[9]	로켓포[10]	염소산[11]	바하마

7 合同(hétong): 계약. 중국 내몽골자치구에서 주로 사용되는 단어.

8 河北(héběi).

9 赫哲族(hèzhézú). 중국 소수 민족의 하나로 헤이룽장(黑龍江)성에 거주함. 나나이족.

10 火箭炮(huǒjiànpào).

11 氯酸(lǜsuān). chloric acid.

▶ **외래어 h 새로운 단어 연습하기**

외래어 lh 전통몽골문 인쇄체

라틴전사	lh
키릴몽골문	лх
어두	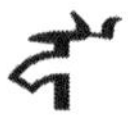
어중	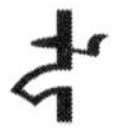
어말	–

외래어 lh 전통몽골문 필기체

라틴전사	lh
키릴몽골문	лх
어두	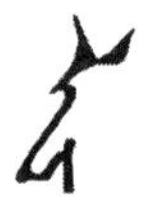
어중	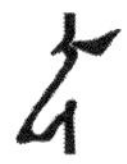
어말	–

- 외래어 차용어에 해당하는 키릴몽골문 лх는 전통몽골문 라틴전사 lh에 해당된다.
- 전통몽골문 lh는 어두·어중·어말 형태 모두 키릴몽골문 л에 해당되는 전통몽골문 라틴전사 l 문자를 결합시켜 표기한다.
- 티베트어에서 차용된 단어를 사용할 때 주로 쓰인다.
- 전통몽골문 lh는 받침 문자가 존재하지 않는다.

▶ 외래어 lh 인쇄체 연습하기

▶ 외래어 lh 필기체 연습하기

▶ 외래어 lh 모음에 따른 변화

라틴전사	lha	lhe	lhi	lho	lhu	lhü
키릴몽골문	лха	лхэ	лхи	лхо	лху	лхү
어두	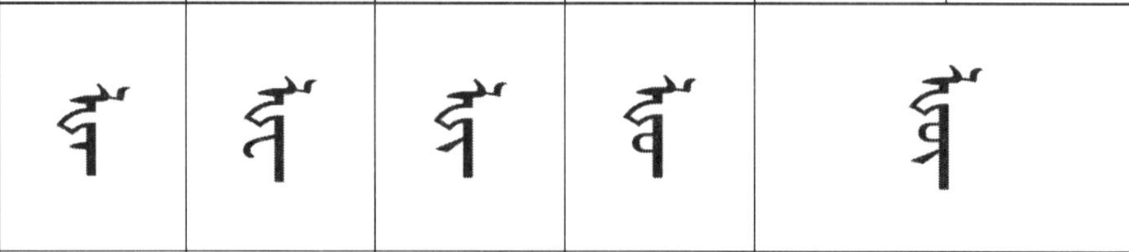					
어중	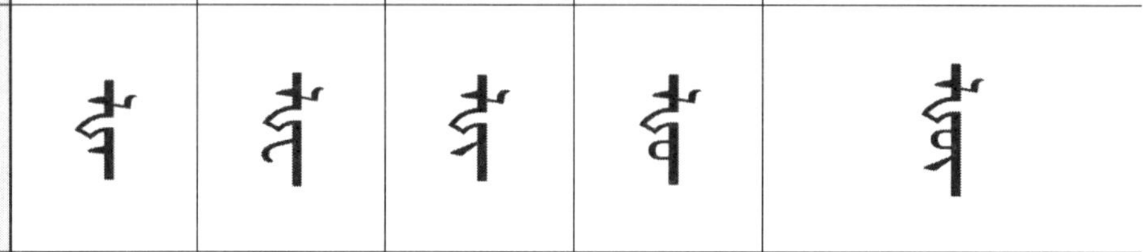					
어말	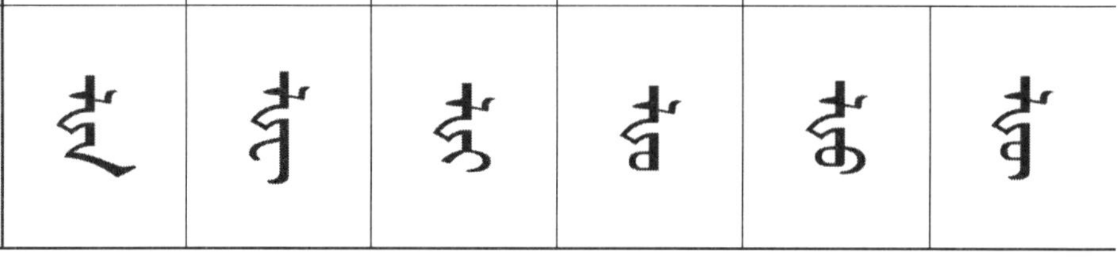					

라틴전사	lha	lhe	lhi	lho	lhu	lhü
키릴몽골문	лха	лхэ	лхи	лхо	лху	лхү
어두	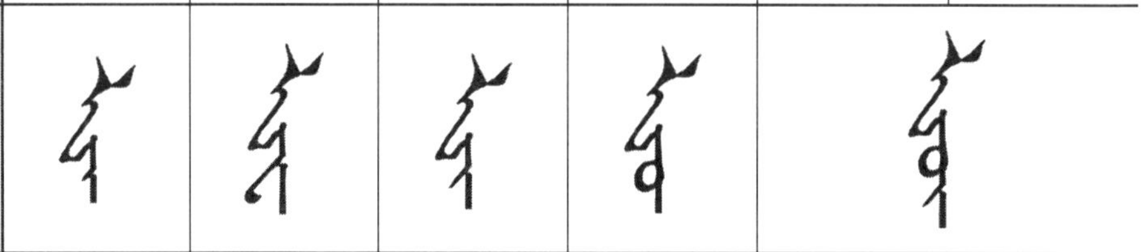					
어중	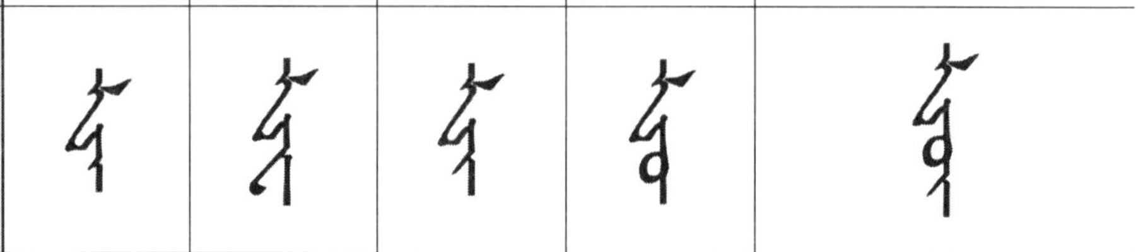					
어말	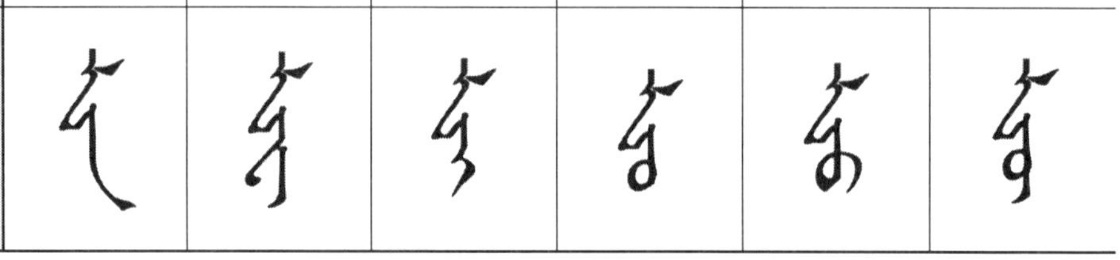					

▶ 외래어 lh 새로운 단어

전통몽골문	ᡀᠠᠰᠠ ᠬᠣᠲᠠ	ᡀᠠᠭᠪᠠ ᠭᠠᠷᠠᠭ	ᡀᠠᠷᠠᠮᠪᠠ
라틴전사	lhasa qota	lhaγba γaraγ	lharamba
키릴몽골문	Лхас хот	лхагва гараг	лхарамба
한국어	라싸시[12]	수요일	몽골, 티베트 불교에서 받을 수 있는 최고의 학위

▶ 외래어 lh 새로운 단어 연습하기

12 중국 티베트(西藏)자치구의 수도.

외래어 ḱ 전통몽골문 인쇄체

라틴전사	ḱ
키릴몽골문	к
어두	
어중	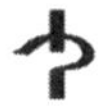
어말	

외래어 ḱ 전통몽골문 필기체

라틴전사	ḱ
키릴몽골문	к
어두	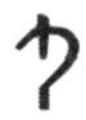
어중	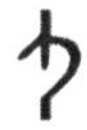
어말	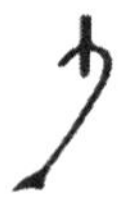

- 외래어 차용어에 해당하는 키릴몽골문 к는 전통몽골문 라틴전사 ḱ에 해당된다.
- 전통몽골문 ḱ는 어두·어중·어말 형태 모두 전통몽골문 g/k에 위쪽에 수직으로 선을 그은 형태를 결합시켜 표기한다.
- 전통몽골문 ḱ는 받침 문자가 존재하지 않는다.

▶ 외래어 ḱ 인쇄체 연습하기

▶ 외래어 ḱ 필기체 연습하기

▶ 외래어 ḱ 모음에 따른 변화

라틴전사	ḱa	ḱe	ḱi	ḱo	ḱu	ḱü
키릴몽골문	ка	кэ	ки	ко	ку	кү
어두		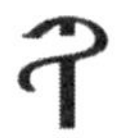		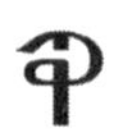	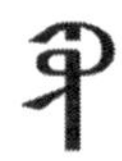	
어중	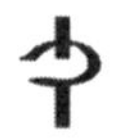	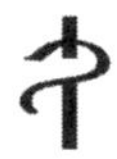	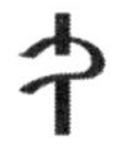	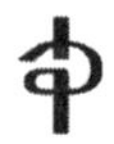	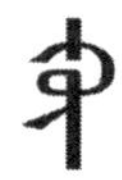	
어말	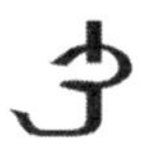	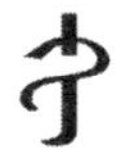	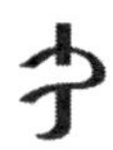	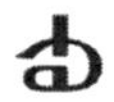		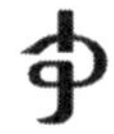

라틴전사	ḱa	ḱe	ḱi	ḱo	ḱu	ḱü
키릴몽골문	ка	кэ	ки	ко	ку	кү
어두	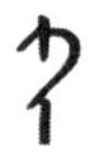	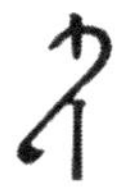	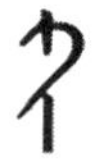	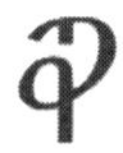	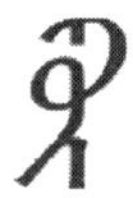	
어중	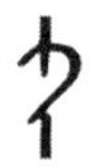	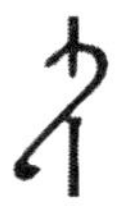	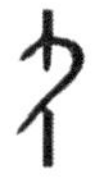	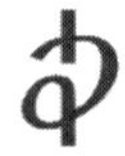	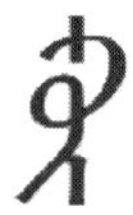	
어말	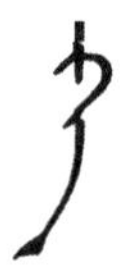	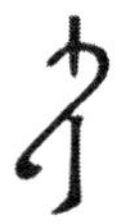	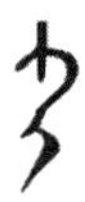	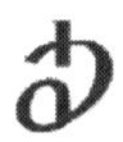	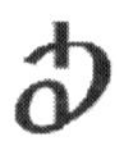	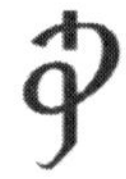

▶ 외래어 ḱ 새로운 단어

전통몽골문	ᠻᠣᠹᠢ	ᠻᠠᠹᠧ	ᠻᠣᠮᠫᠢᠶᠦᠲᠧᠷ	ᠻᠢᠨᠣ
라틴전사	ḱofi	ḱafė	ḱompiyüṫėr	ḱino
키릴몽골문	кофе	кафе	компьютер	кино
한국어	커피	카페	컴퓨터	영화

▶ 외래어 ḱ 새로운 단어 연습하기

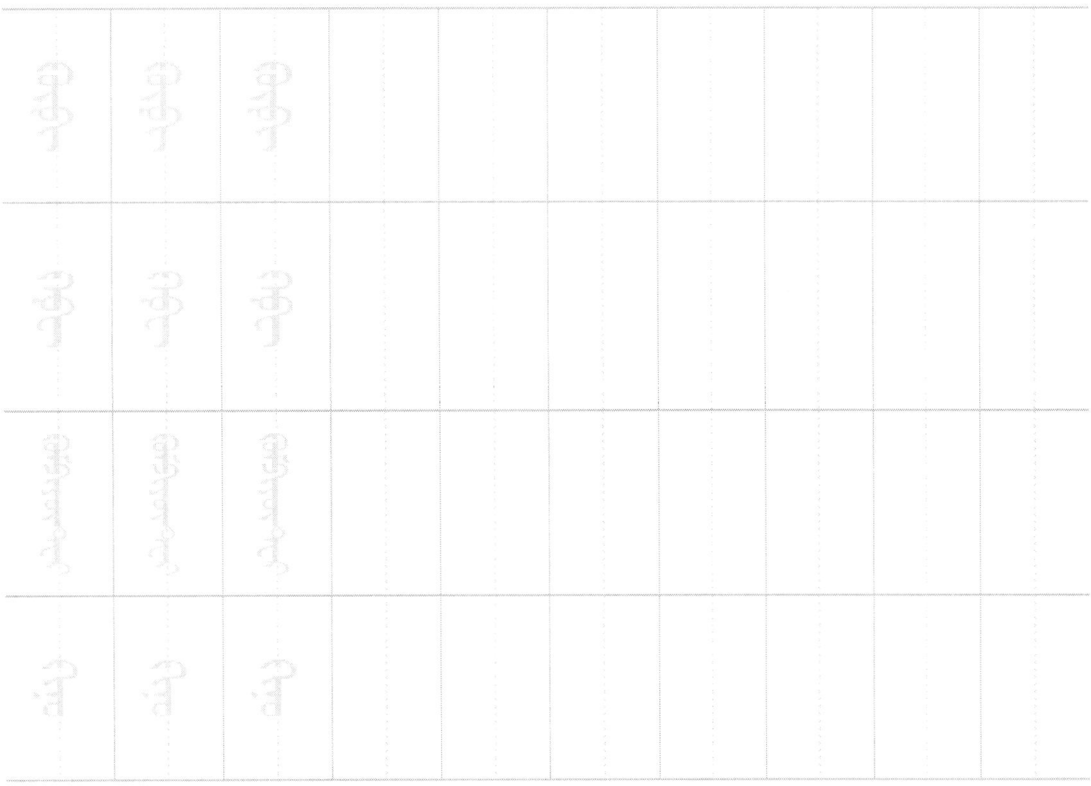

외래어 p 전통몽골문 인쇄체

라틴전사	p
키릴몽골문	п
어두	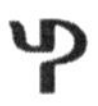
어중	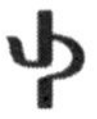
어말	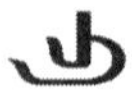

외래어 p 전통몽골문 필기체

라틴전사	p
키릴몽골문	п
어두	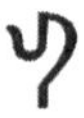
어중	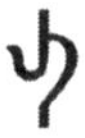
어말	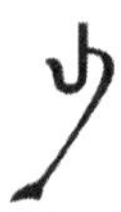

- 키릴몽골문 п는 전통몽골문 라틴전사 p에 해당된다.
- 전통몽골문 b에서 윗부분이 변형된 형태이다.
- 전통몽골문 p는 어두·어중·어말 형태 모두 목을 하늘을 향해 들고 있는 뱀의 형태를 결합시켜 표기한다.
- 전통몽골문 p는 받침 문자가 존재하지 않는다.
- p가 포함된 단어는 대부분 외래어이지만, 일반 단어 중에서 사용되는 전통몽골문 p는 외래어 p와 동일한 형태로 표기한다.

▶ 외래어 p 인쇄체 연습하기

▶ 외래어 p 필기체 연습하기

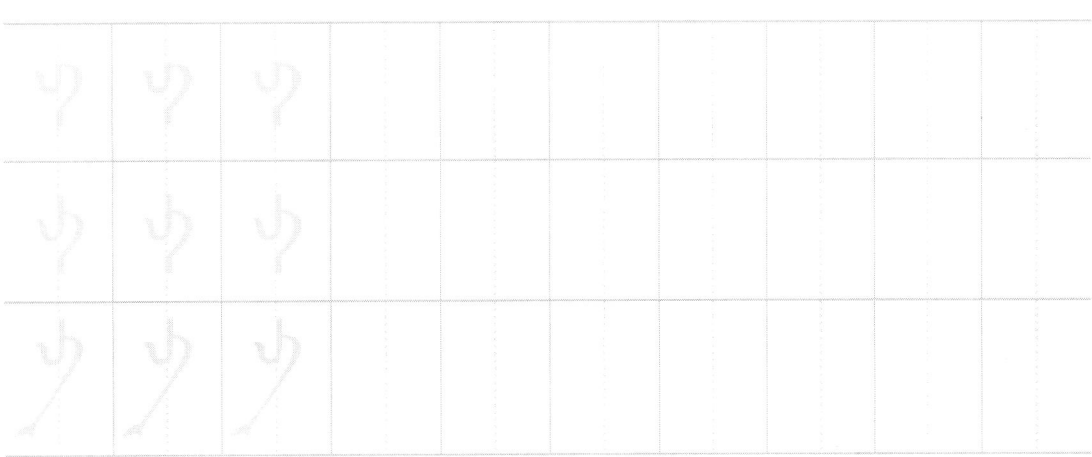

▶ 외래어 p 모음에 따른 변화

라틴전사	pa	pe	pi	po	pu	pö	pü
키릴몽골문	па	пэ	пи	по	пу	пө	пү
어두	ᠫᠠ		ᠫᠢ	ᠫᠣ		ᠫᠥ	
어중	ᠫᠠ		ᠫᠢ	ᠫᠣ			
어말	ᠫᠠ ᠫᠡ		ᠫᠢ	ᠫᠣ			

라틴전사	pa	pe	pi	po	pu	pö	pü
키릴몽골문	па	пэ	пи	по	пу	пө	пү
어두	ᠫᠠ		ᠫᠢ	ᠫᠣ		ᠫᠥ	
어중	ᠫᠠ		ᠫᠢ	ᠫᠣ			
어말	ᠫᠠ ᠫᠡ		ᠫᠢ	ᠫᠣ			

외래어 z 전통몽골문 인쇄체

라틴전사	z
키릴몽골문	з
어두	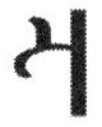
어중	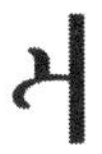
어말	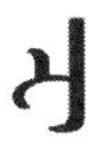

외래어 z 전통몽골문 필기체

라틴전사	z
키릴몽골문	з
어두	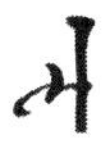
어중	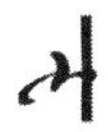
어말	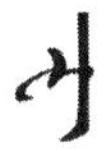

- 외래어 차용어에 해당하는 키릴몽골문 з는 전통몽골문 라틴전사 z에 해당된다.
- 전통몽골문 z는 어두·어중·어말 형태 모두 전통몽골문 č에 왼쪽 아래에 깃털이 삐져나온 모양을 결합시켜 표기한다.
- 전통몽골문 z를 표기할 때는 왼쪽을 기준으로 문자를 써 내려간다.
- 전통몽골문 z는 받침 문자가 존재하지 않는다.

▶ **외래어 z 인쇄체 연습하기**

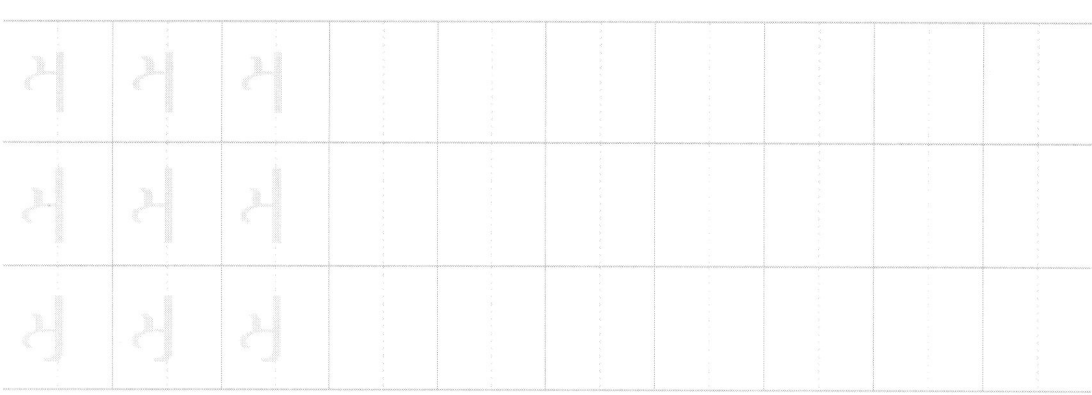

▶ **외래어 z 필기체 연습하기**

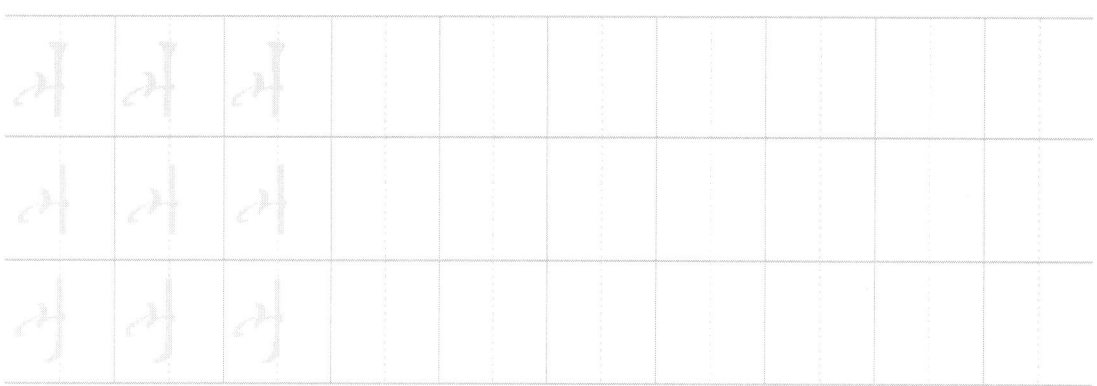

▶ 외래어 z 모음에 따른 변화

라틴전사	za	ze	zi	zo	zu	zü
키릴몽골문	за	зэ	зи	зо	зу	зү
어두	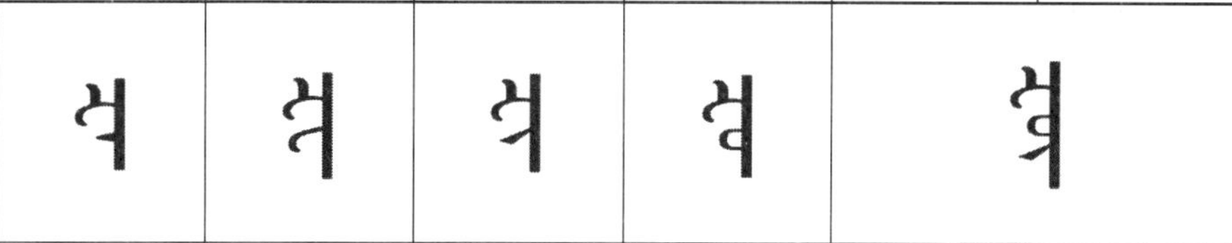					
어중	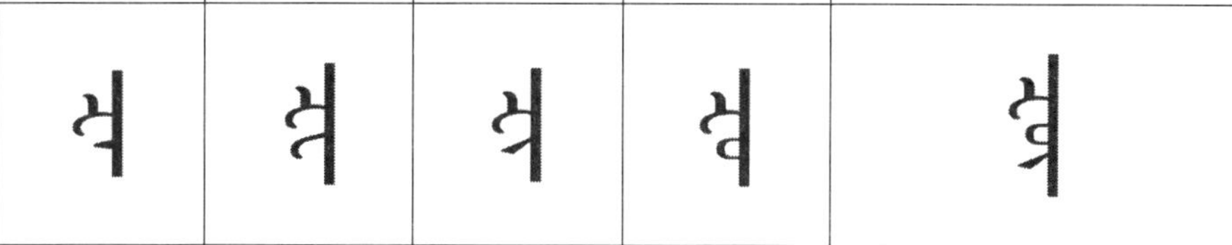					
어말	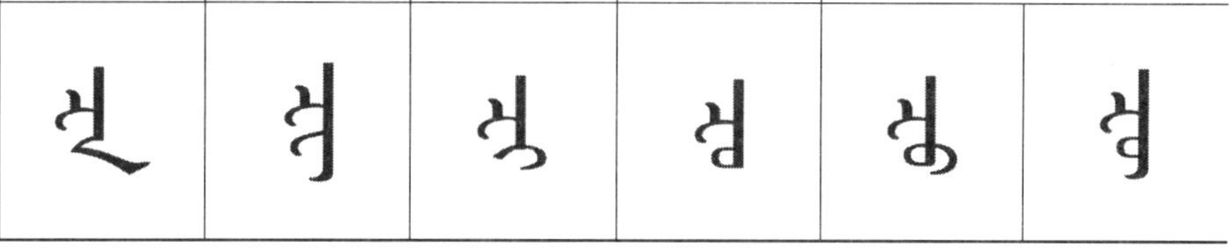					

라틴전사	za	ze	zi	zo	zu	zü
키릴몽골문	за	зэ	зи	зо	зу	зү
어두	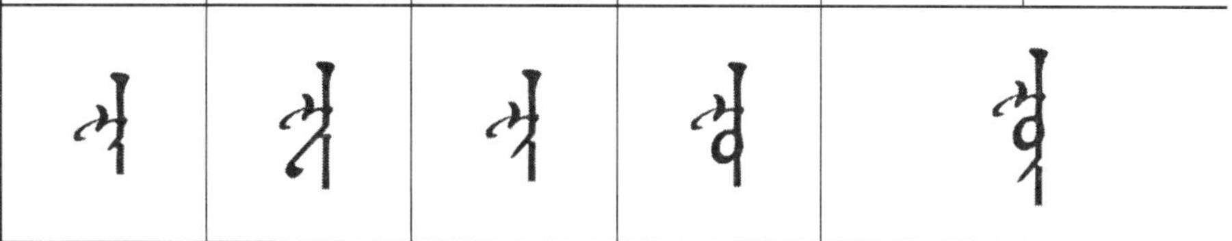					
어중	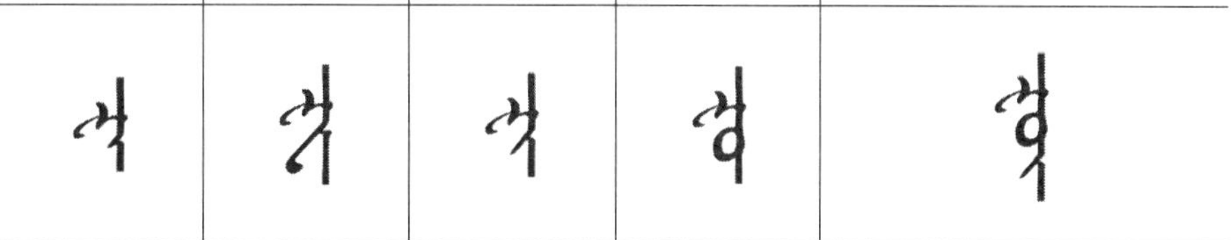					
어말	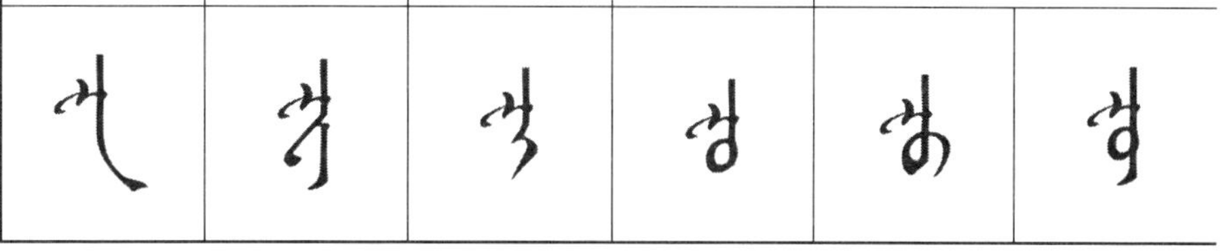					

▶ 외래어 z 새로운 단어

전통몽골문	ᠮᠦᠽᠧᠢ	ᠠᠽᠢᠶ᠎ᠠ ᠲᠢᠪ	ᠽᠠᠨᠳᠠᠨ
라틴전사	müzėi	aziy-a tib	zandan
키릴몽골문	музей	ази тив	зандан
한국어	박물관	아시아	단향, 단목

▶ 외래어 z 새로운 단어 연습하기

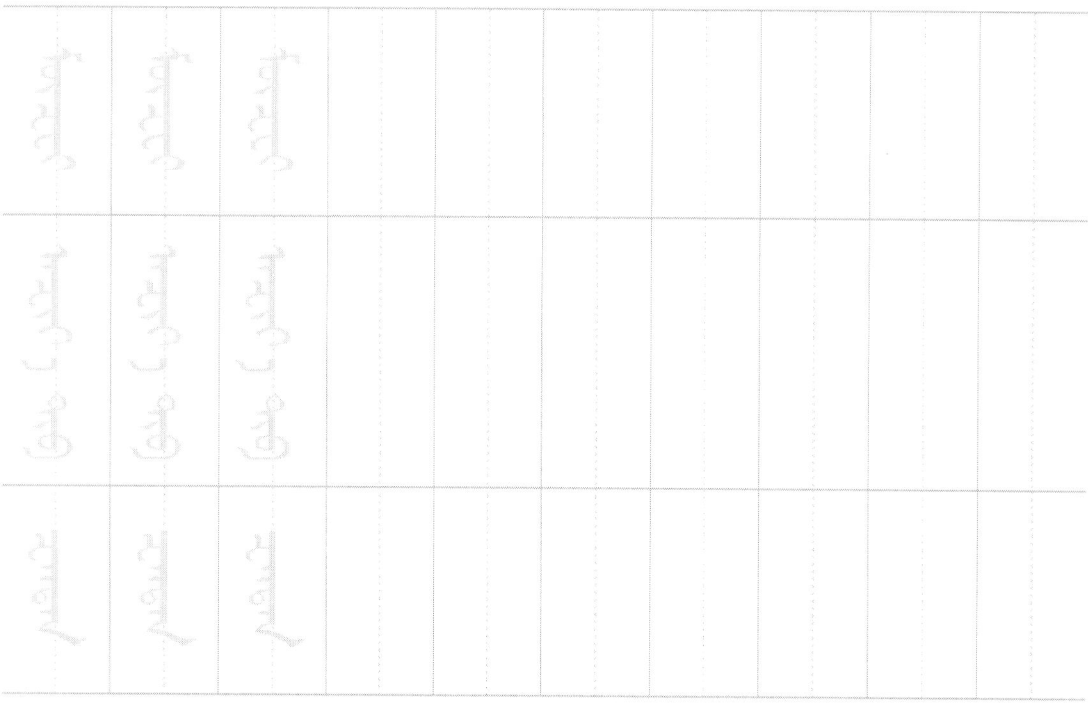

외래어 ž 전통몽골문 인쇄체

라틴전사	ž
키릴몽골문	ж
어두	
어중	
어말	

외래어 ž 전통몽골문 필기체

라틴전사	ž
키릴몽골문	ж
어두	
어중	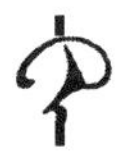
어말	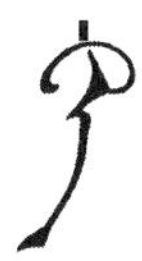

- 외래어 차용어에 해당하는 키릴몽골문 ж는 전통몽골문 라틴전사 ž에 해당된다.
- 전통몽골문 ž는 어두·어중·어말 형태 모두 전통몽골문 모음 a/e에 우산을 씌운 듯한 형태를 결합시켜 표기한다.
- 전통몽골문 ž는 받침 문자가 존재하지 않는다.

▶ **외래어 ž 인쇄체 연습하기**

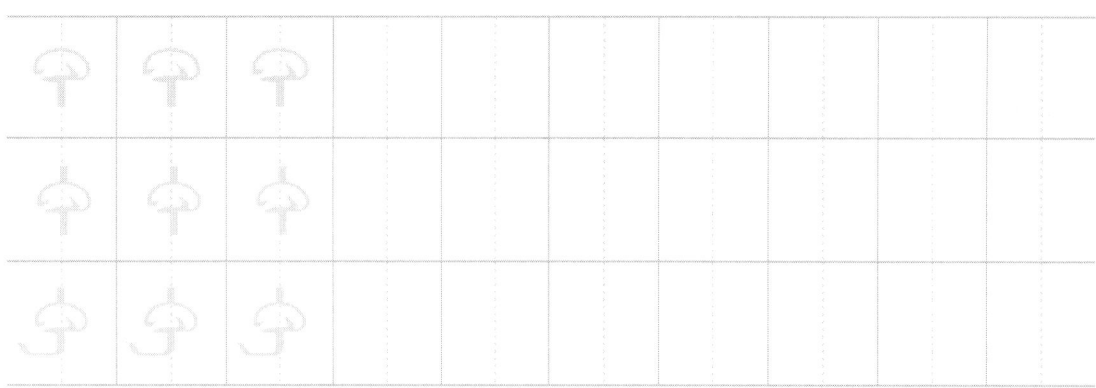

▶ **외래어 ž 필기체 연습하기**

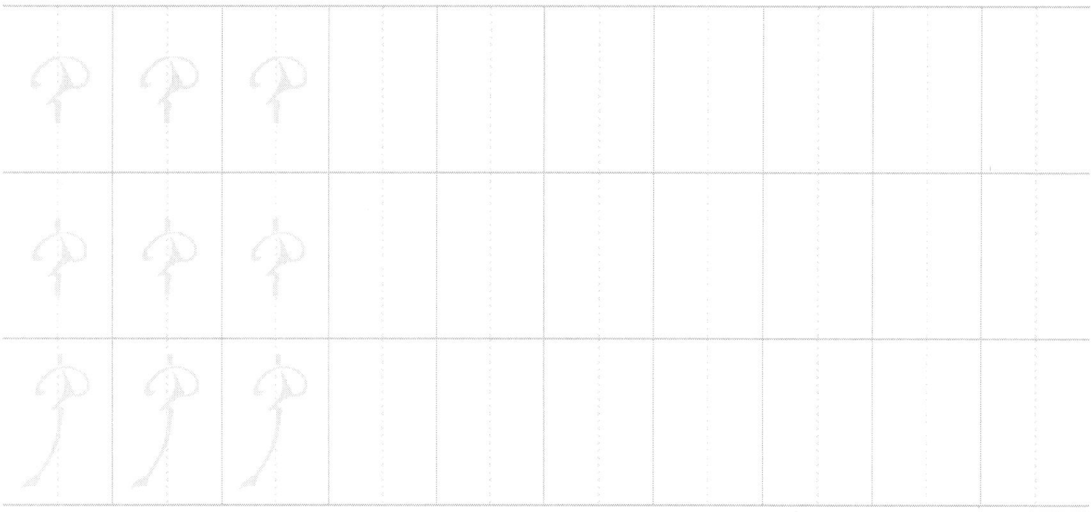

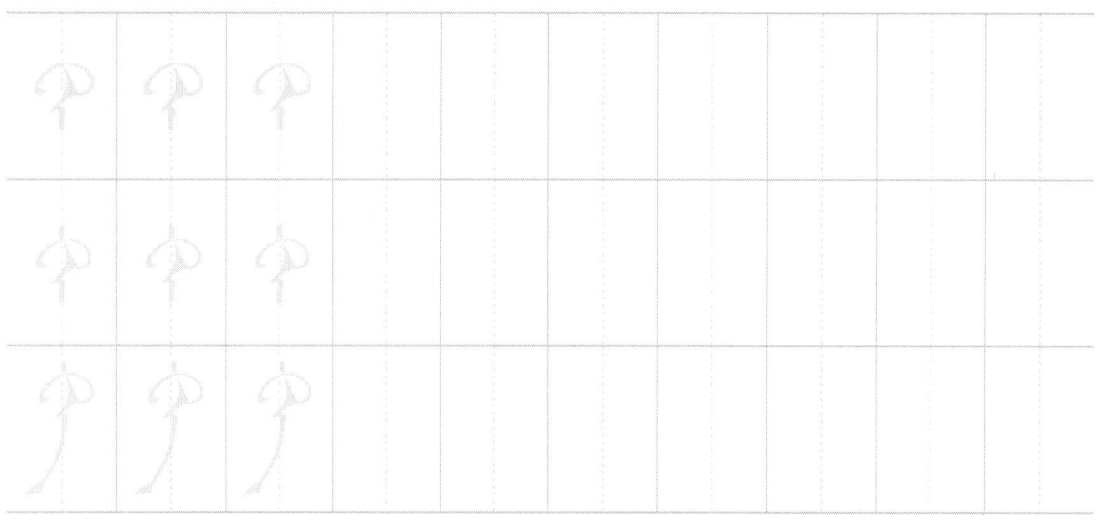

▶ 외래어 ž 모음에 따른 변화

라틴전사	ža	že	ži	žo	žu	žü
키릴몽골문	жа	жэ	жи	жо	жу	жү
어두	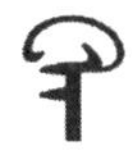	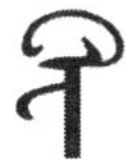	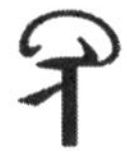	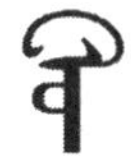	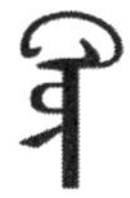	
어중	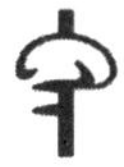	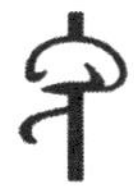		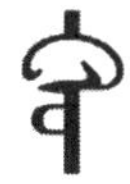	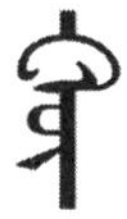	
어말		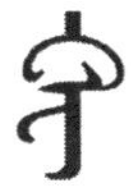	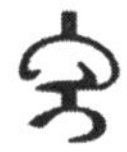	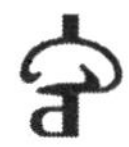	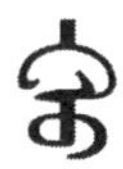	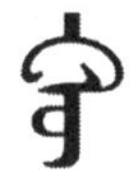

라틴전사	ža	že	ži	žo	žu	žü
키릴몽골문	жа	жэ	жи	жо	жу	жү
어두		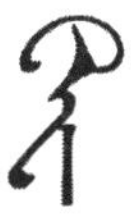	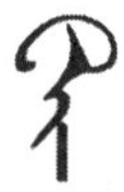	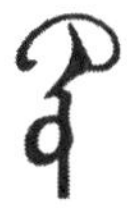	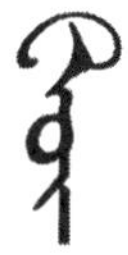	
어중		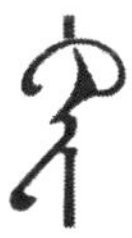	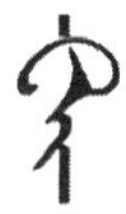	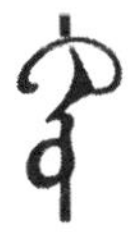	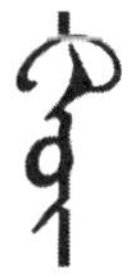	
어말	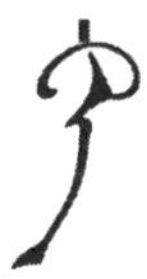	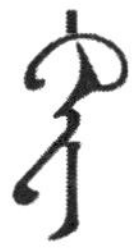	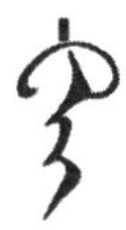	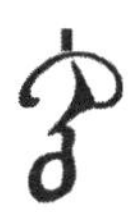	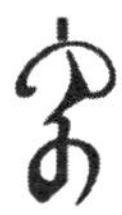	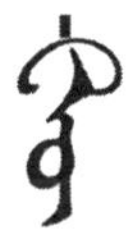

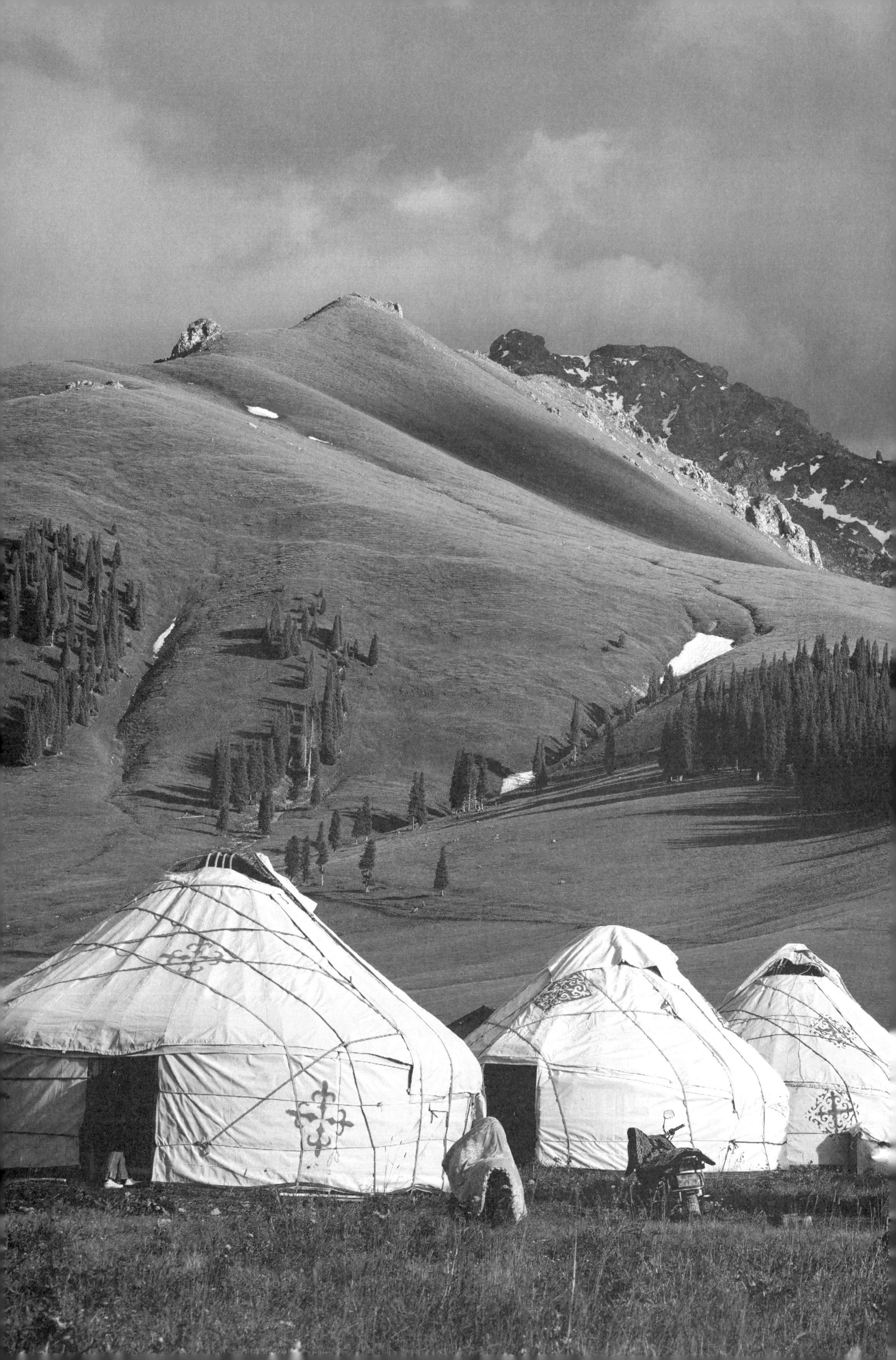

13과

숫자, 몽골 문자 명칭, 문장부호

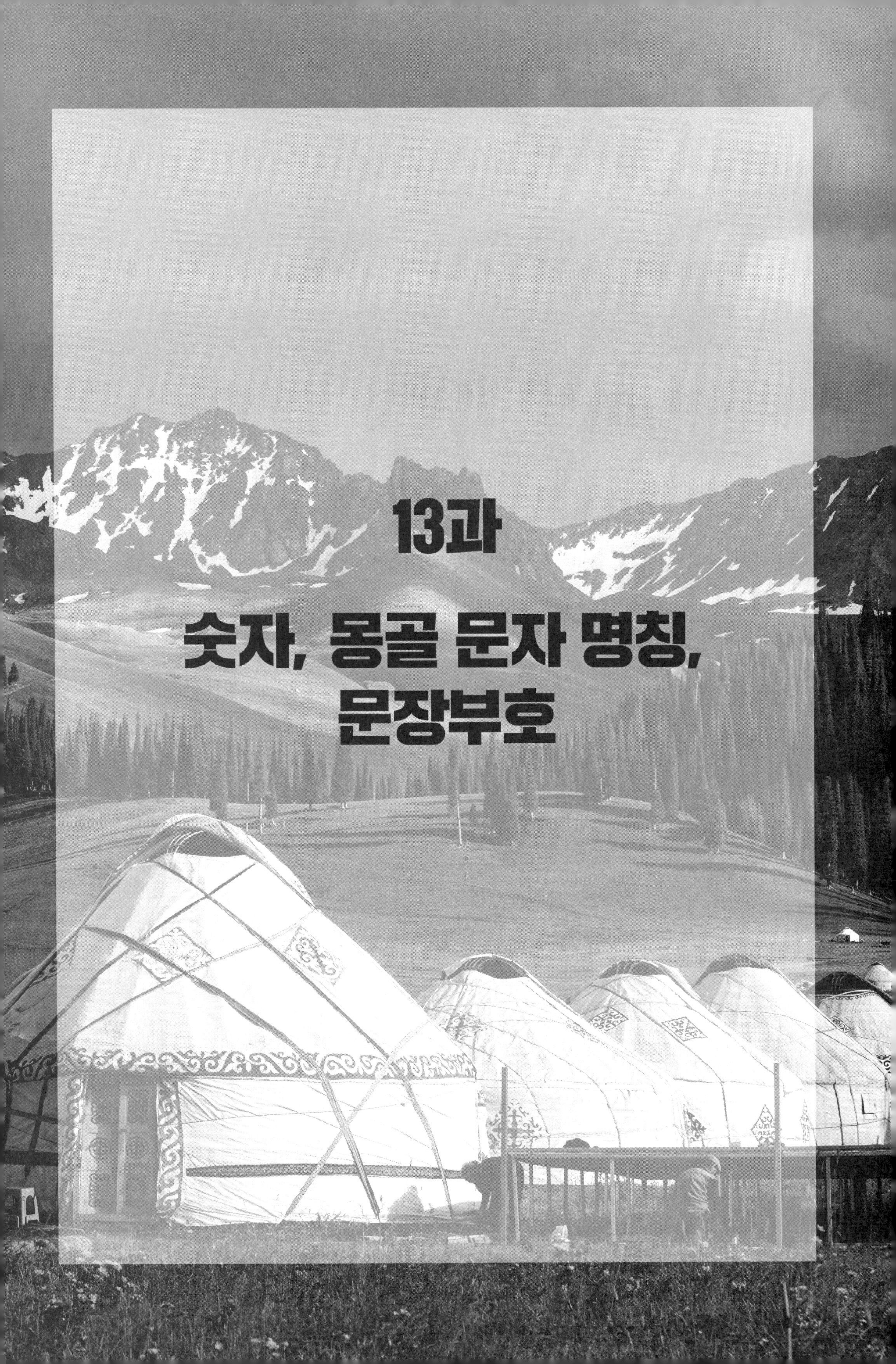

숫자

숫자	0	1	2	3	4	5	6	7	8	9
몽골식 숫자	᠐	᠑	᠒	᠓	᠔	᠕	᠖	᠗	᠘	᠙
라틴전사	teg	nige	qoyar	γurba	dörbe	tabu	ǰirγuγ-a	doluγ-a	naima	yisü
키릴몽골문	тэг	нэг	хоёр	гурав	дөрөв	тав	зургаа	долоо	найм	ес
전통몽골문	ᠲᠡᠭ	ᠨᠢᠭᠡ	ᠬᠣᠶᠠᠷ	ᠭᠤᠷᠪᠠ	ᠳᠦᠷᠪᠡ	ᠲᠠᠪᠤ	ᠵᠢᠷᠭᠤᠭ᠎ᠠ	ᠳᠣᠯᠣᠭ᠎ᠠ	ᠨᠠᠢ᠌ᠮᠠ	ᠶᠢᠰᠦ

숫자	10	100	1000	10000	100000
몽골식 숫자	᠑᠐	᠑᠐᠐	᠑᠐᠐᠐	᠑᠐᠐᠐᠐	᠑᠐᠐᠐᠐᠐
라틴전사	arba	ǰaγu	mingγ-a	tüme	say-a
키릴몽골문	арав	зуу	мянга	түм	сая
전통몽골문	ᠠᠷᠪᠠ	ᠵᠠᠭᠤ	ᠮᠢᠩᠭ᠎ᠠ	ᠲᠦᠮᠡ	ᠰᠠᠶ᠎ᠠ

연산기호	+	-	×	÷	=	<	>
라틴전사	nemekü	qasuqu	üreǰikü	qubiyaqu	~tai^{2} adali	~ača^{2} baγ-a	~ača^{2} yeke
키릴몽골문	нэмэх	хасах	үржих	хуваах	~тай^{3} адил	~аас^{4} бага	~аас^{4} их
전통몽골문	ᠨᠡᠮᠡᠬᠦ	ᠬᠠᠰᠤᠬᠤ	ᠦᠷᠡᠵᠢᠬᠦ	ᠬᠤᠪᠢᠶᠠᠬᠤ	~ᠲᠠᠢ ᠠᠳᠠᠯᠢ	~ᠠᠴᠠ ᠪᠠᠭ᠎ᠠ	~ᠠᠴᠠ ᠶᠡᠬᠡ

숫자 표현 예시 문제

① ᠑᠐᠐᠐ + ᠑᠓᠑᠒ = 2312

② ᠓᠘ - ᠑᠙ = 19

③ ᠒᠑ × ᠑᠕ = 315

④ ᠒᠐᠓ + ᠑᠐᠑ = 102

⑤ ᠔᠐᠐ ÷ ᠑᠐ = 40

정수 이외의 숫자 읽기

숫자	0.3	1/4	20%
라틴전사	teg arban-u ɣurba	dörben-ü nige	qorin qubi
키릴몽골문	тэг аравны гурав	дөрөвний нэг	хорин хувь
전통몽골문	ᠲᠡᠭ ᠠᠷᠪᠠᠨ ᠤ ᠭᠤᠷᠪᠠ	ᠳᠦᠷᠪᠡᠨ ᠦ ᠨᠢᠭᠡ	ᠬᠣᠷᠢᠨ ᠬᠤᠪᠢ

전통몽골문자 각 부분 명칭

형태										
전통 몽골문	ᠲᠢᠲᠢᠮ	ᠰᠢᠳᠦ	ᠨᠢᠷᠤᠭᠤ	ᠰᠢᠯᠪᠢ	ᠡᠲᠡᠭᠡᠷ ᠰᠢᠯᠪᠢ	ᠮᠠᠲᠠᠭᠠᠷ ᠰᠢᠯᠪᠢ	ᠥᠷᠭᠡᠰᠦᠲᠦ ᠲᠡᠢ ᠰᠢᠯᠪᠢ	ᠭᠣᠭᠴᠤᠭ᠎ᠠ ᠲᠠᠢ ᠰᠢᠯᠪᠢ	ᠬᠥᠨᠳᠡᠢ ᠰᠢᠯᠪᠢ	ᠠᠷᠤᠳ ᠤᠨ ᠰᠢᠯᠪᠢ
라틴전사	titim	sidü	niruɣu	silbi	eteger silbi	mataɣar silbi	örgesütü-tei silbi	ɣoɣčuɣ-a-tai silbi	köndei silbi	arud-un silbi
키릴 몽골문	Титим/ Титэм	Шуд	Нуруу	шилбэ	Этгэр шилбэ	Матгар шилбэ	Өргөстэй шилбэ	Гогцоотой шилбэ	Хөндий шилбэ	Ардын шилбэ
한국어	나뭇가지	이빨	등	줄기	위로 젖힌 줄기	휜 줄기	가시 줄기	고리가 있는 줄기	빈 줄기	뒤가 있는 줄기

형태										
전통 몽골문	ᠭᠡᠳᠡᠰᠦ	ᠵᠠᠪᠢᠵᠢ	ᠣᠷᠬᠢᠴᠠ	ᠰᠡᠭᠦᠯ	ᠨᠤᠮᠤ	ᠡᠪᠡᠷ	ᠭᠡᠵᠢᠭᠡ · ᠡᠪᠡᠷ	ᠰᠣᠶᠤᠭ᠎ᠠ	ᠰᠡᠷᠡᠭᠡ ᠡᠪᠡᠷ · ᠠᠴᠠ	ᠶᠠᠲᠠᠭᠠᠷ ᠵᠠᠷᠲᠢᠭ
라틴전사	gedesü	ǰabiǰi	orkiča	segül	numu	eber	geǰige/ eber	soyuɣ-a	serege eber/ ača	yataɣar ǰartiɣ
키릴 몽골문	Гэдэс	Завиж/ Завьж	Орхиц/ Цацлага	Сүүл	Нум	Эвэр	Гэзэг/ Эвэр	Соёо	Сэрээ эвэр/ Ац	Ятгар зартиг
한국어	배/복부	입가	삐침	꼬리	활	뿔	머리를 땋다/뿔	송곳니/ 싹	포크 (모양의) 뿔/갈퀴	컴퍼스

전통몽골문자 문장부호

문장부호	᠀ ᠀ ᠀ ᠀ [⁝]	᠂	᠃	᠉	⋮	᠄
전통 몽골문	ᠪᠢᠷᠭ᠎ᠠ	ᠲᠠᠰᠤᠯᠤᠯ	ᠳᠠᠪᠬᠤᠷ ᠴᠡᠭ	ᠳᠦᠷᠪᠡᠯᠵᠢᠨ ᠴᠡᠭ	ᠴᠤᠪᠤᠭ᠎ᠠ ᠴᠡᠭ	ᠬᠣᠣᠰ ᠴᠡᠭ
라틴전사	birγ-a	tasulul	dabqur čeg	dörbelǰin čeg	čubuγ-a čeg	qoos čeg
키릴 몽골문	бярга	таслал	давхар цэг	дөрвөлжин цэг	цуваа цэг	хос цэг
한국어	책, 장, 구절 또는 첫 줄의 시작 표시	쉼표	마침표	구절, 단락 또는 챕터의 끝 표시	생략 부호	콜론(:)

문장부호	' '	“ ‘	︿﹀ ︽︾ ︵︶ ︹︺	!	?
전통 몽골문	ᠵᠢᠷᠤᠭᠠᠰᠤ	ᠬᠠᠰᠢᠯᠲᠠ	ᠬᠠᠭᠠᠯᠲᠠ	ᠠᠩᠬᠠᠷᠤᠯ ᠤᠨ ᠲᠡᠮᠳᠡᠭ	ᠠᠰᠠᠭᠤᠯᠲᠠ ᠶᠢᠨ ᠲᠡᠮᠳᠡᠭ
라틴전사	зураас	хашилт	хаалт	анхаарлын тэмдэг	асуултын тэмдэг
키릴 몽골문	ǰiruγasu	qasilta	qaγalta	angqarul-un temdeg	asaγulta-yin temdeg
한국어	하이픈	따옴표, 인용부호	괄호	느낌표	물음표

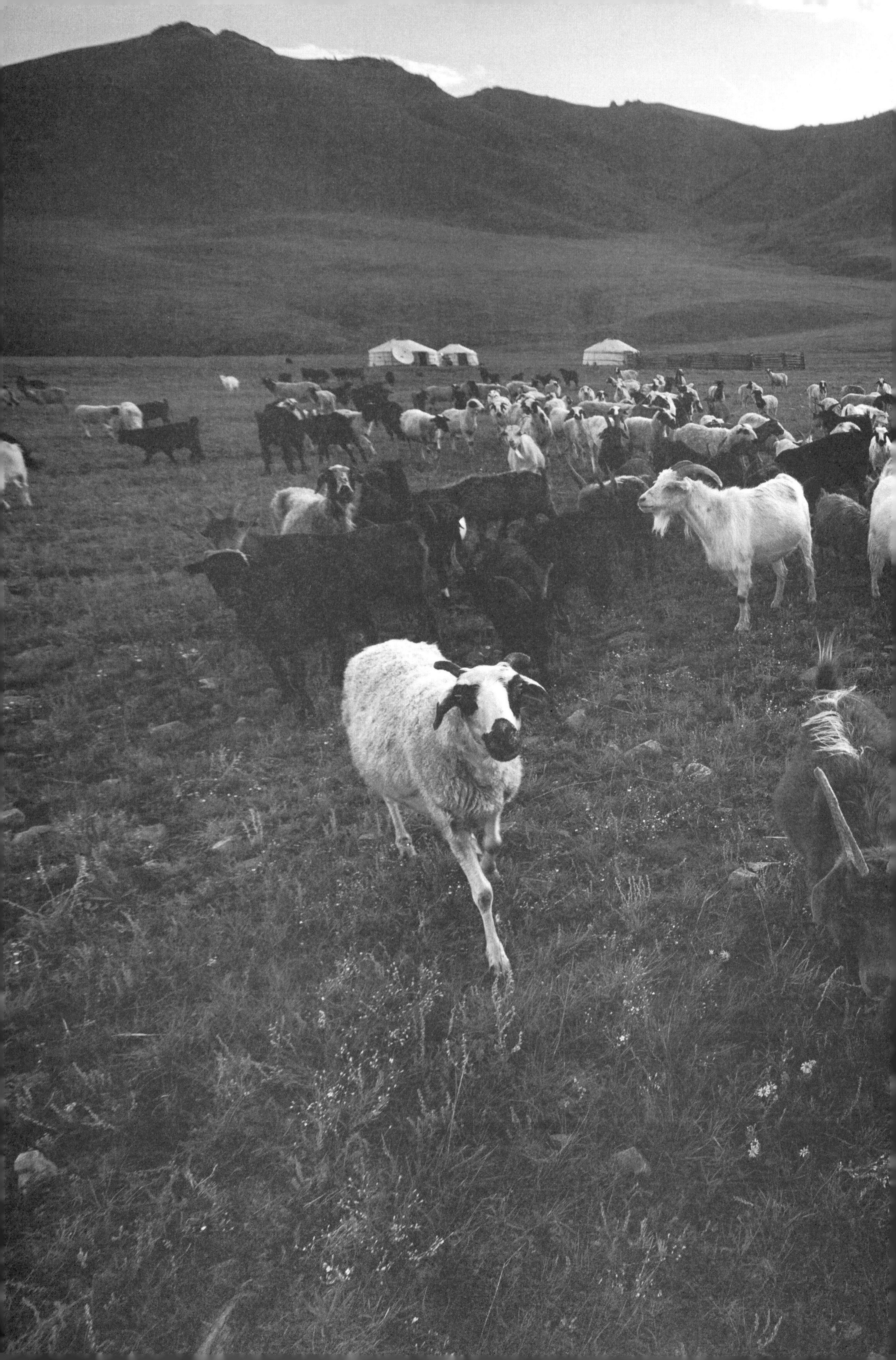

14과

전통몽골문 기초문법

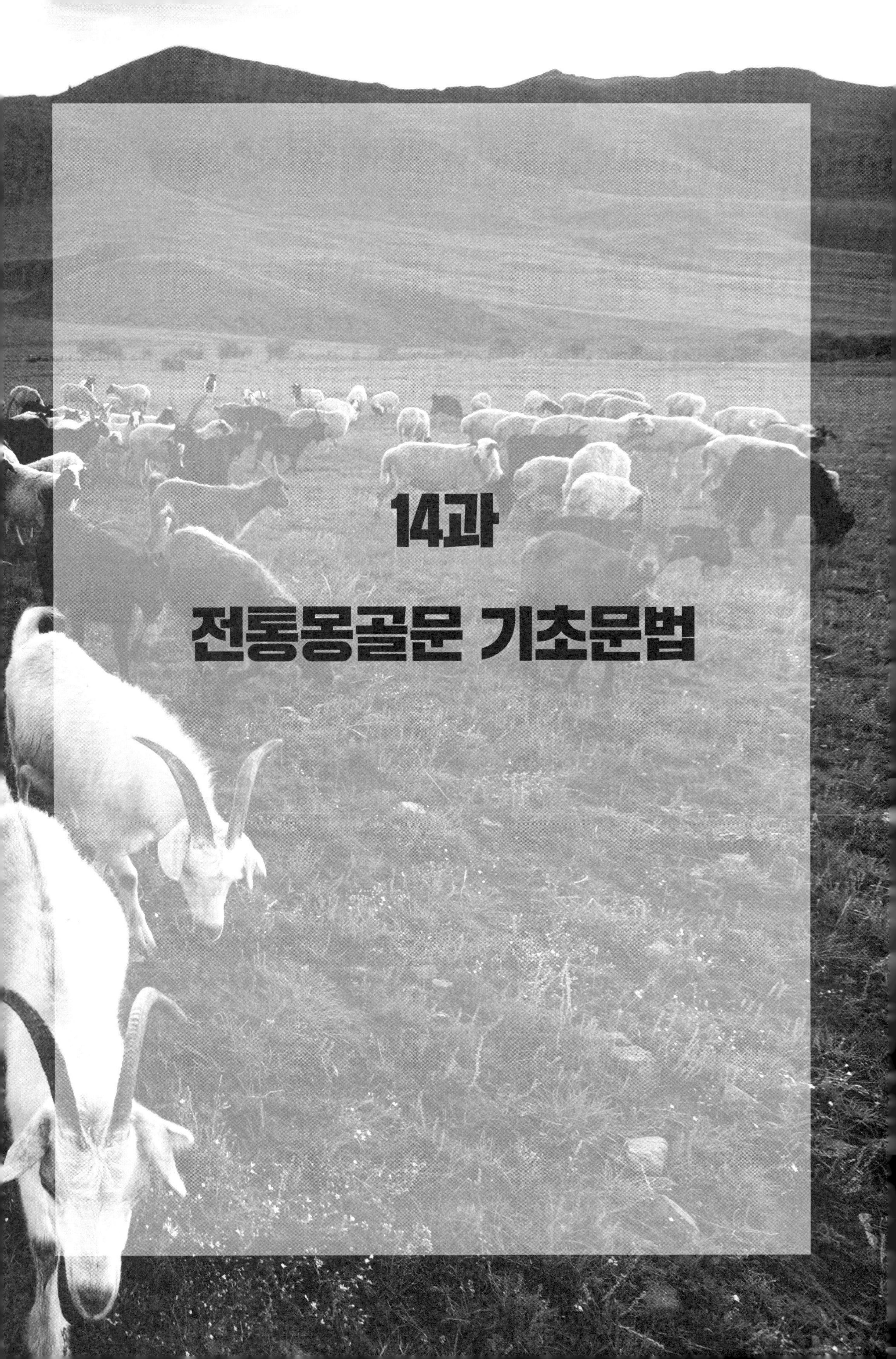

기초문법 복습

1. 모음 조화

양성 모음(a, o, u)은 양성 모음과 함께 결합되고, 음성 모음(e, ö, ü)은 음성 모음과 함께 결합된다. 단, 어중 모음 i는 중립적인 모음으로, 양성 모음과 음성 모음 모든 모음에 결합될 수 있다.

단어 구분	예시									
양성 단어	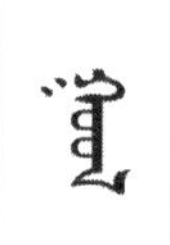	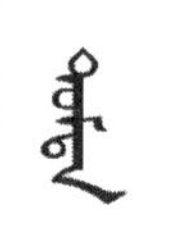	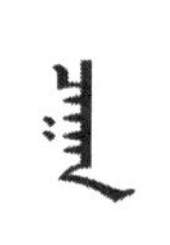	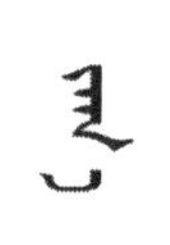	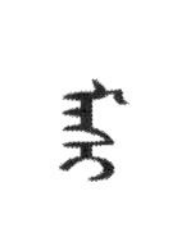	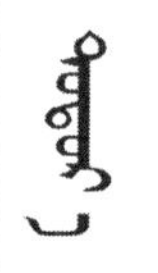	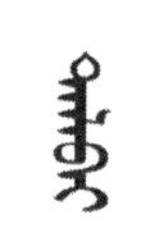	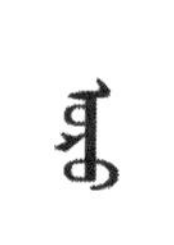	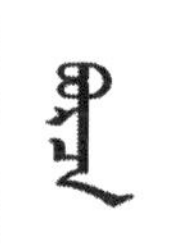	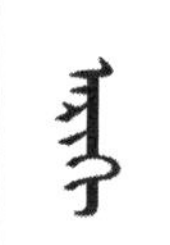
라틴전사	γool	dumda	čaγan	ǰaq-a	masi	dotur	talabai	oru	borča	ariki
현대 키릴몽골문	гол	дунд	цагаан	зах	маш	дотор	талбай	ор	борц	архи
한국어	강	중간에	흰	가장자리	매우	속	광장	침대	육포	술
음성 단어	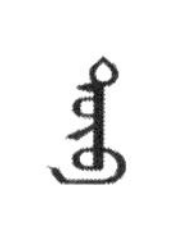	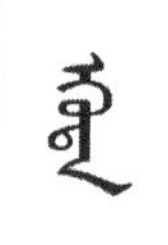	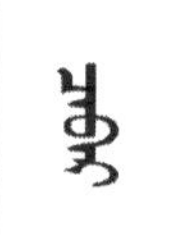	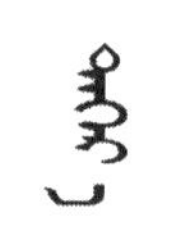	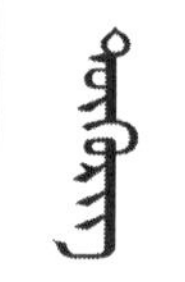	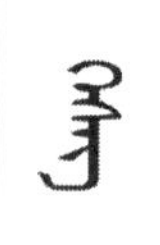	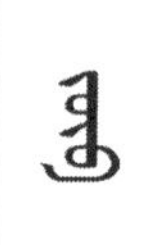	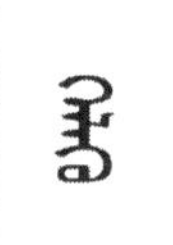	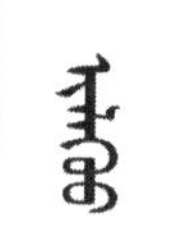	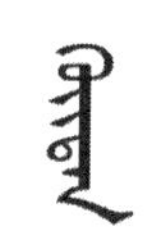
라틴전사	töb	egüde	čeber	deger-e	tögürig	keseg	ǰöb	kelekü	ilegüü	küiten
현대 키릴몽골문	төв	үүд	цэвэр	дээр	төгрөг	хэсэг	зөв	хэлэх	илүү	хүйтэн
한국어	중심	문	깨끗한	위에	투그릭[13]	부분	맞다	말하다	더욱	차가운

13 몽골의 통화(화폐) 단위.

몽골어에서는 모음 조화를 엄격하게 지킨다. 이는 전통몽골문에서도 현대몽골어에서도 마찬가지이다. 양성모음과 음성모음의 차이에 따라 달라지는 단어의 의미 변화를 비교해 보자.

양성모음, 음성모음에 따른 단어 변화 예시						
전통몽골문	ᠤᠰᠤ	ᠦᠰᠦ	ᠭᠠᠷ	ᠭᠡᠷ	ᠮᠣᠷᠢ	ᠮᠥᠷ
라틴전사	usu	üsü	γar	ger	mori	mör
키릴몽골문	ус	үс	гар	гэр	морь	мөр
한국어	물	털	손	집(게르)	말(馬)	어깨

양성모음, 음성모음에 따른 단어 변화 예시						
전통몽골문	ᠠᠭᠤᠯᠠ	ᠡᠭᠦᠯᠡ	ᠬᠠᠯᠠᠬᠤ	ᠬᠡᠯᠡᠬᠦ	ᠳᠣᠣᠷᠠ	ᠳᠡᠭᠡᠷᠡ
라틴전사	aγula	egüle	qalaqu	keleqü	door-a	deger-e
키릴몽골문	уул	үүл	халах	хэлэх	доор	дээр
한국어	산	구름	데우다	말하다	아래	위

2. 장모음

구분	전통몽골문						
모음+γ/g+모음	ᠠᠳᠤᠭᠤ	ᠵᠠᠭᠤ	ᠪᠠᠷᠠᠭ᠎ᠠ	ᠬᠡᠭᠡᠷ᠎ᠡ	ᠵᠡᠭᠦᠨ	ᠡᠭᠦᠳᠡ	ᠨᠠᠭᠤᠷ
라틴전사	aduγu	ǰaγu	baraγ-a	keger-e	ǰegün	egüde	naγur
키릴몽골문	адуу	зуу	бараа	хээр	зүүн	үүд	нуур
한국어	말	백(100)	제품	야외	동쪽	문	호수
i+y+a/e	ᠵᠠᠬᠢᠶᠠᠯᠠᠬᠤ	ᠬᠤᠪᠢᠶᠠᠯᠴᠠᠬᠤ	ᠵᠠᠩᠭᠢᠶ᠎ᠠ	ᠬᠦᠰᠢᠶ᠎ᠡ	ᠢᠨᠢᠶᠡᠬᠦ	ᠲᠠᠷᠢᠶ᠎ᠠ	ᠬᠡᠵᠢᠶ᠎ᠡ
라틴전사	ǰakiyalaqu	qubiyalčaqu	ǰanggiy-a	küsiy-e	iniyekü	tariy-a	keǰiy-e
키릴몽골문	захиалах	хуваалцах	зангиа	хөшөө	инээх	тариа	хэзээ
한국어	주문하다	함께 나누다	넥타이	동상	미소 짓다	농작물	언제
모음+모음	ᠤᠤᠵᠢ	ᠨᠠᠷᠠᠨᠲᠤᠤᠯ	ᠬᠡᠦᠬᠡᠨ	ᠬᠡᠦᠬᠡᠳ	ᠲᠤᠤᠯᠢ	ᠨᠣᠣᠰᠤ	ᠲᠡᠦᠬᠡ
라틴전사	uuǰi	narantuul	keüken	keüked	tuuli	noosu	teüke
키릴몽골문	ууж	Нарантуул	хүүхэн	хүүхэд	тууль	ноос	түүх
한국어	오즈	나랑톨	아가씨	아이	토올	울	역사
현재 키릴몽골문 장모음으로 표기, 전통몽골문에는 단모음으로 표기	ᠠᠶᠠᠯᠭᠤ	ᠠᠮᠤ	ᠪᠤᠷᠴᠠᠭ	현재 키릴몽골문 단모음으로 표기, 전통몽골문에는 장모음으로 표기		ᠭᠣᠣᠯ	ᠯᠤᠤᠰ
라틴전사	ayalγu	amu	burčaγ	라틴전사		γool	luus
키릴몽골문	аялгуу	амуу	буурцаг	키릴몽골문		гол	лус
한국어	운율	쌀, 곡물	콩	한국어		강	용

3. 이중모음 - 모음+i / 모음+yi

a + i / a + yi > ай
o + i / o + yi > ой
u + i / u + yi > уй
ü + i / ü + yi > үй

전통몽골문에서 이중모음은 모음 a/o/u/ü에 모음 i가 결합된 형태를 말한다. 이 외에 모음 a/o/u/ü에 y가 결합되고, i가 결합된 형태도 포함된다.

구분	전통몽골문							
모음+yi	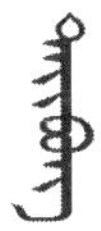	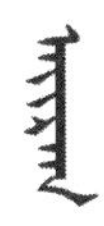	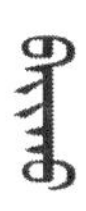	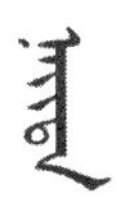	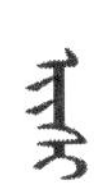	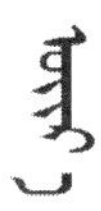	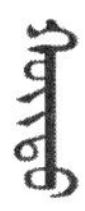	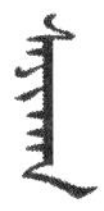
라틴전사	tayibung	ayiraɣ	bayiqu	neyite	eyisi	oyir-a	qoyidu	sayiqan
키릴몽골문	тайван	айраг	байх	нийт	ийш	ойр	хойд	саяхан
한국어	편안한	마유주	있다	합계	이쪽	가까운	북쪽	금방
모음+i	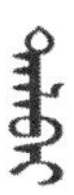	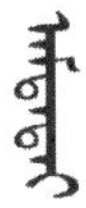		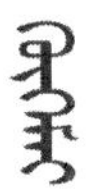	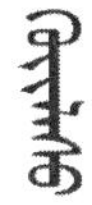	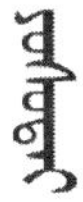	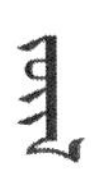	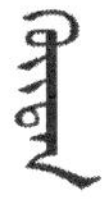
라틴전사	talabai	amtatai	ǰai	kögemei	güilesü	yosutai	ǰüil	küiten
키릴몽골문	талбай	амттай	зай	хөөмий	гүйлс	ёстой	зүйл	хүйтэн
한국어	광장	맛있다	틈, 여유	허미	살구	확실히	종류	춥다
모음+yi/ 모음+i	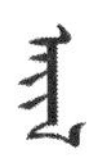	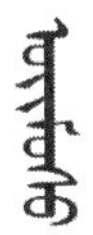	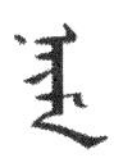	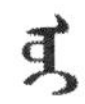	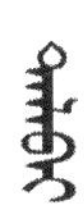	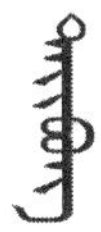	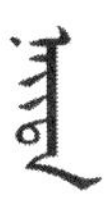	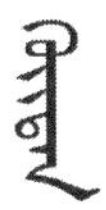
라틴전사	ayil	oyimusu	naima	oi	talabai	tayibung	neyite	küiten
키릴몽골문	айл	оймс	найм	ой	талбай	тайван	нийт	хүйтэн
한국어	집, 가정	양말	여덟	숲	광장	편안한	합계	차가운

4. 음절 구조

구분	전통몽골문							
모음	ᠣ	ᠠ	ᠡ	ᠣ	ᠥ	모음+모음		ᠣᠢ
라틴전사	o	a	e	o	ö/ü	라틴전사		oi
키릴몽골문	оо	аа	ээ	оо	өө/үү	키릴몽골문		ой
한국어	치약	아! 오! (감탄사), 호격				한국어		숲
모음+자음	ᠣᠳ	ᠠᠪ	ᠡᠳ	자음+모음		ᠪᠢ	ᠴᠢ	ᠲᠠ
라틴전사	od	ab	ed	라틴전사		bi	či	ta
키릴몽골문	од	ав[14]	эд	키릴몽골문		би	чи	та
한국어	별	(어투)	물건	한국어		나	너	당신
자음+모음+자음	ᠭᠠᠳᠠᠷ	ᠳᠣᠲᠣᠷ	ᠵᠠᠬ᠎ᠠ	ᠮᠠᠰᠢ	ᠵᠢᠵᠢᠭ	ᠴᠡᠪᠡᠷ	ᠴᠢᠨᠠᠷ	ᠪᠦᠰᠡ
라틴전사	γadar	dotur	ǰaq-a	masi	ǰiǰig	čeber	činar	büse
키릴몽골문	гадар	дотор	зах	маш	жижиг	цэвэр	чанар	бүс
한국어	겉	속	가장자리	매우	작은	깨끗한	품질	허리띠

전통몽골문에서 단어를 구성할 때, 대부분 자음 뒤에는 모음(자음+모음)이 결합되고 모음 뒤에는 자음(모음+자음)이 결합된다. 전통몽골문 단어 중 모음과 모음, 자음과 자음이 결합되는 경우도 다수 발견할 수 있다. 단, 자음과 자음이 결합될 때에는, 자음과 자음의 결합이 하나의 음절을 구성하는 것이 아니라 각각 다른 음절에 포함된다. (хар·гис/qar·gis: ᠬᠠᠷᠭᠢᠰ) 전통몽골문에서 자음이 연속으로 3개 이상 나오는 경우는 드물지만, 자음 ng가 결합된 단어의 경우에 이러한 경우를 다수 찾아 볼 수 있다. (тэнгэр/**tngri**: ᠲᠩᠷᠢ, тэнгэс/**tenggis**: ᠲᠩᠭᠢᠰ)

14 ав адил(완전히 같다)와 같이 a로 시작하는 단어 앞에 붙어서 강한 어감을 표현한다.

5. 격어미

전통몽골문의 격어미에는 주격·소유격·여처격·대격·도구격·탈격·공동격 그리고 재귀·소유격이 있다. 이러한 격어미는 현대몽골키릴문과도 유사한 부분이 많지만, 또 다른 부분도 많이 존재한다.

1) 주격 어미(주어지시사)

전통몽골문에서 주격 어미는 따로 존재하지 않는다. 대신에 주어지시사가 존재한다.

전통몽골문 주어지시사는 -anu/-inu, -ber, -bolbasu/-bügesü 등이 존재한다. -anu/-inu는 3인칭 소유격으로, 명사 뒤에 결합되어 해당 명사를 주어화한다. 본래 -anu는 3인칭 복수 뒤에 결합되었고, -inu는 3인칭 단수 뒤에 결합되었다. 그러나 현대에는 양성 단어 뒤에 -anu가 음성 단어 뒤에는 -inu가 결합되어 -anu/-inu 앞의 위치한 단어를 주어화한다.

주어지시사 -anu/-inu		
전통몽골문	ᠠᠨᠤ	ᠢᠨᠤ
라틴전사	-anu	-inu
문법규칙	양성 단어 + -anu	음성 단어 + -inu
키릴몽골문	нь	
한국어	~은/는	

주어지시사 -anu/-inu 예시				
전통몽골문	ᠠᠪᠤ ᠠᠨᠤ	ᠠᠬ᠎ᠠ ᠠᠨᠤ	ᠡᠵᠢ ᠢᠨᠤ	ᠡᠭᠡᠴᠢ ᠢᠨᠤ
라틴전사	abu-anu	aq-a-anu	eǰi-inu	egeči-inu
키릴몽골문	аав нь	ах нь	ээж нь	эгч нь
한국어	아버지는	형/오빠는	어머니는	언니는

2) 소유격 어미(속격)

전통몽골문에서 소유격 어미는 -yin, -un/-ün, -u/-ü가 존재한다.

바로 앞의 단어가 모음으로 끝나면 -yin, 바로 앞의 단어가 n 이외의 자음으로 끝나는 단어이면 -un/-ün, 바로 앞의 단어가 자음 n으로 끝나는 단어이면 -u/-ü가 결합된다. 단, -un/-ün, -u/-ü 어미가 결합될 때 바로 앞의 단어가 양성 단어이면 -un이나 -u를 결합시키고, 바로 앞의 단어가 음성 단어이면 -ün이나 -ü를 결합시킨다.[15]

소유격 -yin, -un/-ün, -u/-ü			
전통몽골문	ᠶᠢᠨ	ᠤᠨ	ᠤ
라틴전사	-yin	-un/-ün	-u/-ü
문법규칙	모음 + -yin	n 이외의 자음 + -un/-ün	n으로 끝나는 단어 + -u/-ü
키릴몽골문	-ын/-ийн, -ы/-ий, -гийн, -н		
한국어	~의		

소유격 -yin, -un/-ün, -u/-ü 예시						
전통몽골문	ᠬᠣᠲᠠ ᠶᠢᠨ	ᠡᠭᠦᠯᠡ ᠶᠢᠨ	ᠪᠠᠯ ᠤᠨ	ᠭᠡᠷ ᠦᠨ	ᠵᠤᠨ ᠤ	ᠬᠦᠮᠦᠨ ᠦ
라틴전사	qota-yin	egüle-yin	bal-un	ger-ün	ǰun-u	kümün-ü
키릴몽골문	хотын	үүлийн	бал	гэр	зун	хүн
한국어	도시의	구름의	볼펜의	집의	여름의	사람의

15 전통몽골문과 키릴몽골문의 소유격 문법은 각각 해당되는 규칙이 다르기에 어떤 전통몽골문 어미가 다음과 같은 키릴몽골문에 일대일 대응된다고 말할 수 없다. 전통몽골문을 키릴몽골문으로 번역할 때, 소유격 앞에 위치하는 해당 단어를 잘 분석해서 키릴몽골문으로 번역해야 한다.

3) 여처격 어미

전통몽골문에서 여처격 어미에는 -du/-dü, -tu/-tü가 있다.

바로 앞의 단어가 모음이나 약자음(弱받침; зөөлөн дэвсгэр; n/m/l/ng(н/м/л/нг))으로 끝나면 -du/-dü를 결합시키고, 바로 앞의 단어가 강자음(硬받침; хатуу дэвсгэр); b/g/γ/r/s/d (б/г/р/с/д))으로 끝나는 단어이면 -tu/-tü를 결합시킨다. 위의 규칙을 적용한 후에 바로 앞의 단어가 양성 단어이면 -du나 -tu를 결합시키고, 바로 앞의 단어가 음성 단어이면 -dü나 -tü를 결합시킨다.

여처격 -du/-dü, -tu/-tü		
전통몽골문	ᠳᠤ	ᠲᠤ
라틴전사	-du/-dü	-tu/-tü
문법규칙	모음/n, m, l, ng + -du/-dü	b/g/γ/r/s/d + -tu/-tü
키릴몽골문	-д/-т	
한국어	~에, ~에게	

여처격 -du/-dü, -tu/-tü 예시				
전통몽골문	ᠮᠠᠯ ᠳᠤ	ᠦᠭᠡ ᠳᠦ	ᠴᠠᠭ ᠲᠤ	ᠭᠡᠷ ᠲᠦ
라틴전사	mal-du	üge-dü	čaγ-tu	ger-tü
키릴몽골문	малд	үгт	цагт	гэрт
한국어	가축에	단어에	시간에	집에

4) 목적격 어미(대격)

전통몽골문에서 목적격 어미에는 -yi/-i가 있다.

바로 앞의 단어가 모음으로 끝나면 -yi를 결합시키고, 바로 앞의 단어가 자음으로 끝나는 단어이면 -i를 결합시킨다. 목적격 어미에서도 모음 조화 규칙은 철저하게 지켜지고 있다.

목적격 -yi/-i		
전통몽골문	ᠶᠢ	ᠢ
라틴전사	-yi	-i
문법규칙	모음 + -yi	자음 + -i
키릴몽골문	-ыг/-ийг/-г	
한국어	~을/를	

목적격 -yi/-i 예시				
전통몽골문	ᠮᠣᠷᠢ ᠶᠢ	ᠲᠡᠮᠡᠭᠡ ᠶᠢ	ᠮᠤᠤᠷ ᠢ	ᠦᠬᠡᠷ ᠢ
라틴전사	mori-yi	temege-yi	muur-i	üker-i
키릴몽골문	морийг	тэмээг	муурыг	үхэрийг
한국어	말을	낙타를	고양이를	소를

5) 도구격 어미(구격)

전통몽골문에서 도구격 어미에는 -bar/-ber, -iyar/-iyer가 있다.

바로 앞의 단어가 모음으로 끝나면 -bar/-ber를 결합시키고, 바로 앞의 단어가 자음으로 끝나는 단어이면 -iyar/-iyer를 결합시킨다. 도구격 어미에서도 모음 조화 규칙은 철저하게 지켜지고 있다.

도구격 -bar/-ber, -iyar/-iyer		
전통몽골문	ᠪᠠᠷ	ᠢᠶᠠᠷ
라틴전사	-bar/-ber	-iyar/-iyer
문법규칙	모음 + -bar/-ber	자음 + -iyar/-iyer
키릴몽골문	-аар/-оор/-өөр/-ээр	
한국어	~로, ~으로, ~을/를 사용하여	

도구격 -bar/-ber, -iyar/-iyer 예시				
전통몽골문	ᠰᠠᠪᠠ ᠪᠠᠷ	ᠰᠡᠷᠡᠭᠡ ᠪᠡᠷ	ᠭᠤᠲᠤᠯ ᠢᠶᠠᠷ	ᠦᠵᠦᠭ ᠢᠶᠡᠷ
라틴전사	saba-bar	serege-ber	γutul-iyar	üjüg-iyer
키릴몽골문	саваар	сэрээгээр	гутлаар	үзгээр
한국어	통으로	포크로	신발로	펜으로

6) 탈격 어미

전통몽골문에서 탈격 어미에는 -ača/-eče가 있다.
바로 앞의 단어가 양성 단어이면 -ača, 바로 앞의 단어가 음성 단어이면 –eče를 결합시킨다.

탈격 -ača/-eče	
전통몽골문	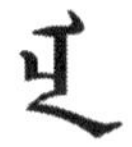
라틴전사	-ača/-eče
문법규칙	양성 단어 + -ača / 음성 단어 + -eče
키릴몽골문	-аас/-оос/-өөс/-ээс
한국어	~에서, ~에게서, ~(으)로부터

탈격 -ača/-eče 예시		
전통몽골문	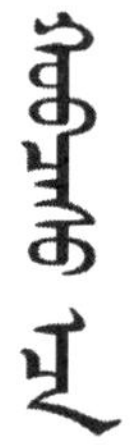	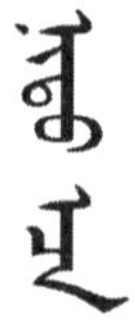
라틴전사	qubčasu-ača	nidü-eče
키릴몽골문	хувцаснаас	нүдээс
한국어	옷에서, 옷으로부터	눈에서, 눈으로부터

7) 공동격 어미

전통몽골문에서 공동격 어미에는 -tai/-tei가 있다.
바로 앞의 단어가 양성 단어이면 -tai, 바로 앞의 단어가 음성 단어이면 -tei를 결합시킨다.

공동격 -tai/-tei	
전통몽골문	ᠲᠠᠢ
라틴전사	-tai/-tei
문법규칙	양성 단어 + -tai / 음성 단어 + -tei
키릴몽골문	-тай/-той/-тэй
한국어	~와/과, ~와/과 함께

공동격 -tai/-tei 예시		
전통몽골문	ᠨᠣᠮ ᠲᠠᠢ	ᠡᠷᠡᠭᠦ ᠲᠡᠢ
라틴전사	nom-tai	ereü-tei
키릴몽골문	номтой	эрүүтэй
한국어	책과	얼굴과

8) 재귀·소유격 어미

전통몽골문에서 재귀·소유격 어미에는 -ban/-ben, -iyan/-iyen가 있다.

바로 앞의 단어가 모음으로 끝나면 -ban/-ben를 결합시키고, 바로 앞의 단어가 자음으로 끝나는 단어이면 -iyan/-iyen를 결합시킨다.

재귀·소유격 -ban/-ben, -iyan/-iyen		
전통몽골문	ᠪᠠᠨ	ᠢᠶᠠᠨ
라틴전사	-ban/-ben	-iyan/-iyen
문법규칙	모음 + -ban/-ben	자음 + -iyan/-iyen
키릴몽골문	-aa/-oo/-өө/-ээ	
한국어	자신의, 본인의	

재귀·소유격 -ban/-ben, -iyan/-iyen 예시				
전통몽골문	ᠰᠠᠪᠬ᠎ᠠ ᠪᠠᠨ	ᠬᠡᠯᠡ ᠪᠡᠨ	ᠤᠯᠠᠭᠠᠨ ᠢᠶᠠᠨ	ᠬᠥᠭᠵᠢᠮ ᠢᠶᠡᠨ
라틴전사	sabq-a-ban	kele-ben	ulaγan-iyan	kögǰim-iyen
키릴몽골문	савхаа	хэлээ	улаанаа	хөгжмөө
한국어	(나의) 젓가락	(나의) 혀, 언어	(나의) 빨간색	(나의) 음악

6. 시제(동사의 종결어미)

1) 동사 원형 시제(동사의 수식어미): 현재-미래형

현대몽골어에서 동사 기본형은 -(a)x^4로 나타난다. 전통몽골문에서는 모음 조화에 따라 단어의 모음이 양성일 경우 -qu, 모음이 음성일 경우 -kü의 형태이다.

동사 기본형 -qu / -kü		
전통몽골문	ᠬᠤ	ᠬᠦ
라틴전사	-qu	-kü
문법규칙	양성 단어 + -qu	음성 단어 + -kü
키릴몽골문	– (a)x^4	
한국어	~하다	

동사 기본형 -qu / -kü 예시				
전통몽골문	ᠬᠠᠯᠠᠬᠤ	ᠤᠨᠤᠬᠤ	ᠡᠬᠢᠯᠡᠬᠦ	ᠬᠢᠬᠦ
라틴전사	qalaqu	unuqu	ekilekü	kikü
키릴몽골문	халах	унах	эхлэх	хийх
한국어	데우다	(탈것에) 타다	시작하다	하다

2) 현재반복시제(동사의 수식어미)

현재반복시제는 동사의 어간에 어미 -daɣ/-deg를 연결하여 동사의 행위가 주기적이고 반복적으로 이루어진다는 뜻을 나타낸다. 간혹 종결의 뜻으로 사용한다.

전통몽골문에서는 모음 조화에 따라 단어의 모음이 양성일 경우 -daɣ, 모음이 음성일 경우 -deg의 형태이다. 현대몽골어에서는 모음 조화에 따라 어간에 -даг^{4}(-даг/-дог/-дөг/-дэг)를 연결한다.

현재반복시제 -daɣ / -deg		
전통몽골문	ᠳᠠᠭ	ᠳᠡᠭ
라틴전사	-daɣ	-deg
문법규칙	양성 단어 + -daɣ	음성 단어 + -deg
키릴몽골문	-даг^{4}	
한국어	(반복적으로) ~(ㄴ)하다	

현재반복시제 -daɣ / -deg 예시				
전통몽골문	ᠪᠣᠳᠣᠳᠠᠭ	ᠤᠨᠲᠠᠳᠠᠭ	ᠦᠨᠡᠯᠡᠳᠡᠭ	ᠢᠳᠡᠳᠡᠭ
라틴전사	boduday	untaday	üneledeg	idedeg
키릴몽골문	боддог	унтдаг	үнэлдэг	иддэг
한국어	생각한다	잠을 잔다	냄새를 맡는다	먹는다

3) 과거시제(동사의 수식어미)

① 과거시제: -γsan / -gsen

동사의 어간에 어미 -γsan/-gsen를 연결하여 동사의 행위가 과거에 일어났음을 나타낸다. 전통몽골문에서는 모음 조화에 따라 단어의 모음이 양성일 경우 -γsan, 모음이 음성일 경우 -gsen의 형태이다. 현대몽골어에서는 모음 조화에 따라 어간에 -сан^4(-сан/-сон/-сөн/-сэн)을 연결한다.

과거시제 -γsan / -gsen		
전통몽골문	ᠭᠰᠠᠨ	ᠭᠰᠡᠨ
라틴전사	-γsan	-gsen
문법규칙	양성 단어 + -γsan	음성 단어 + -gsen
키릴몽골문	-сан^4	
한국어	~ㅆ다	

과거시제 -γsan / -gsen 예시				
전통몽골문	ᠰᠤᠷᠤᠭᠰᠠᠨ	ᠲᠠᠲᠠᠭᠰᠠᠨ	ᠮᠡᠳᠡᠭᠰᠡᠨ	ᠬᠡᠯᠡᠭᠰᠡᠨ
라틴전사	suruγsan	tataγsan	medegsen	kelegsen
키릴몽골문	сурсан	татсан	мэдсэн	хэлсэн
한국어	배웠다	당겼다	알았다	말했다

② **과거시제: -luɣ-a / -lüge**

동사의 어간에 어미 -luɣ-a/-lüge를 연결하여 동사의 행위가 가까운 과거에 일어났거나 가까운 미래에 일어날 것임을 나타낸다.

전통몽골문에서는 모음 조화에 따라 단어의 모음이 양성일 경우 -luɣ-a, 모음이 음성일 경우 -lüge의 형태를 결합시킨다. 현대몽골어에서는 모음 조화에 따라 어간에 -лаа^{4}(лаа/лоо/лөө/лээ)을 연결한다.

과거시제 -luɣ-a / -lüge		
전통몽골문	ᠯᠤᠭ᠎ᠠ	ᠯᠦᠭᠡ
라틴전사	-luɣ-a	-lüge
문법규칙	양성 단어 + -luɣ-a	음성 단어 + -lüge
키릴몽골문	-лаа^{4}	
한국어	~ㅆ다	

과거시제 -luɣ-a / -lüge 예시		
전통몽골문	ᠶᠠᠪᠤᠯᠤᠭ᠎ᠠ	ᠢᠷᠡᠯᠦᠭᠡ
라틴전사	yabuluɣ-a	irelüge
키릴몽골문	явлаа	ирлээ
한국어	갔다/갈 것이다	왔다/올 것이다

③ 과거시제: -ǰuqui/-ǰüküi/-čuqui/-čüküi

동사의 어간에 어미 -ǰuqui/-ǰüküi/-čuqui/-čüküi[16]를 연결하여 화자가 간접적으로 경험하거나 인식한 것 혹은 목격한 행위 등을 나타낸다.

전통몽골문에서는 -ǰuqui/-ǰüküi/-čuqui/-čüküi의 결합 법칙은 어간이 강자음 b, g, γ, r, s, d(б, г, р, с, д)일 경우에는 -čuqui/-čüküi를 결합시키며, 그 이외의 경우에는 -ǰuqui/-ǰüküi 어미를 결합시킨다. 현대몽골어에서는 모음 조화에 따라 어간에 -жээ²(жээ/чээ)을 연결한다.

과거시제 -ǰuqui/-ǰüküi/-čuqui/-čüküi				
전통몽골문	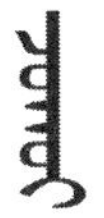	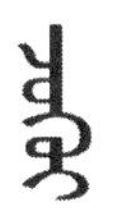	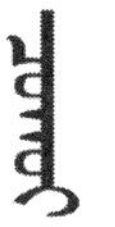	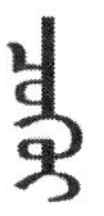
라틴전사	-ǰuqui	-ǰüküi	-čuqui	-čüküi
문법규칙	-čuqui/-čüküi와 결합되는 어간 이외의 경우		강자음 b, g, γ, r, s, d (б, г, р, с, д) + -čuqui/-čüküi	
키릴몽골문	-жээ		-чээ	
한국어	~ㅆ다			

과거시제 -ǰuqui/-ǰüküi/-čuqui/-čüküi 예시				
전통몽골문	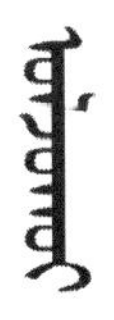	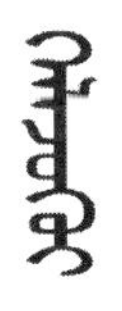	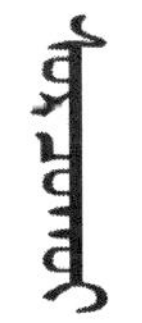	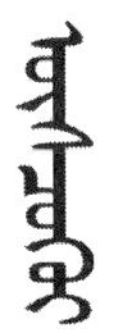
라틴전사	olǰuqui	keleǰüküi	surčuqui	össčüküi
키릴몽골문	олжээ	хэлжээ	сурчээ	өсчээ
한국어	찾았다	말했다	공부했다	자랐다

16 중국 내몽골에서는 이 과거시제 어미를 옛 문어 형식으로 소개하고 있으며, 실제로 -ǰi/-či, -ǰai/-ǰei/-čai/-čei를 일반 과거시제 어미로 사용하고 있다. (清格尔泰 1991:260)

④ 과거시제: -bai/-bei

동사의 어간에 어미 -bai/-bei 를 연결하여 화자가 비교적 먼 과거에 직접 경험 혹은 인식했거나 경험한 행위를 나타낸다.

전통몽골문에서는 모음 조화에 따라 앞 단어의 모음이 양성일 경우 -bai, 앞 단어의 모음이 음성일 경우 -bei 어미를 형태를 결합시킨다. 현대몽골어에서는 모음 조화에 따라 어간에 –(a)в^{4} (-(a)в/-(o)в/-(ө)в/-(э)в)를 연결한다.

과거시제 -bai/-bei		
전통몽골문	ᠪᠠᠢ	
라틴전사	-bai	-bei
문법규칙	양성 단어 + -bai	음성 단어 + -bei
키릴몽골문	–(a)в^{4}	
한국어	~ㅆ다	

과거시제 -bai/-bei 예시		
전통몽골문	ᠮᠠᠯᠯᠠᠪᠠᠢ	ᠥᠭᠪᠡᠢ
라틴전사	mallabai	ögbei
키릴몽골문	маллав	өгөв
한국어	길렀다	주었다

4) 미래시제(종결어미)

동사의 어간에 어미 -n-a/-n-e를 연결하여 동사의 행위가 미래에 일어날 것임을 나타낸다. 전통몽골문에서는 모음 조화에 따라 바로 앞의 단어가 양성 단어일 경우 -n-a, 바로 앞의 단어가 음성 단어일 경우 -n-e의 형태를 결합한다. 현대몽골어에서는 모음 조화에 따라 어간에 -на^4 (на/но/нө/нэ)을 연결한다.

미래시제 -n-a / -n-e		
전통몽골문	ᠨ᠎ᠠ	
라틴전사	-n-a	-n-e
문법규칙	양성 단어 + -n-a	음성 단어 + -n-e
키릴몽골문	-на^4	
한국어	~(ㄹ)할 것이다	

미래시제 -n-a / -n-e 예시				
전통몽골문	ᠠᠨᠢᠨ᠎ᠠ	ᠤᠨᠠᠨ᠎ᠠ	ᠤᠨᠤᠨ᠎ᠠ	ᠣᠨᠤᠨ᠎ᠠ
라틴전사	anin-a	unan-a	unun-a	onun-a
키릴몽골문	анина	унана	унана	ононо
한국어	눈을 감을 것이다	떨어질 것이다	탈 것이다	맞힐 것이다

5) 동사의 연결어미

① 미완료부동사(현재진행시제): -ǰu/-ǰü/-ču/-čü

동사의 어간에 -ǰu/-ǰü, -ču/-čü의 형태로 동사의 행위가 진행되고 있음을 나타낸다. 현대몽골어에서 현재진행형은 동사어간 -ж/-ч байна의 형태이다.

전통몽골문에서 동사의 어간이 강자음 b, g, γ, r, s, d(б, г, р, с, д)일 경우에는 -ču/-čü와 결합하고, 이 외의 어간으로 끝나는 경우에는 -ǰu/-ǰü 어미를 결합시킨다.

현재진행시제 -ǰu/-ǰü/-ču/-čü		
전통몽골문	ᠵᠤ	ᠴᠤ
라틴전사	-ǰu/-ǰü	-ču/-čü
문법규칙	모음 + -ǰu/-ǰü	자음 + -ču/-čü
키릴몽골문	-ж/-ч (байна)	
한국어	~고 (있다)	

현재진행시제 -ǰu/-ǰü/-ču/-čü 예시				
전통몽골문	ᠶᠠᠪᠤᠵᠤ	ᠭᠡᠷᠯᠡᠵᠦ	ᠠᠪᠴᠤ	ᠬᠦᠷᠴᠦ
라틴전사	yabuǰu	gerleǰü	abču	kürčü
키릴몽골문	явж	гэрлэж	авч	хүрч
한국어	가고	결혼하고	받고	다다르고

② 양태부동사: -n

동사의 어간에 -n 어미는 본동사의 행위와 부동사의 행위를 연결하는 어미이다. 현대몽골어에서 양태부동사 동사어간은 -н의 형태이다. 어간이 자음으로 끝나면 모음을 첨가하여 어미 -н를 연결한다.

양태부동사 -n	
전통몽골문	ᠨ
라틴전사	-n
문법규칙	–
키릴몽골문	-н
한국어	~면서

양태부동사 -n 예시		
전통몽골문	ᠨᠢᠰᠦᠨ	ᠭᠦᠶᠦᠨ
라틴전사	nisün	güyün
키릴몽골문	нисэн	гүйн
한국어	날면서	뛰면서

6) 청유형, 명령-희망형

① 1인칭 동사종결어미: -y-a / -y-e

동사의 어간에 1인칭 종결어미 -y-a/-y-e를 연결하여 화자인 1인칭이 상대방에게 자신이 하고자 하는 행위의 의도나 제안을 표현할 때 사용한다. 전통몽골문에서 나타나는 글자의 형태는 같지만 모음 조화에 따라 단어의 모음이 양성일 경우에는 -y-a, 단어의 모음이 음성일 경우에는 -y-e로 전사한다.

현대몽골어에서 -я/-ъя, -ё/-ъё, -е/-ье에 해당한다.

<table>
<tr><th colspan="7">1인칭 동사종결어미 -y-a / -y-e</th></tr>
<tr><td>전통몽골문</td><td colspan="6">ᠶ᠎ᠠ</td></tr>
<tr><td>라틴전사</td><td colspan="3">-y-a</td><td colspan="3">-y-e</td></tr>
<tr><td>문법규칙</td><td colspan="3">양성 단어 + -y-a</td><td colspan="3">음성 단어 + -y-e</td></tr>
<tr><td>키릴몽골문</td><td colspan="2">-я/-ъя</td><td colspan="2">-ё/-ъё</td><td colspan="2">-е/-ье</td></tr>
<tr><td>한국어</td><td colspan="6">~하자</td></tr>
</table>

<table>
<tr><th colspan="5">1인칭 동사종결어미 -y-a / -y-e 예시</th></tr>
<tr><td>전통몽골문</td><td>ᠶᠠᠪᠤᠶ᠎ᠠ</td><td>ᠬᠠᠷᠠᠶ᠎ᠠ</td><td>ᠦᠵᠡᠶ᠎ᠡ</td><td>ᠨᠡᠭᠦᠶ᠎ᠡ</td></tr>
<tr><td>라틴전사</td><td>yabuy-a</td><td>qaray-a</td><td>üǰey-e</td><td>negüy-e</td></tr>
<tr><td>키릴몽골문</td><td>явъя</td><td>харъя</td><td>үзье</td><td>нүүе</td></tr>
<tr><td>한국어</td><td>가자</td><td>보자[17]</td><td>보자[18]</td><td>이동하자</td></tr>
</table>

17 사람의 눈으로 직접 대상을 볼 때.

18 TV 화면이나 매체 등을 통해 대상을 볼 때.

② 2인칭 동사종결어미: -γtun/-gtün

동사의 어간에 2인칭 동사종결어미 -γtun/-gtün을 연결하여 2인칭 상대방에게 자신이 하고자 하는 행위의 의도나 생각을 호소할 때 사용한다. 전통몽골문에서 나타나는 글자의 형태는 같지만 모음 조화에 따라 단어의 모음이 양성일 경우에는 -γtun, 단어의 모음이 음성일 경우에는 -gtün로 전사한다.

2인칭 동사종결어미 -γtun/-gtün		
전통몽골문	ᠭᠲᠤᠨ	ᠭᠲᠦᠨ
라틴전사	-γtun	-gtün
문법규칙	양성 단어 + -гтун	음성 단어 + -гтүн
키릴몽골문	-гтун	-гтүн
한국어	~해라/~하세요	

2인칭 동사종결어미 -γtun/-gtün 예시				
전통몽골문	ᠰᠠᠭᠤᠭᠲᠤᠨ	ᠰᠤᠷᠤᠭᠲᠤᠨ	ᠨᠢᠭᠦᠭᠲᠦᠨ	ᠦᠵᠡᠭᠲᠦᠨ
라틴전사	saγuγtun	suraγtun	nigügtün	üǰegtün
키릴몽골문	суугтун	сурагтун	нэгдэгтүн	үзэгтүн
한국어	살아라	공부해라	합쳐라	봐라

7. 복수형 어미

복수형 어미							
전통몽골문	ᠨᠤᠭᠤᠳ ᠨᠦᠭᠦᠳ	ᠤᠳ	ᠨᠠᠷ	ᠴᠤᠳ	ᠴᠤᠤᠯ	ᠳ	ᠰ
라틴전사	-nuγud/ -nügüd	-ud/-üd	-nar/-ner	-čud/ -čüd	-čuul/ -čüül	-d	-s
문법규칙	모음/n 뒤	n 이외의 자음 뒤		사람 관련 단어			
띄어쓰기	앞 단어와 띄어쓰기			앞 단어와 붙여쓰기			
키릴몽골문	-нууд/ -нүүд	-ууд/ -үүд	нар	-чууд/ -чүүд	-чуул/ -чүүл	-д	-с
한국어	~들						

복수형 어미(앞 단어와 띄어 쓰는 복수형 어미) 예시						
전통몽골문	ᠬᠠᠰᠢᠶ᠎ᠠ ᠨᠤᠭᠤᠳ	ᠰᠢᠷᠡᠭᠡ ᠨᠦᠭᠦᠳ	ᠠᠷᠠᠳ ᠤᠳ	ᠭᠡᠷ ᠦᠳ	ᠪᠠᠭᠰᠢ ᠨᠠᠷ	ᠡᠮᠴᠢ ᠨᠠᠷ
라틴전사	qasiy-a-nuγud	sirege-nügüd	arad-ud	ger-üd	baγsi nar	emči nar
키릴몽골문	хашаанууд	ширээнүүд	ардууд	гэрүүд	багш нар	эмч нар
한국어	울타리들	탁자들	인민들	집들	선생님들	의사들

복수형 어미(앞 단어와 붙여 쓰는 복수형 어미) 예시								
전통몽골문	ᠵᠠᠯᠠᠭᠤᠴᠤᠳ	ᠪᠦᠰᠡᠭᠦᠢᠴᠦᠳ	ᠪᠠᠶᠠᠴᠤᠳ	ᠡᠮᠡᠭᠲᠡᠢᠴᠦᠳ	ᠮᠠᠯᠴᠢᠳ	ᠬᠥᠭᠰᠢᠳ	ᠠᠭᠤᠯᠠᠰ	ᠦᠷᠡᠰ
라틴전사	ǰalaγučud	büsegüyičüd	bayačud	emegteyičüd	malčid	kögsid	aγulas	üres
키릴몽골문	залуучууд	бүсгүйчүүд	баячууд	эмэгтэйчүүд	малчид	хөгшид	уулс	үрс
한국어	젊은이들	젊은 여성들	부자들	여성들	목동들	노인들	산들	씨앗들

8. 품사

1) 인칭대명사

인칭대명사의 변화 과정							
1인칭 단수 би							
전통몽골문	ᠪᠢ	ᠮᠢᠨᠤ	ᠨᠠᠳᠠ ᠳᠤ	ᠨᠠᠮᠠᠶᠢ	ᠨᠠᠳᠠ ᠠᠴᠠ	ᠨᠠᠳᠠ ᠪᠠᠷ	ᠨᠠᠳᠠ ᠲᠠᠢ
라틴전사	bi	minu	nada-du	namayi	nada-ača	nada-bar	nada-tai
키릴몽골문	би	миний	надад	намайг	надаас	надаар	надтай
한국어	나	나의	나에게	나를	나에게서	나에게로	나와 함께
2인칭 단수 чи							
전통몽골문	ᠴᠢ	ᠴᠢᠨᠤ	ᠴᠢᠮ᠎ᠠ ᠳᠤ	ᠴᠢᠮᠠᠶᠢ	ᠴᠢᠮ᠎ᠠ ᠠᠴᠠ	ᠴᠢᠮ᠎ᠠ ᠪᠠᠷ	ᠴᠢᠮ᠎ᠠ ᠲᠠᠢ
라틴전사	či	činu	čim-a-du	čimayi	čim-a-ača	čim-a-bar	čim-a-tai
키릴몽골문	чи	чиний	чамд	чамайг	чамаас	чамаар	чамтай
한국어	너	너의	너에게	너를	너에게서	너에게로	너와 함께
2인칭 단수 та							
전통몽골문	ᠲᠠ	ᠲᠠᠨ ᠤ	ᠲᠠᠨ ᠳᠤ	ᠲᠠᠨ ᠢ	ᠲᠠᠨ ᠠᠴᠠ	ᠲᠠᠨ ᠢᠶᠠᠷ	ᠲᠠᠨ ᠲᠠᠢ
라틴전사	ta	tan-u	tan-du	tan-i	tan-ača	tan-iyar	tan-tai
키릴몽골문	та	таны	танд	таныг	танаас	танаар	тантай
한국어	당신	당신의	당신에게	당신을	당신에게서	당신에게로	당신과 함께
3인칭 단수 тэр							
전통몽골문 3인칭 단수	ᠲᠡᠷ	ᠲᠡᠭᠦᠨ ᠦ	ᠲᠡᠭᠦᠨ ᠳᠦ	ᠲᠡᠭᠦᠨ ᠢ	ᠲᠡᠭᠦᠨ ᠡᠴᠡ	ᠲᠡᠭᠦᠨ ᠢᠶᠡᠷ	ᠲᠡᠭᠦᠨ ᠲᠡᠢ
라틴전사	ter	tegün-ü	tegün-dü	tegün-i	tegün-eče	tegün-iyer	tegün-tei
키릴몽골문	тэр	түүний	түүнд	түүнийг	түүнээс	түүгээр	түүнтэй
한국어	그	그의	그에게	그를	그에게서	그에게로	그와 함께

인칭대명사의 변화 과정							
1인칭 복수 бид							
전통몽골문	ᠪᠢᠳᠡ	ᠪᠢᠳᠡᠨ ᠦ	ᠪᠢᠳᠡᠨ ᠳᠦ	ᠪᠢᠳᠡᠨ ᠢ	ᠪᠢᠳᠡᠨ ᠡᠴᠡ	ᠪᠢᠳᠡᠨ ᠢᠶᠠᠷ	ᠪᠢᠳᠡᠨ ᠲᠡᠢ
라틴전사	bide	biden-ü	biden-dü	biden-i	biden-eče	biden-iyar	biden-tei
키릴몽골문	бид	бидний	бидэнд	биднийг	биднээс	биднээр	бидэнтэй
한국어	우리들	우리들의	우리들에게	우리들을	우리들에게서	우리들에게로	우리들과 함께
2인칭 복수 та нар							
전통몽골문	ᠲᠠ ᠨᠠᠷ	ᠲᠠ ᠨᠠᠷ ᠤᠨ	ᠲᠠ ᠨᠠᠷ ᠲᠤ	ᠲᠠ ᠨᠠᠷ ᠢ	ᠲᠠ ᠨᠠᠷ ᠠᠴᠠ	ᠲᠠ ᠨᠠᠷ ᠢᠶᠠᠷ	ᠲᠠ ᠨᠠᠷ ᠲᠠᠢ
라틴전사	ta nar	ta nar-un	ta nar-tu	ta nar-i	ta nar-ača	ta nar-iyar	ta nar-tai
키릴몽골문	та нар	та нарын	та нарт	та нарыг	та нараас	танаар	та нартай
한국어	당신들	당신들의	당신들에게	당신들을	당신들에게서	당신들에게로	당신들과 함께
3인칭 복수 тэд нар							
전통몽골문 3인칭 단수	ᠲᠡᠳᠡ	ᠲᠡᠳᠡᠨ ᠦ	ᠲᠡᠳᠡᠨ ᠳᠦ	ᠲᠡᠳᠡᠨ ᠢ	ᠲᠡᠳᠡᠨ ᠡᠴᠡ	ᠲᠡᠳᠡᠨ ᠢᠶᠠᠷ	ᠲᠡᠳᠡᠨ ᠲᠡᠢ
라틴전사	tede	teden-ü	teden-dü	teden-i	teden-eče	teden-iyar	teden-tei
키릴몽골문	тэд	тэдний	тэдэнд	тэднийг	тэднээс	тэднээр	тэдэнтэй
한국어	그들	그들의	그들에게	그들을	그들에게서	그들에게로	그들과 함께

2) 의문첨사

몽골어 의문문의 형태는 의문사의 유무에 따라, 의문사가 없는 의문문과 의문사가 있는 의문문 이렇게 두 가지로 나누어진다. 전통몽골문에서 의문사가 없는 의문문에는 의문첨사로 -uu/-üü가 의문사가 있는 의문문에는 문장의 마지막에 -bui가 결합되어 해당 문장이 의문문임을 나타낸다.

현대몽골어에서는 의문사가 없는 의문문에는 의문첨사 -уу/-үү, -юу/-юү를 결합시키고, 의문사가 있는 문장에는 문장의 마지막에 -вэ/-бэ를 결합시켜 의문문을 표기한다.

의문첨사 -uu/-üü, bui		
전통몽골문	ᠤᠤ	ᠪᠤᠢ
라틴전사	-uu/-üü	-bui
문법규칙	의문사가 없는 의문문 + -uu/-üü	의문사가 있는 의문문 + -bui
키릴몽골문	-уу/-үү, -юу/-юү, -вэ/-бэ	
한국어	~(입니/할)까/요/야?	

의문첨사 -uu/-üü, bui 예시				
전통몽골문	ᠠᠬ᠎ᠠ ᠤᠤ ?	ᠡᠵᠢ ᠦᠦ ?	ᠬᠠᠮᠢᠶ᠎ᠠ ᠪᠤᠢ ?	ᠬᠡᠨ ᠪᠤᠢ ?
라틴전사	aq-a uu?	eǰi üü?	qamiya bui?	ken bui?
키릴몽골문	ах уу?	ээж үү?	хаана вэ?	хэн бэ?
한국어	형입니까?	어머니입니까?	어디세요?	누구세요?

15과

심화 단어

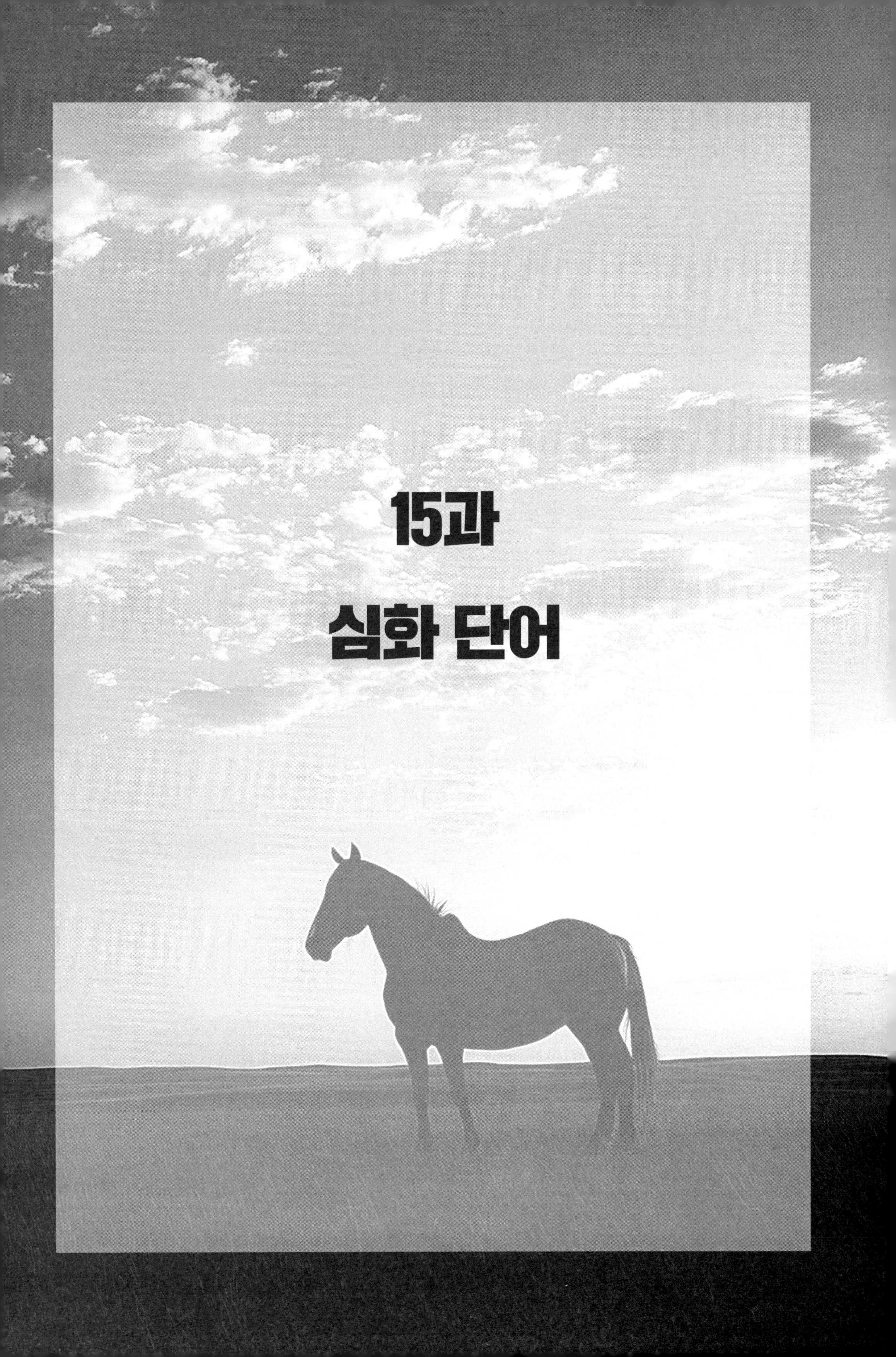

▶ 모음 a/e/i/o/u/ö/ü 심화 단어

전통몽골문	ᠠᠪᠤ	ᠠᠯᠢᠮ᠎ᠠ	ᠠᠩ	ᠠᠷᠢᠬᠢ	ᠠᠭᠠᠰᠢ	ᠡᠵᠢ	ᠡᠮ	ᠡᠳ
라틴전사	abu	alim-a	ang	ariki	aγasi	eǰi	em	ed
키릴몽골문	аав	алим	ан	архи	ааш	ээж	эм	эд
한국어	아버지	사과	사냥	술	성격	어머니	약	물건

전통몽골문	ᠢᠰᠢᠭᠡ	ᠢᠵᠢᠯ	ᠣᠢ	ᠤᠰᠤ	ᠤᠳᠠᠭ᠎ᠠ	ᠡᠪᠦᠯ	ᠡᠪᠦᠭᠡ	ᠡᠭᠦᠯᠡ
라틴전사	isige	iǰil	oi	usu	udaγ-a	ebül	ebüge	egüle
키릴몽골문	ишиг	ижил	ой	ус	удаа	өвөл	өвөө	үүл
한국어	새끼 염소	동일한	숲	물	~번	겨울	할아버지	구름

▶ 모음 a/e/i/o/u/ö/ü 심화 단어 연습하기 1

ᠠᠪᠤ	ᠠᠪᠤ	ᠠᠪᠤ							
ᠠᠯᠢᠮ᠎ᠠ	ᠠᠯᠢᠮ᠎ᠠ	ᠠᠯᠢᠮ᠎ᠠ							
ᠠᠩ	ᠠᠩ	ᠠᠩ							
ᠠᠷᠢᠬᠢ	ᠠᠷᠢᠬᠢ	ᠠᠷᠢᠬᠢ							

▶ 모음 a/e/i/o/u/ö/ü 심화 단어 연습하기 2

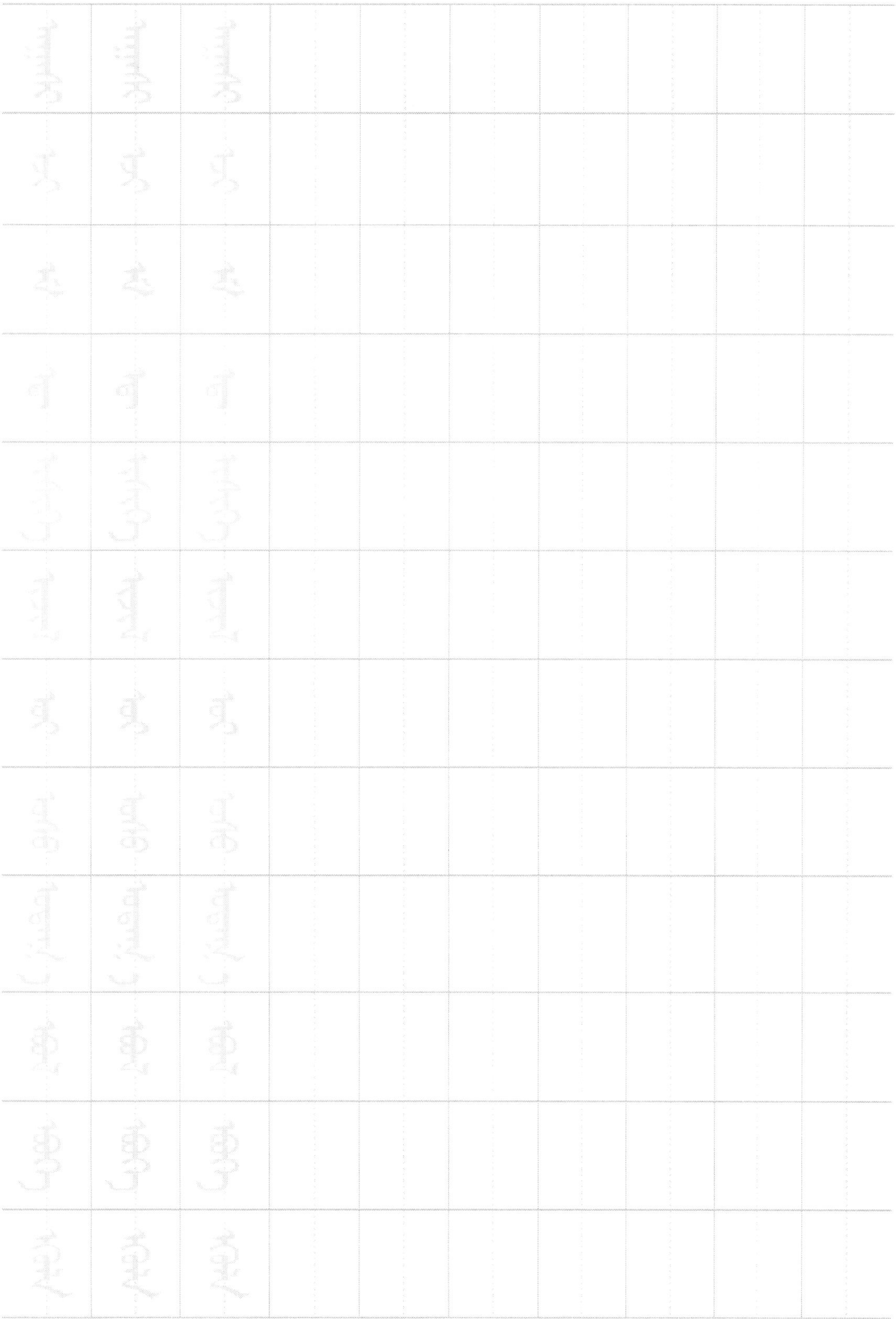

▶ 자음 n 심화 단어

전통몽골문	ᠦᠨ᠎ᠡ	ᠤᠨᠤᠬᠤ	ᠤᠨᠠᠬᠤ	ᠣᠨᠣᠬᠤ	ᠨᠡᠷ᠎ᠡ	ᠨᠠᠰᠤ	ᠨᠠᠷᠠ	ᠨᠠᠷ
라틴전사	ün-e	unuqu	unaqu	onuqu	ner-e	nasu	nara	nar
키릴몽골문	үнэ	унах		онох	нэр	нас	нар	нар
한국어	가격	~타다	떨어지다	맞추다	이름	나이	해, 태양	~들

▶ 자음 n 심화 단어 연습하기

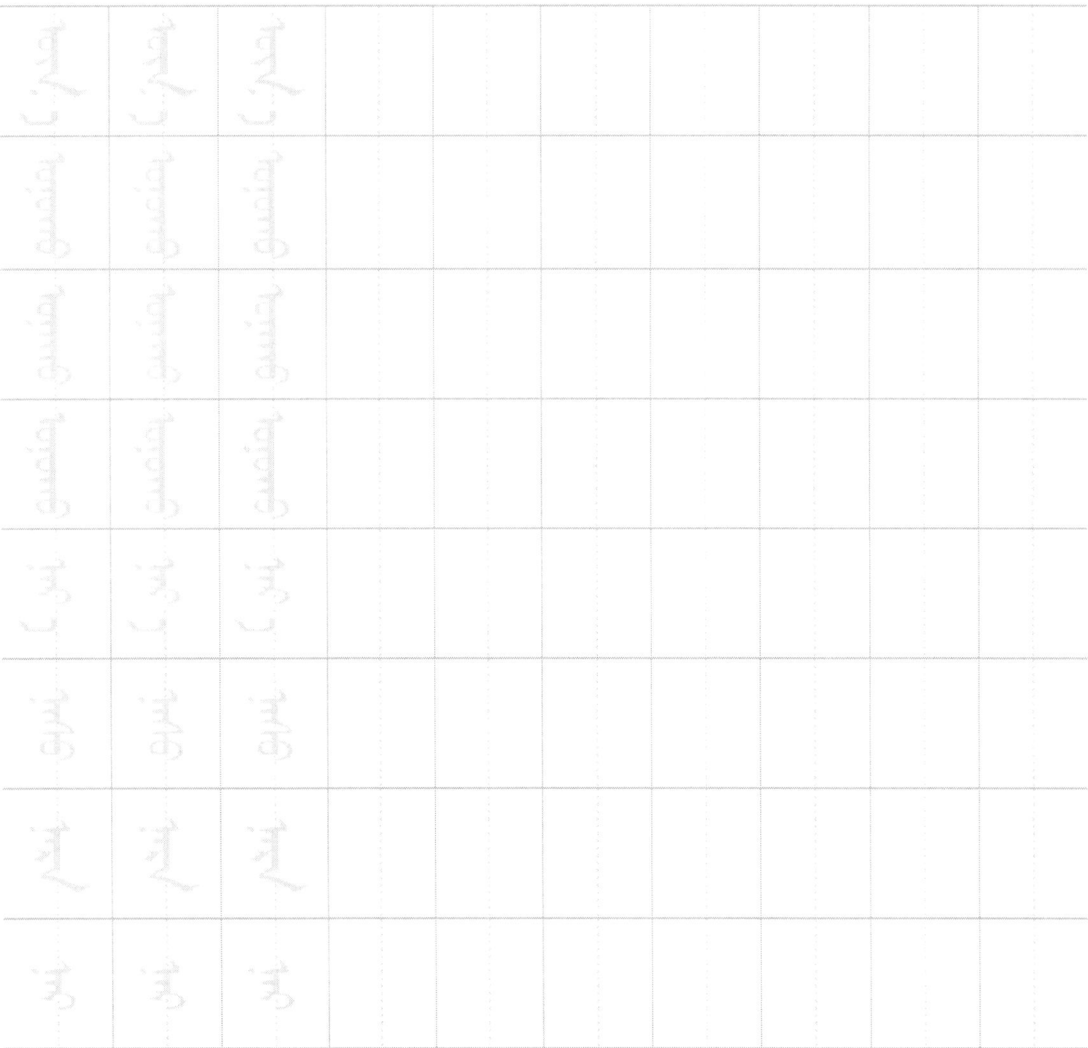

▶ 자음 m 심화 단어

전통몽골문	ᠬᠠᠮᠤᠭ	ᠶᠠᠭᠤᠮ᠎ᠠ	ᠵᠢᠮ᠎ᠠ	ᠢᠮᠠᠭᠲᠠ	ᠠᠮᠢᠲᠠᠨ	ᠲᠦᠮᠡᠨ	ᠳᠤᠮᠳᠠ	ᠳᠠᠮ
라틴전사	qamuγ	yaγum-a	ǰim-a	imaγta	amitan	tümen	dumda	dam
키릴몽골문	хамаг	юм	жам	ямагт	амьтан	түмэн	дунд	дам
한국어	전부	것	법칙	항상	동물	만	중간	조

전통몽골문	ᠨᠡᠮᠡᠬᠦ	ᠳᠣᠮ	ᠡᠮ	ᠶᠠᠮᠤ	ᠮᠥᠩᠭᠦ	ᠲᠣᠮᠤ	ᠨᠤᠮᠤ	ᠮᠠᠭᠤ
라틴전사	nemekü	dom	em	yamu	mönggü	tomu	numu	mayu
키릴몽골문	нэмэх	дом	эм	яам	мөнгө	том	нум	муу
한국어	더하다	민간치료	약	~부	돈	큰	활	나쁜

▶ 자음 m 심화 단어 연습하기 1

ᠬᠠᠮᠤᠭ	ᠬᠠᠮᠤᠭ	ᠬᠠᠮᠤᠭ							
ᠶᠠᠭᠤᠮ᠎ᠠ	ᠶᠠᠭᠤᠮ᠎ᠠ	ᠶᠠᠭᠤᠮ᠎ᠠ							
ᠵᠢᠮ᠎ᠠ	ᠵᠢᠮ᠎ᠠ	ᠵᠢᠮ᠎ᠠ							
ᠢᠮᠠᠭᠲᠠ	ᠢᠮᠠᠭᠲᠠ	ᠢᠮᠠᠭᠲᠠ							

▶ 자음 m 심화 단어 연습하기 2

▶ 자음 Ⅰ 심화 단어

전통몽골문	ᠠᠭᠤᠯᠠ	ᠡᠮᠡᠭᠡᠯ	ᠲᠠᠯᠠ	ᠵᠢᠭᠠᠯ	ᠪᠠᠯᠴᠢᠷ	ᠪᠣᠯ	ᠤᠯᠤᠰ	ᠰᠡᠭᠦᠯ
라틴전사	aγula	emegel	tala	ǰiγal	balčir	bol	ulus	segül
키릴몽골문	уул	эмээл	тал	жаал	балчир	бол	улс	сүүл
한국어	산	안장	~쪽	작은	어린	~은/는	국가	꼬리

전통몽골문	ᠠᠵᠢᠯ	ᠭᠣᠣᠯ	ᠭᠠᠯ	ᠵᠢᠯ	ᠠᠯᠳᠠᠷ	ᠢᠯᠡᠭᠦᠦ	ᠳᠠᠯᠠᠢ
라틴전사	aǰil	γool	γal	ǰil	aldar	ilegüü	dalai
키릴몽골문	ажил	гол	гал	жил	алдар	илүү	далай
한국어	일	강, 주된	불	해, 년	유명한	더욱	바다

▶ 자음 Ⅰ 심화 단어 연습하기 1

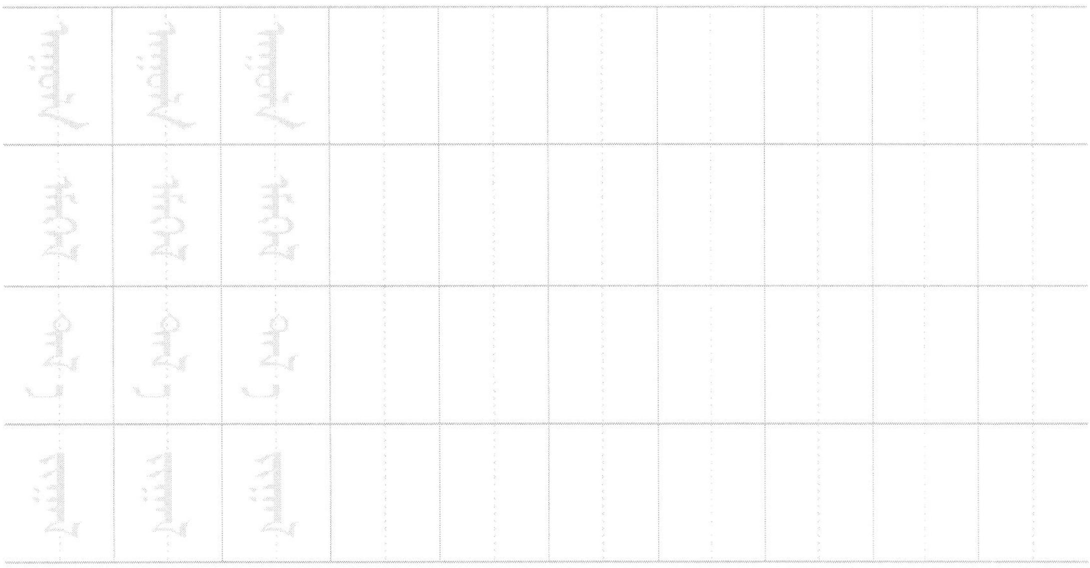

▶ **자음 | 심화 단어 연습하기 2**

▶ 자음 č 심화 단어

전통몽골문	ᠴᠢᠬᠢ	ᠴᠠᠭ	ᠴᠡᠴᠡᠭ	ᠴᠤᠪᠠ	ᠴᠢᠪᠠᠭ᠎ᠠ	ᠪᠣᠭᠴᠠ	ᠪᠢᠴᠢᠭ	ᠴᠣᠬᠢᠬᠤ
라틴전사	čiki	čaγ	čečeg	čuba	čibaγ-a	boγča[19]	bičig	čokiqu
키릴몽골문	чих	цаг	цэцэг	цув	чавга	богц	бичиг	цохих
한국어	귀	시간	꽃	우비	대추	배낭	문자	치다

전통몽골문	ᠡᠭᠡᠴᠢ	ᠣᠩᠭᠤᠴᠠ	ᠵᠥᠭᠡᠭᠡᠭᠴᠢ	ᠪᠢᠴᠢᠭᠡᠴᠢ	ᠭᠤᠴᠢ	ᠳᠥᠴᠢ	ᠴᠡᠭᠡᠵᠢ	ᠪᠦᠴᠡ
라틴전사	egeči	ongγuča	ǰögegegči	bičigeči	γuči	döči	čegeǰi	büče
키릴몽골문	эгч	онгоц	зөөгч	бичээч	гуч	дөч	цээж	бүч
한국어	언니, 누나	비행기	종업원	서기	30	40	흉부	끈

전통몽골문	ᠴᠢᠳᠠᠬᠤ	ᠴᠦᠳᠡᠩᠵᠡ	ᠴᠠᠭᠠᠨ	ᠴᠢᠩᠨᠠᠬᠤ
라틴전사	čidaqu	čüdengǰe	čaγan	čingnaqu
키릴몽골문	чадах	чүдэнз[20]	цагаан	чагнах
한국어	~할 수 있다	성냥	하얀색	귀 기울여 듣다

---

19 <ᠪᠣᠭᠴᠤ>(boγču).

20 чүдэнз, шүдэнз 모두 성냥이라는 뜻으로 사용한다.

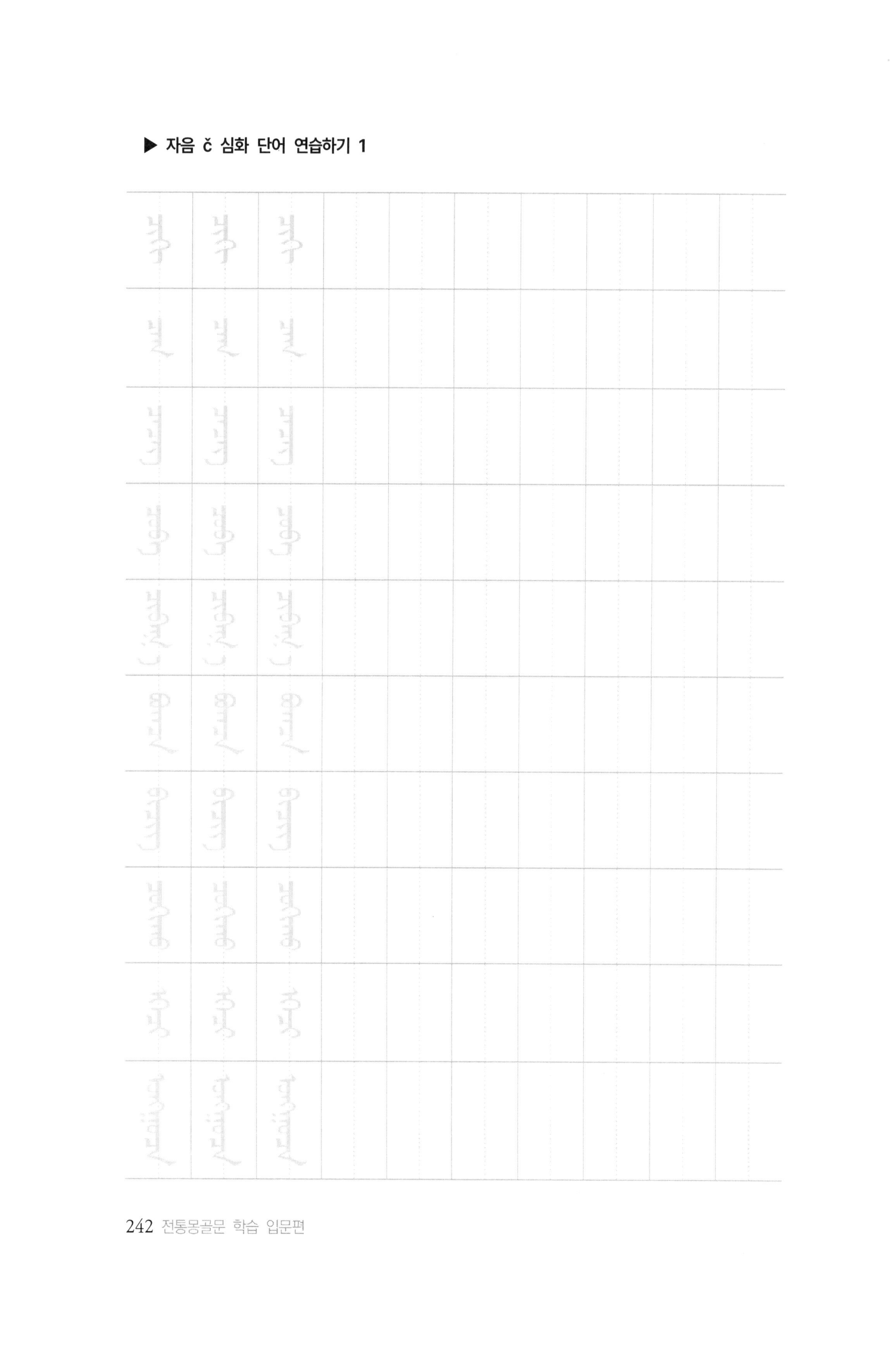

▶ **자음 č 심화 단어 연습하기 1**

▶ **자음 č 심화 단어 연습하기 2**

▶ 자음 s 심화 단어

전통몽골문	ᠰᠤᠷᠭᠠᠬᠤ	ᠶᠣᠰᠤ	ᠰᠢᠷ᠎ᠠ	ᠲᠣᠰᠤ	ᠬᠠᠰᠢ	ᠰᠢᠪᠦᠭᠡ
라틴전사	surγaqu	yosu	sir-a	tosu	qasi	sibüge
키릴몽골문	сургах	ёс	шар	тос	хаш	шөвөг
한국어	가르치다	예절	노란색	기름	가지	송곳

전통몽골문	ᠰᠦᠬᠡ	ᠰᠠᠪᠬ᠎ᠠ	ᠳᠠᠪᠤᠰᠤ	ᠰᠠᠪᠠ	ᠰᠠᠪᠠ ᠰᠠᠭᠤᠯᠭ᠎ᠠ
라틴전사	süke	sabq-a	dabusu	saba	saba saγulγ-a
키릴몽골문	сүх	савх	давс	сав	сав суулга
한국어	도끼	젓가락	소금	그릇	식기 용품

전통몽골문	ᠰᠡᠯᠢᠬᠦ	ᠰᠣᠩᠭᠢᠨ᠎ᠠ	ᠪᠠᠰᠠ	ᠪᠠᠷᠰ	ᠰᠡᠳᠦᠪ	ᠰᠢᠨᠠᠭ᠎ᠠ
라틴전사	selikü	songgin-a	basa	bars	sedüb	sinaγ-a
키릴몽골문	сэлэх	сонгино	бас	барс	сэдэв	шанага
한국어	헤엄치다	양파	또한	호랑이	주제	국자

▶ **자음 s 심화 단어 연습하기 1**

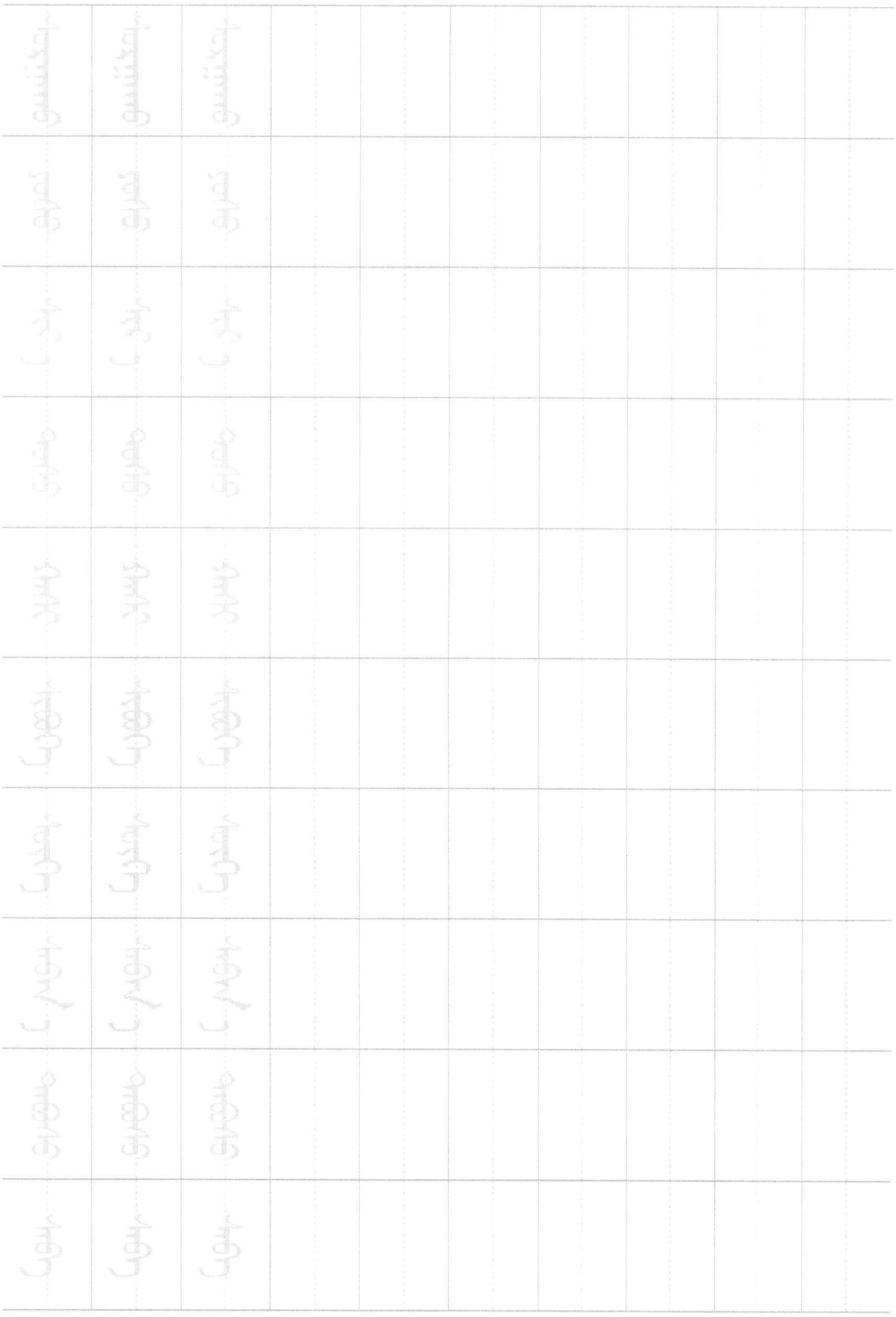

▶ **자음 s 심화 단어 연습하기 2**

▶ 자음 š 심화 단어

전통몽골문	ᠱᠠᠲᠤ	ᠱᠤᠭᠤᠮ	ᠱᠦᠭᠦᠷ	ᠱᠠᠪᠢ	ᠱᠠᠭ᠎ᠠ	ᠱᠠᠬᠠᠢ	ᠱᠦᠭᠯᠦ
라틴전사	šatu	šuγum	šügür	šabi	šaγ-a	šaqai	šüglü
키릴몽골문	шат	шугам	шүүр	шавь	шагай	шаахай	шүгэл
한국어	계단	자	빗자루	제자	샤가이	구두	호루라기

전통몽골문	ᠱᠠᠯᠳᠠᠪ	ᠪᠠᠶᠢᠰᠢᠩ	ᠱᠣᠨᠲᠤᠭᠤᠷ	ᠱᠣᠳᠤᠩ	ᠱᠣᠭᠤᠳᠪᠤᠷᠢ	ᠱᠣᠭ
라틴전사	šaldab	bayising	šontuγur	šodung	šoγudburi	šoγ
키릴몽골문	шалдав	байшин	шонтгор	шодон	шоодвор	шог
한국어	각종의	건물	매부리코	가늘고 짧은	소외되는	웃기는

▶ 자음 š 심화 단어 연습하기 1

▶ 자음 š 심화 단어 연습하기 2

▶ 자음 r 심화 단어

전통몽골문	ᠪᠣᠷᠤ	ᠥᠨᠦᠳᠦᠷ	ᠬᠤᠷᠤᠭᠤ	ᠪᠠᠷ	ᠤᠷᠠᠨ ᠵᠣᠬᠢᠶᠠᠯ	ᠬᠤᠷᠢᠮ	ᠮᠣᠷᠢᠯᠠᠬᠤ
라틴전사	boru	önüdür	quruɣu	bar	uran ǰokiyal	qurim	morilaqu
키릴몽골문	бор	өнөөдөр	хуруу	-аар[4]	уран зохиол	хурим	морилох
한국어	갈색	오늘	손가락	~로	문학	결혼	행차하다

전통몽골문	ᠶᠠᠮᠠᠷ	ᠲᠡᠮᠦᠷ	ᠷᠠᠳᠢᠣ	ᠣᠷᠳᠤᠨ	ᠶᠡᠷᠡ	ᠴᠡᠷᠢᠭ	ᠬᠦᠷᠡᠩ
라틴전사	yamar	temür	radio	ordun	yere	čerig	küreng
키릴몽골문	ямар	төмөр	радио	ордон	ер	цэрэг	хүрэн
한국어	어떤	철	라디오	궁전	90, 구십	군인	갈색

전통몽골문	ᠴᠢᠷᠠᠢ	ᠬᠠᠷ᠎ᠠ	ᠮᠣᠷᠢ	ᠷᠣᠮᠠᠨ	ᠰᠠᠷᠮᠢᠰ	ᠰᠠᠷᠠ	ᠰᠢᠷᠡᠭᠡ
라틴전사	čirai	qar-a	mori	roman	sarmis	sara[21]	sirege
키릴몽골문	царай	хар	морь	роман	сармис	сар	ширээ
한국어	얼굴	검은색	말	소설	마늘	달	책상

21 연월일을 뜻하는 월(month)의 sar-a <ᠰᠠᠷ᠎ᠠ>와 혼동하지 않도록 주의해야 한다.

▶ **자음 r 심화 단어 연습하기 1**

▶ **자음 r 심화 단어 연습하기 2**

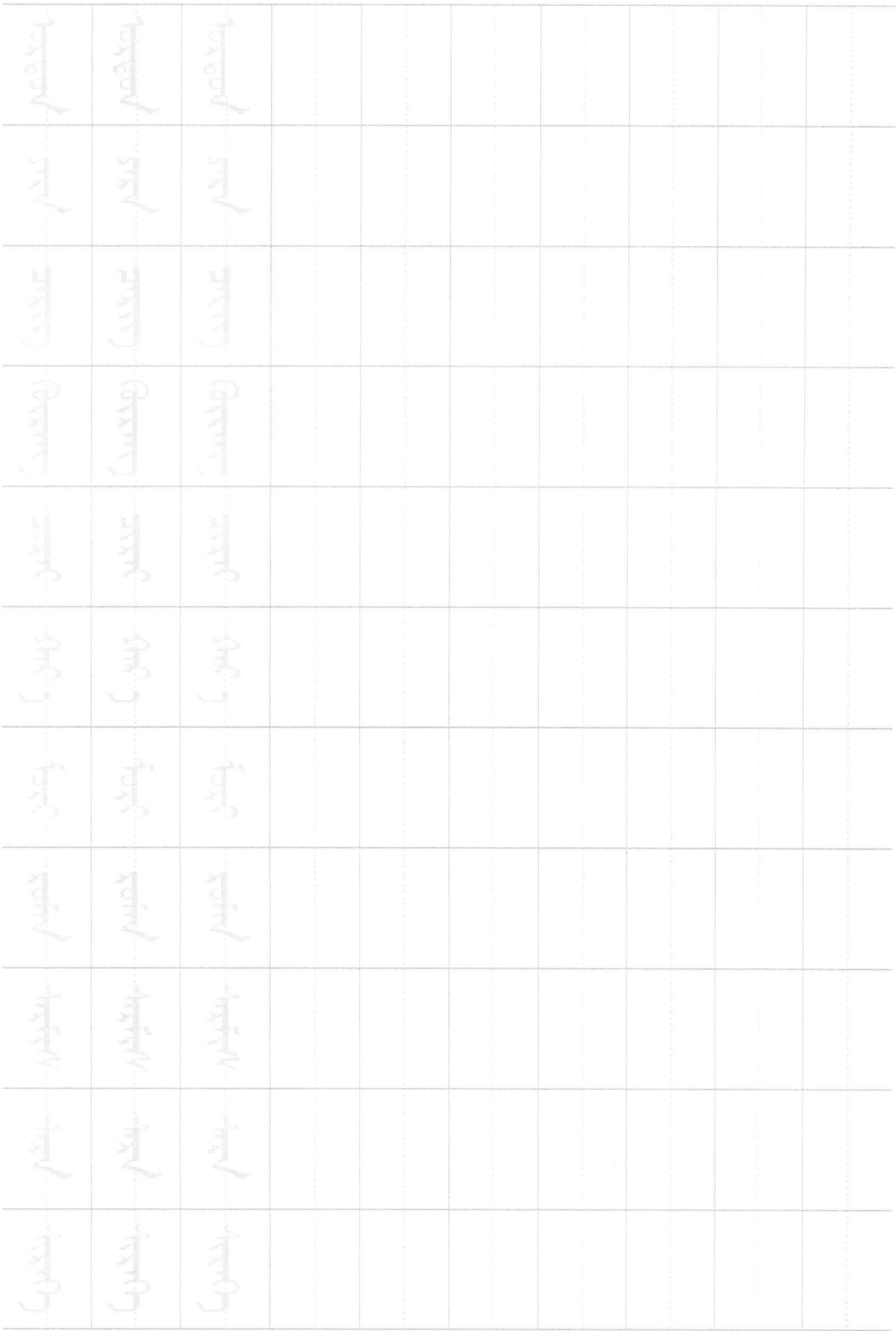

▶ 자음 ǰ 심화 단어

전통몽골문	ᠵᠠᠭᠤ	ᠵᠣᠭᠣᠰ	ᠪᠤᠤᠵᠠ	ᠵᠥᠭᠡᠢ	ᠬᠥᠵᠦᠷ	ᠵᠢᠭᠡ
라틴전사	ǰaγu	ǰoγus	buuǰa	ǰögei	köǰür	ǰige
키릴몽골문	зуу	зоос	бууз	зөгий	хөзөр	зээ
한국어	100	동전	보즈	꿀벌	카드놀이	외손주

전통몽골문	ᠵᠠᠭᠠᠨ	ᠵᠡᠭᠡᠷ᠎ᠡ	ᠠᠵᠤ ᠠᠬᠤᠢ	ᠵᠥᠪ	ᠵᠥᠪᠬᠡᠨ	ᠬᠦᠷᠵᠡ
라틴전사	ǰaγan	ǰeger-e	aǰu aqui	ǰöb	ǰöbken	kürǰe
키릴몽골문	заан	зээр	аж ахуй	зөв	зөвхөн	хүрз
한국어	코끼리	가젤	산업	옳은	단지	삽

전통몽골문	ᠦᠵᠡᠬᠦ	ᠵᠢᠵᠢᠭ	ᠬᠠᠵᠠᠬᠤ	ᠵᠤᠵᠠᠭᠠᠨ	ᠠᠵᠠ ᠵᠢᠷᠭᠠᠯ	ᠵᠡᠪᠡ
라틴전사	üǰekü	ǰiǰig	qaǰaqu	ǰuǰaγan	aǰa ǰirγal	ǰebe
키릴몽골문	үзэх	жижиг	хазах	зузаан	аз жаргал	зэв
한국어	보다	작은	깨물다	두꺼운	행복	화살촉

▶ **자음 ǰ 심화 단어 연습하기 1**

▶ 자음 ǰ 심화 단어 연습하기 2

▶ 자음 y 심화 단어

전통몽골문	ᠶᠠᠭᠤ	ᠬᠣᠶᠠᠷ	ᠤᠶᠠᠭ᠎ᠠ	ᠲᠠᠬᠢᠶ᠎ᠠ	ᠶᠣᠰᠣᠯᠠᠬᠤ	ᠭᠦᠶᠦᠬᠦ
라틴전사	yaγu	qoyar	uyaγ-a	takiy-a	yosulaqu	güyükü
키릴몽골문	юу	хоёр	уяа	тахиа	ёслох	гүйх
한국어	무엇	2	끈	닭	경례, 인사하다	달리다

전통몽골문	ᠢᠨᠢᠶᠡᠬᠦ	ᠭᠣᠶᠣ	ᠬᠠᠶᠠᠭ᠎ᠠ	ᠬᠣᠶᠢᠨ᠎ᠠ	ᠶᠠᠲᠤᠭ᠎ᠠ	ᠲᠠᠶᠠᠭ	ᠬᠠᠶᠠᠬᠤ
라틴전사	iniyekü	γoyu	qayaγ-a	qoyin-a	yatuγ-a	tayaγ	qayaqu
키릴몽골문	инээх	гоё	хаяа	хойно	ятга	таяг	хаях
한국어	웃다	예쁜	가장자리	뒤	야탁	지팡이	버리다

전통몽골문	ᠶᠠᠭᠠᠬᠢᠬᠤ	ᠶᠠᠭᠤᠮ᠎ᠠ	ᠶᠡᠬᠡᠩᠬᠢ	ᠬᠦᠯᠢᠶᠡᠬᠦ	ᠶᠣ᠂ ᠶᠣᠬᠤ	ᠠᠶᠤᠬᠤ
라틴전사	yaγakiqu	yaγum-a	yekengki	küliyekü	yo, yoqu	ayuqu
키릴몽골문	яах	юм	ихэнх	хүлээх	ёо, ёх	айх
한국어	어떻게	물건	대부분	기다리다	아야	무서워하다

▶ **자음 y 심화 단어 연습하기 1**

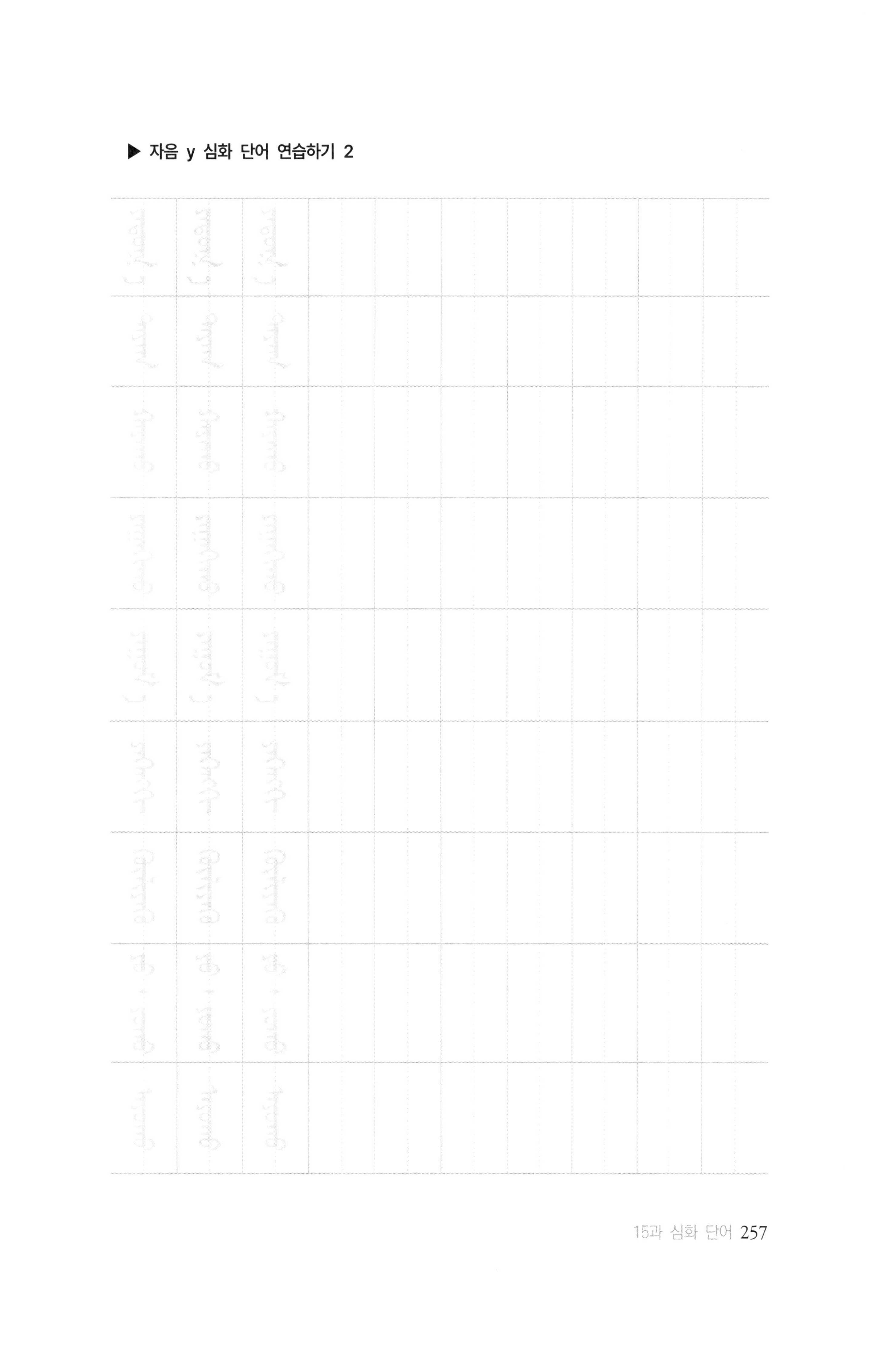

▶ 자음 y 심화 단어 연습하기 2

▶ 자음 v 심화 단어

전통몽골문	ᠸᠠᠭᠠᠷ ᠤᠨ ᠪᠤᠲᠤᠩ	ᠸᠢᠲ᠋ᠠᠮᠢᠨ
라틴전사	vaγar-un butung	vitamin
키릴몽골문	ваарын бутан	витамин
한국어	독(항아리, 단지)	비타민

▶ 자음 v 심화 단어 연습하기

▶ 자음 b 심화 단어

전통몽골문	ᠪᠠᠨ	ᠪᠠᠶᠢᠭᠠᠯᠢ	ᠪᠤᠷᠬᠠᠨ	ᠪᠤᠤᠵᠠ	ᠪᠠᠭᠠᠲᠤᠷ	ᠪᠠᠭ᠎ᠠ
라틴전사	-ban²	bayiγali	burqan	buuǰa	baγatur	baγ-a
키릴몽골문	-aa⁴	байгаль	бурхан	бууз	баатар	бага
한국어	자신의	자연	신	보즈	영웅	작은

전통몽골문	ᠪᠠᠭ	ᠪᠣᠷᠤᠭ᠎ᠠ	ᠪᠥᠭᠡᠷ᠎ᠡ	ᠪᠥᠮᠪᠦᠭᠡ	ᠪᠣᠬᠢᠷ
라틴전사	baγ	boruγ-a	böger-e	bömbüge	bokir
키릴몽골문	баг	бороо	бөөр	бөмбөг	бохир
한국어	팀	비	신장	공	더러운

▶ **자음 b 심화 단어 연습하기**

▶ 자음 d/t 심화 단어

전통몽골문	ᠲᠡᠮᠡᠭᠡ	ᠲᠣᠯᠣᠭᠠᠢ	ᠲᠤᠭᠤᠯ	ᠲᠦᠯᠡᠭᠡ	ᠭᠤᠲᠤᠯ	ᠲᠠᠢ
라틴전사	temege	toluγai	tuγul	tülege	γutul	tai
키릴몽골문	тэмээ	толгой	тугал	тулээ	гутал	тай
한국어	낙타	머리	송아지	장작	신발	~와(공동격)

전통몽골문	ᠲᠤᠭᠠᠭ᠎ᠠ	ᠲᠠᠨᠢᠬᠤ	ᠬᠣᠲᠠ	ᠲᠣᠬᠢ	ᠲᠣᠭᠲᠠᠬᠤ	ᠬᠠᠲᠤᠨ
라틴전사	tuγaγ-a	taniqu	qota	toki	toγtaqu	qatun
키릴몽골문	Туяа	таних	хот	тохь	тогтох	хатан
한국어	토야(人名)	알다	도시	편의	정하다	왕비

▶ 자음 d/t 심화 단어 연습하기 1

▶ 자음 d/t 심화 단어 연습하기 2

▶ 자음 γ/g 심화 단어

전통몽골문	ᠭᠦᠨ	ᠭᠦᠩᠵᠦ
라틴전사	gün	güngǰü
키릴몽골문	гүн	гүнж
한국어	깊은	공주

▶ 자음 γ/g 심화 단어 연습하기

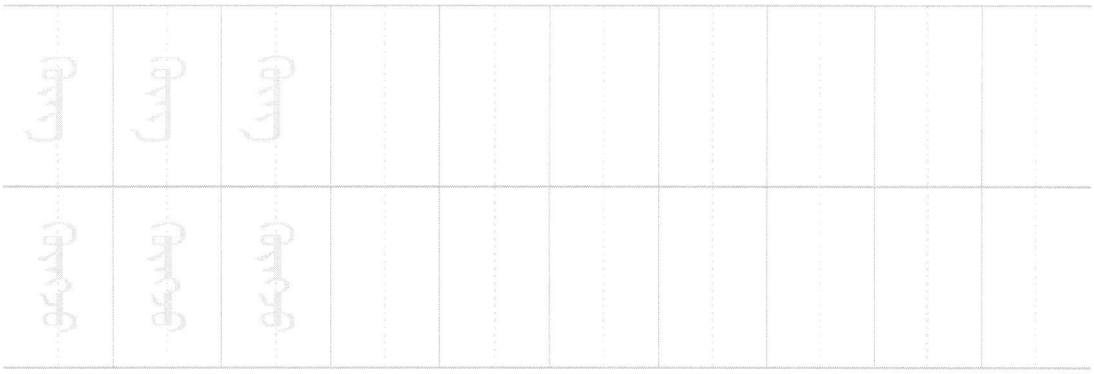

▶ [외래어] 자음 c 새로운 단어

전통몽골문	ᠼᠧᠨᠲᠨᠧᠷ
라틴전사	cėntnėr
키릴몽골문	центнер
한국어	첸트너[22]

▶ [외래어] 자음 c 새로운 단어 연습하기

22 독일 등의 중량 단위: 50kg; 옛 소련 등에선 100kg.

▶ [외래어] 자음 p 심화 단어

전통몽골문	ᠫᠷᠣᠹᠧᠰᠰᠣᠷ	ᠫᠠᠰᠫᠣᠷᠲ	ᠫᠠᠷᠺ	ᠫᠠᠷᠯᠠᠮᠧᠨᠲ	ᠫᠠᠰᠲᠣᠷ	ᠫᠦᠦᠵᠧ	ᠫᠢᠯᠠ
라틴전사	profėssor	pasporṫ	parḱ	parlamėnṫ	paṡtor	püüǰe	pila
키릴몽골문	профессор	паспорт	парк	парламент	пастор	пүүз	пял
한국어	교수	여권	공원	국회	목사	운동화	접시

▶ [외래어] 자음 p 심화 단어 연습하기

참고 문헌

니콜라스 뽀뻬 지음, 유원수 옮김(1992), 『몽골문어문법』, 민음사.

N. Poppe(1954), 『Grammar of Written Mongolian』, OTTO HARRASSOWITZ·WIESBADEN.

Ч. Лувсанжав(1980), 『Učebnice mongolského písma』, Praha: Statni pedagogicke nakladatelstvl.

Ш. Чоймаа · П.Найданжав(1990), 『Монгол бичгийн зөв бичих дүрмийн хураангуй』, Улаанбаатар.

Ц. Шагдарсүрэн(2001), 『Монголчуудын үсэг бичгийн товчоон』, Улаанбаатар.

清格尔泰(1991), 『蒙古语语法』, 内蒙古人民出版社出版.

包 · 乌尼尔(2006), 『乌云达来丛书 蒙文字母卡』, 内蒙古人民出版社出版.

巴图 · 宝玉(2007), 『蒙古语学习读本』, 内蒙古少年儿童出版社.

苏义拉 · 赛音贺希格(2017), 『蒙古语速成会话教程』, 内蒙古教育出版社.

那顺巴图(2018), 『轻轻松松学蒙古语』, 内蒙古科学技术出版社.

那顺巴图(2020), 『蒙古语入门』, 内蒙古科学技术出版社.

阿迪雅(2021), 『蒙古语会话手册』, 内蒙古出版集团 内蒙古科学技术出版社.

フフバートル(1997), 『続モンゴル語基礎文法』, インターブックス.

フフバートル(2013), 『モンゴル語基礎文法』, インターブックス.